CONSIDÉRATIONS

SUR

LA FRANCE

TOURS. — IMP. ROUILLÉ-LADEVÈZE.

CONSIDÉRATIONS

SUR

LA FRANCE

PAR LE Cte JOSEPH DE MAISTRE

ANCIEN MINISTRE PLÉNIPOTENTIAIRE DE S. M. LE ROI DE SARDAIGNE PRÈS S. M.
L'EMPEREUR DE RUSSIE, MINISTRE D'ÉTAT, RÉGENT DE LA GRANDE
CHANCELLERIE, MEMBRE DE L'ACADÉMIE ROYALE DES SCIENCES
DE TURIN, CHEVALIER, GRAND'CROIX DE L'ORDRE
RELIGIEUX ET MILITAIRE DE SAINT-
MAURICE ET DE SAINT-LAZARE

NOUVELLE ÉDITION

ENRICHIE DE PLUSIEURS APPENDICES IMPORTANTS

> Dasne igitur hoc nobis, Deorum immortalium natura,
> ratione, potestate, mente, numine, sive quod est
> aliud verbum quo planius significem quod volo, na-
> turam omnem divinitùs regi? Nam si hoc non probas,
> a Deo nobis causa ordienda est potissimum.
>
> CIC., DE LEG., I., 18.

TOURS

CATTIER, ÉDITEUR

—

M DCCC LXXXII

AVIS DE L'ÉDITEUR

Les Français ayant paru lire avec une certaine attention le livre des *Considérations sur la France*, on croit faire une chose qui ne leur sera pas désagréable, en publiant une nouvelle édition de cet Ouvrage, expressément avouée par l'auteur, et faite même sur un exemplaire apostillé de sa main. Aucune des nombreuses éditions qui ont précédé n'ayant été faite sous ses yeux, il n'est pas étonnant qu'elles soient toutes plus ou moins incorrectes; mais il a droit surtout de se plaindre de celle de Paris, publiée en 1814, in-8°, où l'on s'est permis des retranchements et des additions également contraires aux lois de la délicatesse ; personne assurément n'ayant le droit de toucher à l'ouvrage d'un auteur vivant, sans sa participation. L'édition que nous présentons aujourd'hui au public est faite sur celle de Bâle (1). qui commence à devenir rare, et contient d'ailleurs, comme nous venons de le dire, des corrections qui la mettent fort au-dessus de toutes les autres. Le temps, au reste, a prononcé sur ce livre et sur les principes qu'on y expose. Aujourd'hui il ne s'agit plus de disserter ; il suffit de regarder autour de soi.

Madame veuve comtesse de Maistre, connaissant les intentions de son mari et voulant les seconder autant qu'il est en elle, nous a envoyé une

(1) Sous Londres, 1797, in-8° de 256 pages.

AVIS DE L'ÉDITEUR.

LETTRE écrite après la lecture des *Considérations sur la France*, et adressée à l'auteur par un gentilhomme russe que l'on se contente de désigner par son titre et les lettres initiales de son nom. Cette pièce est du plus haut intérêt; nous la plaçons immédiatement avant l'ouvrage qui en est l'occasion.

Monsieur le Comte.

J'ai l'honneur de vous renvoyer votre ouvrage sur la France. Cette lecture a produit sur moi une sensation si vive, que je ne puis m'empêcher de vous communiquer les idées qu'elle a fait naître.

Votre ouvrage, Monsieur le Comte, est un axiome de la classe de ceux qui ne se prouvent pas, parce qu'ils n'ont pas besoin de preuve; mais qui se sentent, parce qu'ils sont des rayons de la science naturelle. Je m'explique; quand on me dit « Le carré de l'hypothénuse est égal à la somme des carrés « construits sur les deux côtés du triangle rectangle, » j'en demande la démonstration, je la suis, et je me laisse convaincre. Mais quand on s'écrie : « Il est un Dieu ! » ma raison le voit ou se perd dans une foule d'idées ; mais mon âme le sent invinciblement. Il en est de même des grandes vérités dont votre ouvrage est rempli. Ces vérités sont d'un ordre élevé. Ce livre n'est point, comme on me l'a défini avant que je l'aie lu, *un bon ouvrage de circonstance*, mais ce sont les circonstances qui ont dicté le seul bon ouvrage que j'aie trouvé sur la révolution française.

Le *Moniteur* est le développement le plus volumineux de votre livre. C'est là où sont consignés les efforts des hommes en actions et en paroles, et la nullité de ces efforts. S'il y avait un titre philosophique à donner au *Moniteur*, je le nommerais volontiers : *Recueil de la sagesse humaine, et preuve de son insuffisance* Votre livre, le *Moniteur*, l'histoire, sont le développement de ce proverbe devenu commun, mais qui renferme en lui la loi la plus féconde en applications et en conséquences : « L'homme propose, et Dieu dispose. »

Oui, l'homme ne peut que proposer ; c'est une immense vérité. La faculté de combiner a été laissée à l'homme avec la puissance du libre arbitre; mais les événements ont été soustraits à son pouvoir, et leur marche n'obéit qu'à la main créatrice. C'est donc en vain que les hommes s'agitent et *délibèrent,* pour gouverner ou être gouvernés de telle ou telle manière. Les nations sont comme les particuliers ; elles peuvent s'agiter, mais non se constituer. Quand aucun principe divin ne préside à leurs efforts, les convulsions politiques sont le résultat de leur libre volonté; mais le pouvoir de s'organiser n'est point une puissance humaine : l'ordre dérive de la source de tout ordre.

L'époque de la révolution française est une grande époque : c'est l'âge de l'homme et de la raison. La fin est aussi digne de remarque : c'est la main de Dieu et le siècle de la foi. Du fond de cette immense catastrophe, je vois sortir une leçon sublime aux peuples et aux rois. C'est un exemple donné pour ne pas être imité. Il rentre dans la classe des grandes plaies dont a été frappé le genre humain, et forme la suite de votre éloquent chapitre qui traite de la destruction violente de l'espèce humaine. Ce chapitre, à lui seul, est un ouvrage; il est digne de la plume de Bossuet.

La partie prophétique de l'ouvrage m'a également frappé. Voilà ce que c'est que d'étudier d'une manière spéculative en Dieu ; ce qui n'est pour la raison qu'une conséquence obscure, devient révélation. Tout se comprend, tout s'explique quand on remonte à la grande cause. Tout se devine, quand on se base sur elle.

Vous m'avez fait l'honneur de me dire que dans le moment où je vous écris, on s'occupe à réimprimer cet ouvrage à Paris. Certainement il sera très-utile tel qu'il est; mais si vous me permettez de vous dire mon opinion, je vous ferai une seule observation. Je pars de ce principe, votre ouvrage est un ouvrage classique qu'on ne saurait trop étudier; il est classique pour la foule d'idées profondes et grandes qu'il contient. Il est de circonstance par un ou deux chapitres, nommément celui qui traite de la *Déclaration du roi de France, en* 1795. Ces chapitres ont été faits pour l'année 1797 où l'on croyait à la contre-révolution. Maintenant quelle foule d'idées nouvelles se présentent! quelles grandes conséquences l'histoire ne fournit-elle pas à vos principes? Cette révolution concentrée en une seule tête est tombée avec elle; la main de Dieu qui a sanctifié jusqu'aux fautes des alliés; cette stupeur répandue sur une nation jadis si active et si terrible; ce Roi inconnu dans Paris jusqu'à la veille de notre entrée; ce grand général vaincu dans son art même; cette génération nouvelle élevée dans les principes de la dynastie; cette noblesse factice, qui devait être son premier appui, et qui a été la première à l'abandonner; l'Église fatiguée et haletante des coups qui lui ont été portés; son chef abaissé jusqu'à sanctifier l'usurpation, et élevé depuis à la puissance du martyre; le génie le plus vigoureux, armé de la force la plus terrible, employé vainement à consolider l'édifice des hommes : voilà le tableau que je voudrais voir tracé par votre plume, et qui serait la démonstration évidente des principes que vous avez posés. Je voudrais le voir à la place de ces chapitres que je vous ai indiqués, et alors l'ouvrage présenterait au lecteur attentif les causes et les effets, les actions des hommes et la réaction divine. Mais il n'appartient qu'à vous, Monsieur le Comte, d'entreprendre cette péroraison frappante sur vos propres principes. Ce que j'ai pris la liberté d'esquisser ici, peut devenir sous votre main un recueil de vérités sublimes; et si j'ai réussi par cette lettre à vous encourager à ce grand travail, je croirais par cela seul avoir mérité de ceux qui lisent pour s'instruire.

Quant à moi, je me borne à faire des vœux pour que vous voulussiez bien, par un nouvel *Essai*, me procurer de nouveau la puissance de m'éclairer, persuadé qu'il ne sortira rien de votre plume qui ne soit plein de grandes et de fortes leçons.

Je vous prie d'agréer les assurances de la haute considération, et du profond respect avec lesquels j'ai l'honneur d'être,

Monsieur le Comte,

DE VOTRE EXCELLENCE,

Le très-humble et très-obéissant serviteur.

M. O.....

Général au service de S. M. l'empereur de toutes les Russies.

Saint-Pétersbourg, ce 24 décembre 1814

CONSIDÉRATIONS

SUR

LA FRANCE

CHAPITRE PREMIER

DES RÉVOLUTIONS.

Nous sommes tous attachés au trône de l'Être suprême par une chaîne souple, qui nous retient sans nous asservir.

Ce qu'il y a de plus admirable dans l'ordre universel des choses, c'est l'action des êtres libres sous la main divine. Librement esclaves, ils opèrent tout à la fois volontairement et nécessairement : ils font réellement ce qu'ils veulent, mais sans pouvoir déranger les plans généraux. Chacun de ces êtres occupe le centre d'une sphère d'activité, dont le diamètre varie au gré de l'*éternel géomètre,* qui sait étendre, restreindre, arrêter ou diriger la volonté, sans altérer sa nature.

Dans les ouvrages de l'homme, tout est pauvre comme l'auteur : les vues sont restreintes, les moyens raides, les ressorts inflexibles, les mouvements pénibles et les résultats monotones. Dans les ouvrages divins, les richesses de l'infini se montrent à découvert jusque dans le moindre élément; sa puissance opère en se jouant; dans ses mains tout est souple, rien ne lui résiste ; pour elle tout est moyen, même l'obstacle ; et les irrégularités produites par l'opération des agents libres viennent se ranger dans l'ordre général.

Si l'on imagine une montre dont tous les ressorts varieraient continuellement de force, de poids, de dimension, de forme et de position, et qui montrerait cependant l'heure invariablement, on se formera quelque idée de l'action des êtres libres relativement aux plans du Créateur.

Dans le monde politique et moral, comme dans le monde physique, il y a un ordre commun, et il y a des exceptions à cet ordre. Communément nous voyons une suite d'effets produits par les mêmes causes ; mais à certaines époques, nous voyons des actions suspendues, des causes paralysées et des effets nouveaux.

Le *miracle* est un effet produit par une cause divine ou surhumaine, qui suspend ou contredit une cause ordinaire. Que dans le cœur de l'hiver, un homme commande à un arbre, devant mille témoins, de se couvrir subitement de feuilles et de fruits, et que l'arbre obéisse, tout le monde criera au miracle, et s'inclinera devant le thaumaturge. Mais la révolution française, et tout ce qui se passe en Europe dans ce moment, est tout aussi merveilleux dans son genre que la fructification instantanée d'un arbre au mois de janvier : cependant les hommes au lieu d'admirer, regardent ailleurs ou déraisonnent.

Dans l'ordre physique où l'homme n'entre point comme cause, il veut bien admirer ce qu'il ne comprend pas; mais dans la sphère de son activité, où il sent qu'il est cause libre, son orgueil le porte aisément à voir le *désordre* partout où son action est suspendue ou dérangée.

Certaines mesures qui sont au pouvoir de l'homme, produisent régulièrement certains effets dans le cours ordinaire des choses; s'il manque son but, il sait pourquoi, ou il croit le savoir; il connaît les obstacles, il les apprécie, et rien ne l'étonne.

Mais dans les temps de révolutions, la chaîne qui lie

l'homme se raccourcit brusquement, son action diminue, et ses moyens le trompent. Alors entraîné par une force inconnue, il se dépite contre elle, et au lieu de baiser la main qui le serre, il la méconnaît ou l'insulte.

Je n'y comprends rien, c'est le grand mot du jour. Ce mot est très-sensé, s'il nous ramène à la cause première qui donne dans ce moment un si grand spectacle aux hommes : c'est une sottise, s'il n'exprime qu'un dépit ou un abattement stérile.

« Comment donc (s'écrie-t-on de tous côtés)? les
« hommes les plus coupables de l'univers triomphent
« de l'univers! Un régicide affreux a tout le succès
« que pouvaient en attendre ceux qui l'ont commis!
« La monarchie est engourdie dans toute l'Europe! Ses
« ennemis trouvent des alliés jusque sur les trônes!
« Tout réussit aux méchants! Les projets les plus
« gigantesques s'exécutent de leur part sans difficulté,
« tandis que le bon parti est malheureux et ridicule
« dans tout ce qu'il entreprend! L'opinion poursuit la
« fidélité dans toute l'Europe! Les premiers hommes
« d'État se trompent invariablement! les plus grands
« généraux sont humiliés! etc. »

Sans doute, car la première condition d'une révolution décrétée, c'est que tout ce qui pouvait la prévenir n'existe pas, et que rien ne réussisse à ceux qui veulent l'empêcher. Mais jamais l'ordre n'est plus visible, jamais la Providence n'est plus palpable que lorsque l'action supérieure se substitue à celle de l'homme et agit toute seule : c'est ce que nous voyons dans ce moment.

Ce qu'il y a de plus frappant dans la révolution française, c'est cette force entraînante qui courbe tous les obstacles. Son tourbillon emporte comme une paille légère tout ce que la force humaine a su lui opposer : personne n'a contrarié sa marche impunément. La pureté des motifs a pu illustrer l'obstacle, mais c'est tout; et cette force jalouse, marchant invariablement à son but, rejette également Charette, Dumouriez et Drouet.

On a remarqué, avec grande raison, que la révolution française mène les hommes plus que les hommes ne la mènent. Cette observation est de la plus grande justesse; et quoiqu'on puisse l'appliquer plus ou moins à toutes les grandes révolutions, cependant elle n'a jamais été plus frappante qu'à cette époque.

Les scélérats même qui paraissent conduire la révolution, n'y entrent que comme de simples instruments ; et dès qu'ils ont la prétention de la dominer, ils tombent ignoblement. Ceux qui ont établi la république l'ont fait sans le vouloir et sans savoir ce qu'ils faisaient ; ils y ont été conduits par les événements : un projet antérieur n'aurait pas réussi.

Jamais Robespierre, Collot ou Barère, ne pensèrent à établir le gouvernement révolutionnaire et le régime de la terreur ; ils y furent conduits insensiblement par les circonstances, et jamais on ne reverra rien de pareil. Ces hommes, excessivement médiocres, exercèrent sur une nation coupable le plus affreux despotisme dont l'histoire fasse mention, et sûrement ils étaient les hommes du royaume les plus étonnés de leur puissance.

Mais au moment même où ces tyrans détestables eurent comblé la mesure de crimes nécessaires à cette phase de la révolution, un souffle les renversa. Ce pouvoir gigantesque qui faisait trembler la France et l'Europe ne tint pas contre la première attaque ; et comme il ne devait y avoir rien de grand, rien d'auguste dans une révolution toute criminelle, la Providence voulut que le premier coup fût porté par des *septembriseurs*, afin que la justice même fût infâme (1).

Souvent on s'est étonné que des hommes plus que médiocres aient mieux jugé la révolution française que des hommes du premier talent; qu'ils y aient cru fortement, lorsque des politiques consommés n'y croyaient point encore. C'est que cette persuasion était une des pièces de la révolution, qui ne pouvait réussir que par l'étendue et l'énergie de l'esprit révolutionnaire, ou, s'il est permis de s'exprimer ainsi, par la *foi* à la révolution. Ainsi des hommes sans génie et sans connaissance ont fort bien conduit ce qu'ils appelaient *le char révolutionnaire;* ils ont tout osé sans crainte de la contre-révolution; ils ont toujours marché en avant, sans regarder derrière eux; et tout leur a réussi, parce qu'ils n'étaient que les instruments d'une force qui en savait plus qu'eux. Ils n'ont pas fait de fautes dans leur carrière révolutionnaire, par la raison

---

(1) Par la même raison, l'honneur est déshonoré. Un journaliste (le *Républicain*) a dit avec beaucoup d'esprit et de justesse : *Je comprends fort bien comment on peut dépanthéoniser Marat; mais je ne concevrai jamais comment on pourra démaratiser le Panthéon.* On s'est plaint de voir le corps de Turenne oublié dans le coin d'un *muséum*, à côté du squelette d'un animal : quelle imprudence! il y en avait assez pour faire naître l'idée de jeter au Panthéon ces restes vénérables.

que le flûteur de Vaucanson ne fit jamais de notes fausses.

Le torrent révolutionnaire a pris successivement différentes directions ; et les hommes les plus marquants dans la révolution n'ont acquis l'espèce de puissance et de célébrité qui pouvait leur appartenir, qu'en suivant le cours du moment : dès qu'ils ont voulu le contrarier, ou seulement s'en écarter en s'isolant, en travaillant trop pour eux, ils ont disparu de la scène.

Voyez ce Mirabeau qui a tant marqué dans la révolution : au fond, c'était *le roi de la halle.* Par les crimes qu'il a faits, et par ses livres qu'il a fait faire, il a secondé le mouvement populaire : il se mettait à la suite d'une masse déjà mise en mouvement, et la poussait dans le sens déterminé ; son pouvoir ne s'étendit jamais plus loin : il partageait avec un autre héros de la révolution le pouvoir d'agiter la multitude, sans avoir celui de la dominer, ce qui forme le véritable cachet de la médiocrité dans les troubles politiques. Des factieux moins brillants, et en effet plus habiles et plus puissants que lui, se servaient de son influence pour leur profit. Il tonnait à la tribune, et il était leur dupe. Il disait en mourant, *que s'il avait vécu, il aurait rassemblé les pièces éparses de la monarchie;* et lorsqu'il avait voulu, dans le moment de sa plus grande influence, viser seulement au ministère, ses subalternes l'avaient repoussé comme un enfant.

Enfin, plus on examine les personnages en apparence les plus actifs de la révolution, et plus on trouve en eux quelque chose de passif et de mécanique. On ne saurait trop le répéter, ce ne sont point les hommes qui mènent la révolution, c'est la révolution qui emploie les hommes. On dit fort bien, quand on dit qu'*elle va toute seule.* Cette phrase signifie que jamais la Divinité ne s'était montrée d'une manière si claire dans aucun événement humain. Si elle emploie les instruments les plus vils, c'est qu'elle punit pour régénérer.

CHAPITRE II

CONJECTURES SUR LES VOIES DE LA PROVIDENCE
DANS LA RÉVOLUTION FRANÇAISE.

Chaque nation, comme chaque individu, a reçu une mission qu'elle doit remplir. La France exerce sur l'Europe une véritable magistrature, qu'il serait inutile de contester, dont elle a abusé de la manière la plus coupable. Elle était surtout à la tête du système religieux, et ce n'est pas sans raison que son roi s'appelait *très-chrétien :* Bossuet n'a rien dit de trop sur ce point. Or comme elle s'est servie de son influence pour contredire sa vocation et démoraliser l'Europe, il ne faut pas être étonné qu'elle y soit ramenée par des moyens terribles.

Depuis longtemps on n'avait vu une punition aussi effrayante, infligée à un aussi grand nombre de coupables. Il y a des innocents, sans doute, parmi les malheureux ; mais il y en a bien moins qu'on ne l'imagine communément.

Tous ceux qui ont travaillé à affranchir le peuple de sa croyance religieuse ; tous ceux qui ont opposé des sophismes métaphysiques aux lois de la propriété ; tous ceux qui ont dit *Frappez, pourvu que nous y gagnions;* tous ceux qui ont touché aux lois fondamentales de l'État ; tous ceux qui ont conseillé, approuvé, favorisé les mesures violentes employées contre le roi, etc.; tous ceux-là ont voulu la révolution, et tous ceux qui l'ont voulue en ont été très-justement les victimes, même suivant nos vues bornées.

On gémit de voir des savants illustres tomber sous la hache de Robespierre. On ne saurait humainement les regretter trop ; mais la justice divine n'a pas le moindre respect pour les géomètres ou les physiciens. Trop de savants français furent les principaux auteurs de la révolution ; trop de savants français l'aimèrent et la favorisèrent, tant qu'elle n'abattit, comme le bâton de Tarquin, que les têtes dominantes. Ils disaient comme tant d'autres : *Il est impossible qu'une grande révolution s'opère sans amener des malheurs.* Mais lorsqu'un philosophe se console de ces malheurs en vue des résultats; lorsqu'il dit dans son cœur : *Passe pour cent mille meurtres, pourvu que nous soyons libres;* si la Providence lui répond : *J'accepte ton approbation, mais tu feras nombre,* où est l'injustice? Jugerions-nous autrement dans nos tribunaux?

Les détails seraient odieux : mais qu'il est peu de Français, parmi ceux qu'on appelle *victimes innocentes de la révolution,* à qui leur conscience n'ait pu dire :

>Alors, de vos erreurs voyant les tristes fruits,
>Reconnaissez les coups que vous avez conduits.

Nos idées sur le bien et le mal, sur l'innocent et le coupable, sont trop souvent altérées par nos préjugés. Nous déclarons coupables et infâmes deux hommes qui se battent avec un fer long de trois pouces; mais si le fer a trois pieds, le combat devient honorable. Nous flétrissons celui qui vole un centime dans la poche de son ami; s'il ne lui prend que sa femme, ce n'est rien. Tous les crimes brillants, qui supposent un développement de qualités grandes ou aimables; tous ceux surtout qui sont honorés par le succès, nous les pardonnons, si même nous n'en faisons pas des vertus; tandis que les qualités brillantes qui environnent le coupable, le noircissent aux yeux de la véritable justice, pour qui le plus grand crime est l'abus de ses dons.

Chaque homme a certains devoirs à remplir et l'étendue de ces devoirs est relative à sa position civile et à l'étendue de ses moyens. Il s'en faut de beaucoup que la même action soit également criminelle de la part de deux hommes donnés. Pour ne pas sortir de notre objet, tel acte qui ne fut qu'une erreur ou un trait de folie de la part d'un homme obscur, revêtu brusquement d'un pouvoir illimité, pouvait être un forfait de la part d'un évêque ou d'un duc et pair.

Enfin, il est des actions excusables, louables même suivant les vues humaines, et qui sont dans le fond infiniment criminelles. Si l'on nous dit par exemple : *J'ai embrassé de bonne foi la révolution française, par un amour pur de liberté et de ma patrie ; j'ai cru en mon âme et conscience qu'elle amènerait la réforme des abus et le bonheur public;* nous n'avons rien à répondre. Mais l'œil, pour qui tous les cœurs sont diaphanes, voit la fibre coupable; il découvre, dans une brouillerie ridicule, dans un petit froissement de l'orgueil, dans une passion basse ou criminelle, le premier mobile de ces résolutions qu'on voudrait illustrer aux yeux des hommes; et pour lui le mensonge de l'hypocrisie greffée sur la trahison est un crime de plus. Mais parlons de la nation en général.

Un des plus grands crimes qu'on puisse commettre, c'est sans doute l'attentat contre la *souveraineté*, nul n'ayant des suites plus terribles. Si la souveraineté réside sur une tête, et que cette tête tombe victime de l'attentat, le crime augmente d'atrocité. Mais si ce souverain n'a mérité son sort par aucun crime; si ses vertus même ont armé contre lui la main des coupables, le crime n'a plus de nom. A ces traits on reconnaît la mort de Louis XVI; mais ce qu'il est important de remarquer, c'est que *jamais un plus grand crime n'eut plus de complices*. La mort de Charles Ier en eut bien moins, et cependant il était possible de lui faire des reproches que Louis XVI ne mérita point. Cependant on lui donna des preuves de l'intérêt le plus tendre et le plus courageux; le bourreau même, qui ne faisait qu'obéir, n'osa pas se faire connaître. En France, Louis XVI marcha à la mort au milieu de 60,000 hommes armés, qui n'eurent pas un coup de fusil pour *Santerre :* pas une voix ne s'éleva pour l'infortuné monarque, et les provinces furent aussi muettes que la capitale. *On se serait exposé*, disait-on. Français! si vous trouvez cette raison bonne, ne parlez pas tant de votre courage, ou convenez que vous l'employez bien mal.

L'indifférence de l'armée ne fut pas moins remarquable. Elle servit les bourreaux de Louis XVI bien mieux qu'elle ne l'avait servi lui-même, car elle l'avait trahi. On ne vit pas de sa part le plus léger témoignage de mécontentement. Enfin, jamais un plus grand crime n'appartint (à la vérité avec une foule de gradations) à un plus grand nombre de coupables.

Il faut encore faire une observation importante : c'est que tout attentat commis contre la souveraineté, *au nom de la nation*, est toujours plus ou moins un crime national ; car c'est toujours plus ou moins la faute de la nation, si un nombre quelconque de factieux s'est mis en état de commettre le crime en son nom. Ainsi, tous les Français, sans doute, n'ont pas *voulu* la mort de Louis XVI ; mais l'immense majorité du peuple a *voulu*, pendant plus de deux ans, toutes les folies, toutes les injustices, tous les attentats qui amenèrent la catastrophe du 21 janvier.

Or, tous les crimes nationaux contre la souveraineté sont punis sans délai et d'une manière terrible ; c'est une loi qui n'a jamais souffert d'exception. Peu de jours après l'exécution de Louis XVI, quelqu'un écrivait dans le Mercure universel : *Peut-être il n'eût pas fallu en venir là; mais puisque nos législateurs ont pris l'événement sur leur responsabilité, rallions-nous autour d'eux : éteignons toutes les haines, et qu'il n'en soit plus question.* Fort bien : il eût fallu peut-être ne pas assassiner le roi ; mais puisque la chose est faite, n'en parlons plus, et soyons tous bons amis. O démence ! Shakespeare en savait un peu plus lorsqu'il disait : *La vie de tout individu est précieuse pour lui ; mais la vie de qui dépendent tant de vies, celle des souverains, est précieuse pour tous. Un crime fait-il disparaître la majesté royale? à la place qu'elle occupait-il se forme un gouffre effroyable, et tout ce qui l'environne s'y précipite* (1). Chaque goutte du sang de Louis XVI en coûtera des torrents à la France ; quatre millions de Français, peut-être, payeront de leurs têtes le grand crime national d'une insurrection anti-religieuse et anti-sociale, couronnée par un régicide.

Où sont les premières gardes nationales, les premiers soldats, les premiers généraux, qui prêtèrent serment à la nation? Où sont es chefs, les idoles de cette première assemblée si coupable, pour qui l'épithète de *constituante* sera une épigramme éternelle? Où est

(1) *Hamlet*, acte 3 scène 8

Mirabeau? où est Bailly, avec son *beau jour?* où est Thouret qui inventa le mot *exproprier?* où est Osselin, le rapporteur de la première loi qui proscrivit les émigrés? On nommerait par milliers les instruments actifs de la révolution, qui ont péri d'une mort violente.

C'est encore ici où nous pouvons admirer l'ordre dans le désordre ; car il demeure évident, pour peu qu'on y réfléchisse, que les grands coupables de la révolution ne pouvaient tomber que sous les coups de leurs complices. Si la force seule avait opéré ce qu'on appelle la *contre-révolution,* et replacé le roi sur le trône, il n'y aurait eu aucun moyen de faire justice. Le plus grand malheur qui pût arriver à un homme délicat, ce serait d'avoir à juger l'assassin de son père, de son parent, de son ami, ou seulement l'usurpateur de ses biens. Or, c'est précisément ce qui serait arrivé dans le cas d'une contre-révolution, telle qu'on l'entendait; car les juges supérieurs, par la nature seule des choses, auraient presque tous appartenu à la classe offensée, et la justice, lors même qu'elle n'aurait fait que punir, aurait eu l'air de se venger. D'ailleurs, l'autorité légitime garde toujours une certaine modération dans la punition des crimes qui ont une multitude de complices. Quand elle envoie cinq ou six coupables à la mort pour le même crime, c'est un massacre : si elle passe certaines bornes, elle devient odieuse. Enfin les grands crimes exigent malheureusement de grands supplices; et, dans ce genre, il est aisé de passer les bornes, lorsqu'il s'agit de crime de lèse-majsté, et que la flatterie se fait bourreau. L'humanité n'a point encore pardonné à l'ancienne législation française l'épouvantable supplice de Damiens (1). Qu'auraient donc fait les magistrats français de trois ou quatre cents *Damiens,* et de tous les monstres qui couvraient la France? Le glaive sacré de la justice serait-il donc tombé sans relâche comme la guillotine de Robespierre? Aurait-on convoqué à Paris tous les bourreaux du royaume et tous les chevaux de l'artillerie, pour écarteler des hommes? Aurait-on fait dissoudre dans de vastes chaudières le plomb et la poix, pour en arroser des membres déchirés par des tenailles rougies? D'ailleurs, comment caractériser les différents crimes? comment graduer les supplices? et surtout comment punir sans lois? *On aurait choisi, dira-t-on, quelques grands coupables, et tout le reste*

---

(1) *Avertere omnes à tantâ fœditate spectaculi oculos. Primum ultimumque illud supplicium apud Romanos exempli parum memoris legum humanarum fuit.* Tit. Liv. I. 28. de suppl. Mettii.

aurait obtenu grâce. C'est précisément ce que la Providence ne voulait pas. Comme elle peut tout ce qu'elle veut, elle ignore ces grâces produites par l'impuissance de punir. Il fallait que la grande épuration s'accomplît, et que les yeux fussent frappés; il fallait que le métal français, dégagé de ses scories aigres et impures, parvînt plus net et plus malléable entre les mains du roi futur. Sans doute, la Providence n'a pas besoin de punir dans le temps pour justifier ses voies; mais à cette époque, elle se met à notre portée, et punit comme un tribunal humain.

Il y a eu des nations condamnées à mort au pied de la lettre comme des individus coupables, et nous savons pourquoi (1). S'il entrait dans les desseins de Dieu de nous révéler ses plans à l'égard de la révolution française, nous lirions le châtiment des Français comme l'arrêt d'un parlement. — Mais que saurions-nous de plus? Ce châtiment n'est-il pas visible? N'avons-nous pas vu la France déshonorée par plus de cent mille meurtres? le sol entier de ce beau royaume couvert d'échafauds? et cette malheu-

---

(1) *Levit. XVIII.* 21 *et seq. XX.* 23. — *Deuter. XVIII.* 9. *et seq.* — *I Reg. XV.* 24. — *IV. Reg. XVII.* 7 *et seq. et XXI.* 2. — *Herodot. lib. II.* § 46, et la note de M. Larcher sur cet endroit.

reuse terre abreuvée du sang de ses enfants par les massacres judiciaires, tandis que des tyrans inhumains le prodiguaient au dehors pour le soutien d'une guerre cruelle, soutenue pour leur propre intérêt? Jamais le despote le plus sanguinaire ne s'est joué de la vie des hommes avec tant d'insolence, et jamais peuple passif ne se présenta à la boucherie avec plus de complaisance. Le fer et le feu, le froid et la faim, les privations, les souffrances de toute espèce, rien ne le dégoûte de son supplice; tout ce qui est dévoué doit accomplir son sort : on ne verra point de désobéissance, jusqu'à ce que le jugement soit accompli.

Et cependant dans cette guerre si cruelle, si désastreuse, que de points de vue intéressants! et comme on passe tour à tour de la tristesse à l'admiration! Transportons-nous à l'époque la plus terrible de la révolution; supposons que, sous le gouvernement de l'infernal comité, l'armée, par une métamorphose subite, devienne tout à coup royaliste; supposons qu'elle convoque de son côté ses assemblées primaires, et qu'elle nomme librement les hommes les plus éclairés et les plus estimables, pour lui tracer la route qu'elle doit tenir dans cette occasion difficile; supposons, enfin, qu'un de ces élus de l'armée se lève, et dise:

« Braves et fidèles guerriers, il est des circonstances
« où toute la sagesse humaine se réduit à choisir
« entre différents maux. Il est dur, sans doute, de
« combattre pour le comité de salut public; mais il y
« aurait quelque chose de plus fatal encore, ce serait
« de tourner nos armes contre lui. A l'instant où
« l'armée se mêlera de la politique, l'État sera dissous;
« et les ennemis de la France, profitant de ce moment
« de dissolution, la pénétreront et la diviseront. Ce
« n'est point pour ce moment que nous devons agir,
« mais pour la suite des temps : il s'agit surtout
« de maintenir l'intégrité de la France, et nous ne le
« pouvons qu'en combattant pour le gouvernement,
« quel qu'il soit; car de cette manière la France,
« malgré ses déchirements intérieurs, conservera sa
« force militaire et son influence extérieure. A le bien
« prendre, ce n'est point pour le gouvernement que
« nous combattons, mais pour la France et pour le
« roi futur, qui nous devra un empire plus grand
« peut-être que ne le trouva la révolution. C'est donc
« un devoir pour nous de vaincre la répugnance qui
« nous fait balancer. Nos contemporains peut-être
« calomnieront notre conduite; mais la postérité lui
« rendra justice. »

Cet homme aurait parlé en grand philosophe. Eh bien! cette hypothèse chimérique, l'armée l'a réalisée, sans savoir ce qu'elle faisait; et la terreur d'un côté, l'immoralité et l'extravagance de l'autre, ont fait précisément ce qu'une sagesse consommée et presque prophétique aurait dicté à l'armée.

Qu'on y réfléchisse bien, on verra que le mouvement révolutionnaire, une fois établi, la France et la monarchie ne pouvaient être sauvées que par le jacobinisme.

Le roi n'a jamais eu d'allié; et c'est un fait assez évident, pour qu'il n'y ait aucune imprudence à l'énoncer, que la coalition en voulait à l'intégrité de la France. Or, comment résister à la coalition? Par quel moyen surnaturel briser l'effort de l'Europe conjurée? Le génie infernal de Robespierre pouvait seul opérer ce prodige. Le gouvernement révolutionnaire endurcissait l'âme des Français, en la trempant dans le sang: il exaspérait l'esprit des soldats, et doublait leurs forces par un désespoir féroce et un mépris de la vie, qui tenaient de la rage. L'horreur des échafauds, poussant le citoyen aux frontières, alimentait la force extérieure, à mesure qu'elle anéantissait jusqu'à la moindre résistance dans l'intérieur. Toutes les vies, toutes les richesses, tous les pouvoirs étaient dans les mains du pouvoir révolutionnaire ; et ce monstre de puissance, ivre de sang et de succès, phénomène épouvantable qu'on n'avait jamais vu, et que sans doute on ne reverra jamais, était tout à la fois un châtiment épouvantable pour les Français et le seul moyen de sauver la France.

Que demandaient les royalistes, lorsqu'ils demandaient une contre-révolution telle qu'ils l'imaginaient, c'est-à-dire, faite brusquement et par la force ? Ils demandaient la conquête de la France ; ils demandaient donc sa division, l'anéantissement de son influence et l'avilissement de son roi, c'est-à-dire, des massacres de trois siècles, peut-être ; suite infaillible d'une telle rupture d'équilibre. Mais nos neveux, qui s'embarrasseront très-peu de nos souffrances, et qui danseront sur nos tombeaux, riront de notre ignorance actuelle ; ils se consoleront aisément des excès que nous avons vus, et qui auront conservé l'intégrité *du plus beau royaume après celui du ciel* (1).

Tous les monstres que la révolution a enfantés, n'ont travaillé, suivant les apparences, que pour la royauté. Par eux, l'éclat des victoires a forcé l'admiration de l'univers, et environné le nom français d'une gloire

(1) Grotius, *De jure belli ac pacis, Epist. ad Ludovicum XIII.*

dont les crimes de la révolution n'ont pu le dépouiller entièrement; par eux, le roi remontera sur le trône avec tout son éclat et toute sa puissance, peut-être même avec un surcroît de puissance. Et qui sait si, au lieu d'offrir misérablement quelques-unes de ses provinces pour obtenir le droit de régner sur les autres, il n'en rendra peut-être pas, avec la fierté du pouvoir qui donne ce qu'il peut retenir? Certainement on a vu arriver des choses moins probables.

Cette même idée, que tout se fait pour l'avantage de la monarchie française, me persuade que toute révolution royaliste est impossible avant la paix; car le rétablissement de la royauté détendrait subitement tous les ressorts de l'État. La magie noire, qui opère dans ce moment, disparaîtrait comme un brouillard devant le soleil. La bonté, la clémence, la justice, toutes les vertus douces et paisibles, reparaîtraient tout à coup, et ramèneraient avec elles une certaine douceur générale dans les caractères, une certaine allégresse entièrement opposée à la sombre rigueur du pouvoir révolutionnaire. Plus de réquisitions, plus de vols palliés, plus de violences. Les généraux, précédés du drapeau blanc, appelleraient-ils *révoltés* les habitants des pays envahis, qui se défendraient légitimement?

et leur enjoindraient-ils de ne pas remuer, sous peine d'être fusillés comme rebelles ? Ces horreurs, très-utiles au roi futur, ne pourraient cependant être employées par lui; il n'aurait donc que des moyens *humains*. Il serait au pair avec ses ennemis; et qu'arriverait-il dans ce moment de suspension qui accompagne nécessairement le passage d'un gouvernement à l'autre? Je n'en sais rien. Je sens bien que les grandes conquêtes des Français semblent mettre l'intégrité du royaume à l'abri (je crois même toucher ici la raison de ces conquêtes). Cependant il paraît toujours plus avantageux à la France et à la monarchie, que la paix, et une paix glorieuse pour les Français, se fasse par la république ; et qu'au moment où le roi remontera sur son trône, une paix profonde écarte de lui toute espèce de danger.

D'un autre côté, il est visible qu'une revolution brusque, loin de guérir le peuple, aurait confirmé ses erreurs ; qu'il n'aurait jamais pardonné au pouvoir qui lui aurait arraché ses chimères. Comme c'était du *peuple* proprement dit, ou de la multitude, que les factieux avaient besoin pour bouleverser la France, il est clair qu'en général ils devaient l'épargner, et que les grandes vexations devaient tomber d'abord sur la classe aisée.

Il fallait donc que le pouvoir usurpateur pesât longtemps sur le peuple pour l'en dégoûter. Il n'avait vu que la révolution : il fallait qu'il en sentît, qu'il en savourât, pour ainsi dire, les amères conséquences. Peut-être, au moment où j'écris, ce n'est point encore assez.

La réaction, d'ailleurs, devant être égale à l'action, ne vous pressez pas, hommes impatients, et songez que la longueur même des maux vous annonce une *contre-révolution* dont vous n'avez pas d'idée. Calmez vos ressentiments, surtout ne vous plaignez pas des rois, et ne demandez pas d'autres miracles que ceux que vous voyez. Quoi ! vous prétendez que des puissances étrangères combattent philosophiquement pour relever le trône de France, et sans aucun espoir d'indemnité ? Mais vous voulez donc que l'homme ne soit pas homme : vous demandez l'impossible. Vous consentiriez, direz-vous peut-être, au démembrement de la France *pour ramener l'ordre* : mais savez-vous ce que c'est que *l'ordre ?* C'est ce qu'on verra dans dix ans, peut-être plus tôt, peut-être plus tard. De qui tenez-vous, d'ailleurs, le droit de stipuler pour le roi, pour la monarchie française et pour votre postérité ? Lorsque d'aveugles factieux décrètent l'indivisibilité de la république, ne voyez que la Providence qui décrète celle du royaume.

Jetons maintenant un coup d'œil sur la persécution inouïe excitée contre le culte national et ses ministres : c'est une des *faces* les plus intéressantes de la révolution.

On ne saurait nier que le sacerdoce, en France, n'eût besoin d'être régénéré ; et quoique je sois fort loin d'adopter les déclamations vulgaires sur le clergé, il ne me paraît pas moins incontestable que les richesses, le luxe et la pente générale des esprits vers le relâchement, avaient fait décliner ce grand corps ; qu'il était possible souvent de trouver sous le camail un chevalier au lieu d'un apôtre ; et qu'enfin, dans les temps qui précédèrent immédiatement la révolution, le clergé était descendu, à peu près autant que l'armée, de la place qu'il avait occupée dans l'opinion générale.

Le premier coup porté à l'Église fut l'envahissement de ses propriétés ; le second fut le serment constitutionnel : et ces deux opérations tyranniques commencèrent la régénération. Le serment cribla les prêtres, s'il est permis de s'exprimer ainsi. Tout ce qui l'a prêté, à quelques exceptions près, dont il est permis de ne pas s'occuper, s'est vu conduit par degrés dans l'abîme du crime et de l'opprobre : l'opinion n'a qu'une voix sur ces apostats.

Les prêtres fidèles, recommandés à cette même opinion par un premier acte de fermeté, s'illustrèrent encore davantage par l'intrépidité avec laquelle ils surent braver les souffrances et la mort même pour la défense de leur foi. Le massacre des Carmes est comparable à tout ce que l'histoire ecclésiastique offre de plus beau dans ce genre.

La tyrannie qui les chassa de leur patrie par milliers, contre toute justice et toute pudeur, fut sans doute ce qu'on peut imaginer de plus révoltant ; mais sur ce point, comme sur tous les autres, les crimes des tyrans de la France devenaient les instruments de la Providence. Il fallait probablement que les prêtres français fussent montrés aux nations étrangères ; ils ont vécu parmi les nations protestantes, et ce rapprochement a beaucoup diminué les haines et les préjugés. L'émigration considérable du clergé, et particulièrement des évêques français, en Angleterre, me paraît surtout une époque remarquable. Sûrement, on aura prononcé des projets de rapprochements pendant cette réunion extraordinaire ? Quand on n'aurait fait que désirer ensemble, ce serait beaucoup. Si jamais les chrétiens se rapprochent, comme tout les y invite, il semble que la *motion* doit partir de l'église d'Angleterre. Le presbytérianisme fut une œuvre française, et par conséquent une œuvre exagérée. Nous sommes trop éloignés des sectateurs d'un culte trop peu substantiel : il n'y a pas moyen de nous entendre. Mais l'église anglicane, qui nous touche d'une main, touche de l'autre ceux que nous ne pouvons toucher ; et quoique, sous un certain point de vue, elle soit en butte aux coups des deux partis, et qu'elle présente le spectacle un peu ridicule d'un révolté qui prêche l'obéissance, cependant elle est très-précieuse sous d'autres aspects, et peut être considérée comme un de ces intermèdes chimiques, capables de rapprocher des éléments inassociables de leur nature.

Les biens du clergé étant dissipés, aucun motif méprisable ne peut de longtemps lui donner de nouveaux membres ; en sorte que toutes les circonstances concourent à relever ce corps. Il y a lieu de croire, d'ailleurs, que la contemplation de l'œuvre dont il paraît chargé, lui donnera ce degré d'exaltation qui élève l'homme au-dessus de lui-même, et le met en état de produire de grandes choses.

Joignez à ces circonstances la fermentation des esprits en certaines contrées de l'Europe, les idées exaltées de quelques hommes remarquables, et cette espèce d'inquiétude qui affecte les caractères religieux, surtout dans les pays protestants, et les pousse dans des routes extraordinaires.

Voyez en même temps l'orage qui gronde sur l'Italie; Rome menacée en même temps que Genève par la puissance qui ne veut point de culte, et la suprématie nationale de la religion abolie en Hollande par un décret de la Convention nationale. Si la Providence *efface,* sans doute c'est pour *écrire*

J'observe de plus, que lorsque de grandes croyances se sont établies dans le monde, elles ont été favorisées par de grandes conquêtes, par la formation de grandes souverainetés; on en voit la raison.

Enfin, que doit-il arriver, à l'époque où nous vivons, de ces combinaisons extraordinaires qui ont trompé toute la prudence humaine? En vérité, on serait tenté de croire que la révolution politique n'est qu'un objet secondaire du grand plan qui se déroule devant nous avec une majesté terrible.

J'ai parlé, en commençant, de cette *magistrature* que la France exerce sur le reste de l'Europe. La

Providence, qui proportionne toujours les moyens à la fin, et qui donne aux nations, comme aux individus, les organes nécessaires à l'accomplissement de leur destination, a précisément donné à la nation française deux instruments, et pour ainsi dire, deux *bras,* avec lesquels elle remue le monde, sa langue et l'esprit de prosélytisme qui forme l'essence de son caractère ; en sorte qu'elle a constamment le besoin et le pouvoir d'influencer les hommes.

La puissance, j'ai presque dit la *monarchie* de la langue française, est visible : on peut, tout au plus, faire semblant d'en douter. Quant à l'esprit de prosélytisme, il est connu comme le soleil ; depuis la marchande de modes jusqu'au philosophe, c'est la partie saillante du caractère national.

Ce prosélytisme passe communément pour un ridicule, et réellement il mérite souvent ce nom, surtout par les formes : dans le fond, cependant, c'est une *fonction.*

Or, c'est une loi éternelle du monde moral, que toute *fonction* produit un devoir. L'Église gallicane était une pierre angulaire de l'édifice catholique, ou, pour mieux dire, *chrétien* ; car, dans le vrai, il n'y a qu'un édifice. Les églises ennemies de l'église universelle ne subsistent cependant que par celle-ci, quoique peut-être elles s'en doutent peu, semblables à ces plantes parasites, à ces guis stériles qui ne vivent que de la substance de l'arbre qui les supporte, et qu'ils appauvrissent.

De là vient que la réaction entre les puissances opposées étant toujours égale à l'action, les plus grands efforts de la *déesse Raison* contre le christianisme se sont faits en France : l'ennemi attaquait la citadelle.

Le clergé de France ne doit donc point s'endormir ; il a mille raisons de croire qu'il est appelé à une grande mission, et les mêmes conjectures qui lui laissent apercevoir pourquoi il a souffert, lui permettent aussi de se croire destiné à une œuvre essentielle.

En un mot, s'il ne se fait pas une révolution morale en Europe, si l'esprit religieux n'est pas renforcé dans cette partie du monde, le lien social est dissous. On ne peut rien deviner, et il faut s'attendre à tout. Mais s'il se fait un changement heureux sur ce point, ou il n'y a plus d'analogie, plus d'induction, plus d'art de conjecturer, ou c'est la France qui est appelée à le produire.

C'est surtout ce qui me fait penser que la révolution française est une grande époque, et que ses suites, dans tous les genres, se feront sentir bien au delà du temps de son explosion et des limites de son foyer.

Si on l'envisage dans ses rapports politiques, on se confirme dans la même opinion. Combien les puissances de l'Europe se sont trompées sur la France! combien elles ont *médité de choses vaines*! O vous qui vous croyez indépendants, parce que vous n'avez point de juges sur la terre, ne dites jamais : *Cela me convient* : DISCITE JUSTITIAM MONITI! Quelle main, tout à la fois sévère et paternelle, écrasait la France de tous les fléaux imaginables, et soutenait l'empire par des moyens surnaturels, en tournant tous les efforts de ses ennemis contre eux-mêmes? Qu'on ne vienne point nous parler des assignats, de la force du nombre, etc.; car la possibilité des assignats et de la force du nombre est précisément hors de la nature. D'ailleurs, ce n'est ni par le papier-monnaie, ni par l'avantage du nombre, que les vents conduisent les vaisseaux des Français, et repoussent ceux de leurs ennemis; que l'hiver leur fait des ponts de glace au moment où ils en ont besoin; que les sonverains qui les gênent meurent à point nommé; qu'ils envahissent l'Italie sans canons ; et que des phalanges, réputées les plus braves de l'univers, jettent les armes à égalité de nombre et passent sous le joug.

Lisez les belles réflexions de M. Dumas sur la guerre actuelle; vous y verrez parfaitement *pourquoi*, mais point du tout *comment* elle a pris le caractère que nous voyons. Il faut toujours remonter au comité de salut public, qui fut un miracle, et dont l'esprit gagne encore les batailles.

Enfin, le châtiment *des Français* sort de toutes les règles ordinaires, et la protection accordée *à la France* en sort aussi; mais ces deux prodiges réunis se multiplient l'un par l'autre et présentent un des spectacles les plus étonnants que l'œil humain ait jamais contemplé.

A mesure que les événements se déploieront, on verra d'autres raisons et des rapports plus admirables. Je ne vois, d'ailleurs, qu'une partie de ceux qu'une vue plus perçante pourrait découvrir dès ce moment.

L'horrible effusion du sang humain, occasionnée par cette grande commotion, est un moyen terrible : cependant c'est un moyen autant qu'une punition, et il peut donner lieu à des réflexions intéressantes.

CHAPITRE III

DE LA DESTRUCTION VIOLENTE DE L'ESPÈCE HUMAINE.

Il n'avait malheureusement pas si tort ce roi de Dahomey, dans l'intérieur de l'Afrique, qui disait, il n'y a pas longtemps, à un Anglais : *Dieu a fait ce monde pour la guerre; tous les royaumes, grands et petits, l'ont pratiquée dans tous les temps, quoique sur des principes différents* (1).

L'histoire prouve malheureusement que la guerre est l'état habituel du genre humain dans un certain sens ; c'est-à-dire que le sang humain doit couler sans interruption sur le globe, ici ou là, et que la paix, pour chaque nation, n'est qu'un répit.

On cite la clôture du temple de Janus, sous Auguste ;

---

(1) *The history of Dahomey, by Archibald Dalzel*, Biblioth. Brit. Mai 1796, vol. 2, n° 1, pag. 87.

on cite une année du règne guerrier de Charlemagne (l'année 790) où il ne fit pas la guerre (1). On cite une courte époque après la paix de Ryswick, en 1697, et une autre tout aussi courte après celle de Carlowitz, en 1699, où il n'y eut point de guerre non-seulement dans toute l'Europe, mais même dans tout le monde connu.

Mais ces époques ne sont que des monuments. D'ailleurs, qui peut savoir ce qui se passe sur le globe entier à telle ou telle époque ?

Le siècle qui finit, commença, pour la France, par une guerre cruelle, qui ne fut terminée qu'en 1714 par le traité de Rastadt. En 1719, la France déclara la guerre à l'Espagne; le traité de Paris y mit fin en 1727. L'élection du roi de Pologne ralluma la guerre en 1733; la paix se fit en 1736. Quatre ans après, la guerre terrible de la succession autrichienne s'alluma, et dura sans interruption jusqu'en 1748. Huit années de paix commençaient à cicatriser les plaies de huit années de guerre, lorsque l'ambition de l'Angleterre força la France à prendre les armes. La guerre de sept ans n'est que

(1) *Histoire de Charlemagne*, par M. Gaillard, tome II, livre ., chap. v.

trop connue. Après quinze ans de repos, la révolution d'Amérique entraîna de nouveau la France dans une guerre dont toute la sagesse humaine ne pouvait prévoir les conséquences. On signe la paix en 1782; sept ans après, la révolution commence : elle dure encore ; et peut-être que dans ce moment elle a coûté trois millions d'hommes à la France.

Ainsi, à ne considérer que la France, voilà quarante ans de guerre sur quatre-vingt-seize. Si d'autres nations ont été plus heureuses, d'autres l'ont été beaucoup moins.

Mais ce n'est point assez de considérer un point du temps et un point du globe ; il faut porter un coup d'œil rapide sur cette longue suite de massacres, qui souille toutes les pages de l'histoire. On verra la guerre sévir sans interruption, comme une fièvre continue marquée par d'effroyables redoublements. Je prie le lecteur de suivre ce tableau depuis le déclin de la république romaine.

Marius extermine, dans une bataille, deux cent mille Cimbres et Teutons. Mithridate fait égorger quatre-vingt mille Romains : Sylla lui tue quatre-vingt-dix mille hommes, dans un combat livré en Béotie, où il en perd lui-même dix mille. Bientôt on voit les guerres civiles et les proscriptions. César à lui seul fait mourir un million d'hommes sur le champ de bataille (avant lui Alexandre avait eu ce funeste honneur) : Auguste ferme un instant le temple de Janus ; mais il l'ouvre pour des siècles, en établissant un empire électif. Quelques bons princes laissent respirer l'état ; mais la guerre ne cesse jamais, et sous l'empire du *bon* Titus six cent mille hommes périssent au siége de Jérusalem. La destruction des hommes opérée par les armes des Romains est vraiment effrayante (1). Le Bas-Empire ne présente qu'une suite de massacres. A commencer par Constantin, quelles guerres et quelles batailles ! Licinius perd vingt mille hommes à Cibalis, trente-quatre mille à Andrinople, et cent mille à Chrysopolis. Les nations du nord commencent à s'ébranler. Les Francs, les Goths, les Huns, les Lombards, les Alains, les Vandales, etc., attaquent l'empire et le déchirent successivement. Attila met l'Europe à feu et à sang. Les Français lui tuent plus de deux cent mille hommes près de Châlons ; et les Goths, l'année suivante, lui font subir une perte encore plus considérable. En moins d'un siècle, Rome est prise et saccagée trois

---

(1) Montesquieu, *Esprit des Lois*, livre XXIII, chapitre xix.

fois; et dans une sédition qui s'élève à Constantinople, quarante mille personnes sont égorgées. Les Goths s'emparent de Milan, et y tuent trois cent mille habitants. Totila fait massacrer tous les habitants de Tivoli, et quatre-vingt-dix mille hommes au sac de Rome. Mahomet paraît; le glaive et l'alcoran parcourent les deux tiers du globe. Les Sarrasins courent de l'Euphrate au Guadalquivir. Ils détruisent de fond en comble l'immense ville de Syracuse; ils perdent trente mille hommes près de Constantinople, dans un seul combat naval; et Pélage leur en tue vingt mille dans une bataille de terre. Ces pertes n'étaient rien pour les Sarrasins; mais le torrent rencontre le génie des Francs dans les plaines de Tours, où le fils du premier Pépin, au milieu de trois cent mille cadavres, attache à son nom l'épithète terrible qui le distingue encore. L'islamisme porté en Espagne, y trouve un rival indomptable. Jamais peut-être on ne vit plus de gloire, plus de grandeur et plus de carnage. La lutte des chrétiens et des musulmans, en Espagne, est un combat de huit cents ans. Plusieurs expéditions, et même plusieurs batailles y coûtent vingt, trente, quarante et jusqu'à quatre-vingt mille vies.

Charlemagne monte sur le trône, et combat pendant un demi-siècle. Chaque année il décrète sur quelle partie de l'Europe il doit envoyer la mort. Présent partout et partout vainqueur, il écrase des nations de fer comme César écrasait les hommes-femmes de l'Asie. Les Normands commencent cette longue suite de ravages et de cruautés qui nous font encore frémir. L'immense héritage de Charlemagne est déchiré : l'ambition le couvre de sang, et le nom des Francs disparaît à la bataille de Fontenay. L'Italie entière est saccagée par les Sarrasins, tandis que les Normands, les Danois et les Hongrois ravageaient la France, la Hollande, l'Angleterre, l'Allemagne et la Grèce. Les nations barbares s'établissent enfin et s'apprivoisent. Cette veine ne donne plus de sang ; une autre s'ouvre à l'instant : les croisades commencent. L'Europe entière se précipite sur l'Asie ; on ne compte plus que par myriades le nombre des victimes. Gengis-Kan et ses fils subjuguent et ravagent le globe depuis la Chine jusqu'à la Bohême. Les Français qui s'étaient croisés contre les musulmans se croisent contre les hérétiques : guerre cruelle des Albigeois. Bataille de Bouvines, où trente mille hommes perdent la vie. Cinq ans après quatre-vingt mille Sarrasins périssent au siége de Damiette. Les Guelphes et les Gibelins commencent cette lutte qui devait ensanglanter si longtemps l'Italie. Le flambeau des guerres civiles s'allume en Angleterre. Vêpres siciliennes. Sous les règnes d'Édouard et de Philippe-de-Valois, la France et l'Angleterre se heurtent plus violemment que jamais, et créent une nouvelle ère de carnage. Massacre des Juifs ; bataille de Poitiers ; bataille de Nicopolis : le vainqueur tombe sous les coups de Tamerlan qui répète Gengis-Kan. Le duc de Bourgogne fait assassiner le duc d'Orléans, et commence la sanglante rivalité des deux familles. Batailles d'Azincourt. Les Hussites mettent à feu et à sang une grande partie de l'Allemagne. Mahomet II règne et combat trente ans. L'Angleterre, repoussée dans ses limites, se déchire de ses propres mains. Les maisons d'Yorck et de Lancastre la baignent dans le sang. L'héritière de Bourgogne porte ses états dans la maison d'Autriche ; et dans ce contrat de mariage, il est écrit que les hommes s'égorgeront pendant trois siècles, de la Baltique à la Méditerranée. Découverte du Nouveau-Monde : c'est l'arrêt de mort de trois millions d'Indiens. Charles V et François Ier paraissent sur le théâtre du monde ; chaque page de leur histoire est rouge de sang humain. Règne de Soliman; bataille de Mohatz ; siége de Vienne ; siége de Malte, etc. Mais c'est de l'ombre d'un cloître que sort un des plus grands fléaux du genre humain. Luther paraît ; Calvin le suit. Guerre des paysans ; guerre de trente ans; guerre civile de France ; massacre des Pays-Bas ; massacre d'Irlande; massacre des Cévennes ; journée de la Saint-Barthélemi ; meurtre de Henri III, de Henri IV, de Marie-Stuart, de Charles Ier; et de nos jours enfin la révolution française, qui part de la même source.

Je ne pousserai pas plus loin cet épouvantable tableau : notre siècle et celui qui l'a précédé sont trop connus. Qu'on remonte jusqu'au berceau des nations; qu'on descende jusqu'à nos jours; qu'on examine les peuples dans toutes les positions possibles, depuis l'état de barbarie jusqu'à celui de civilisation la plus raffinée ; toujours on trouvera la guerre. Par cette cause, qui est la principale, et par toutes celles qui s'y joignent, l'effusion du sang humain n'est jamais suspendue dans l'univers : tantôt elle est moins forte sur une plus grande surface, et tantôt plus abondante sur une surface moins étendue; en sorte qu'elle est à peu près constante. Mais de temps en temps il arrive des événements extraordinaires qui l'augmentent prodigieusement, comme les guerres puniques, les triumvirats, les victoires de César, l'irruption des barbares, les croisades, les guerres de religion, la succession d'Espagne, la révolution française, etc. Si l'on avait des tables de massacres comme on a des tables météorologiques, qui sait si l'on n'en découvrirait point la loi au bout de quelques siècles d'observation (1)? Buffon a fort bien prouvé qu'une grande partie des animaux est destinée à mourir de mort violente. Il aurait pu, suivant les apparences, étendre sa démonstration à l'homme; mais on peut s'en rapporter aux faits.

Il y a lieu de douter, au reste, que cette destruction violente soit, en général, un aussi grand mal

(1) Il conste, par exemple, du rapport fait par le chirurgien en chef des armées de S. M. I., que sur deux cent cinquante mille hommes employés par l'empereur Joseph II contre les Turcs, depuis le 1er juin 1788 jusqu'au 1er mai 1789, il en avait péri trente-trois mille cinq cent quarante trois par les maladies, et quatre-vingt mille par le fer. (*Gazette nationale et étrangère de* 1790, n° 34.) Et l'on voit, par un calcul approximatif fait en Allemagne, que la guerre actuelle avait déjà coûté, au mois d'octobre 1795, un million d'hommes à la France, et cinq cent mille aux puissances coalisées. (*Extrait d'un ouvrage périodique allemand, dans le* Courrier de Francfort *du* 28 octobre 1795, n° 296.

qu'on le croit : du moins c'est un de ces maux qui entrent dans un ordre de choses où tout est violent et *contre nature*, et qui produisent des compensations. D'abord lorsque l'âme humaine a perdu son ressort par la mollesse, l'incrédulité et les vices gangreneux qui suivent l'excès de la civilisation, elle ne peut être retrempée que dans le sang. Il n'est pas aisé, à beaucoup près, d'expliquer pourquoi la guerre produit des effets différents, suivant les différentes circonstances. Ce qu'on voit assez clairement, c'est que le genre humain peut être considéré comme un arbre qu'une main invisible taille sans relâche, et qui gagne souvent à cette opération. A la vérité, si l'on touche le tronc, ou si l'on coupe en *tête de saule*, l'arbre peut périr ; mais qui connaît les limites pour l'arbre humain ? Ce que nous savons, c'est que l'extrême carnage s'allie souvent l'extrême population, comme on l'a vu surtout dans les anciennes républiques grecques, et en Espagne sous la domination des Arabes (1). Les lieux communs sur la guerre ne signifient rien : il ne faut pas être fort habile pour

(1) L'Espagne, à cette époque, a contenu jusqu'à quarante millions d'habitants ; aujourd'hui elle n'en a que dix. *Autrefois la Grèce florissait au sein des plus cruelles guerres ; le sang y coulait à flots, et tout le pays était couvert d'hommes. Il semblait, dit Machiavel,*

savoir que plus on tue d'hommes, et moins il en reste dans le moment; comme il est vrai que plus on coupe de branches et moins il en reste sur l'arbre; mais ce sont les suites de l'opération qu'il faut considérer. Or, en suivant toujours la même comparaison, on peut observer que le jardinier habile dirige moins la taille à la végétation absolue qu'à la fructification de l'arbre : ce sont des fruits, et non du bois et des feuilles, qu'il demande à la plante. Or les véritables fruits de la nature humaine, les arts les sciences, les grandes entreprises, les hautes conceptions, les vertus mâles, tiennent surtout à l'état de guerre. On sait que les nations ne parviennent jamais au plus haut point des grandeur dont elles sont susceptibles, qu'après de longues et sanglantes guerres. Ainsi le point rayonnant pour les Grecs fut l'époque terrible de la guerre du Péloponèse; le siècle d'Auguste suivit immédiatement la guerre civile et les proscriptions, le génie français fut dégrossi par la Ligue et poli par la Fronde : tous les grands hommes du siècle de la reine Anne naquirent au milieu des commotions politiques. En

qu'au milieu des meurtres, des proscriptions, des guerres civiles, notre république en devint plus puissante, etc. Rousseau, *Contrat social,* liv. III, chap. x.

un mot, on dirait que le sang est l'engrais de cette plante qu'on appelle *génie*.

Je ne sais si l'on se comprend bien, lorsqu'on dit que *les arts sont amis de la paix*. Il faudrait au moins s'expliquer, et circonscrire la proposition; car je ne vois rien de moins pacifique que les siècles d'Alexandre et de Périclès, d'Auguste, de Léon X et de François I*er*, de Louis XIV et de la reine Anne.

Serait-il possible que l'effusion du sang humain n'eût pas une grande cause et de grands effets? Qu'on y réfléchisse : l'histoire et la fable, les découvertes de la physiologie moderne, et les traditions antiques, se réunissent pour fournir des matériaux à ces méditations. Il ne serait pas plus honteux de tâtonner sur ce point que sur mille autres plus étrangers à l'homme.

Tonnons cependant contre la guerre, et tâchons d'en dégoûter les souverains; mais ne donnons pas dans les rêves de Condorcet, de ce philosophe si cher à la révolution, qui employa sa vie à préparer le malheur de la génération présente, léguant bénignement la perfection à nos neveux. Il n'y a qu'un moyen de comprimer les désordres qui amènent cette terrible purification.

Dans la tragédie grecque d'Oreste, Hélène, l'un des personnages de la pièce, est soustraite par les dieux au juste ressentiment des Grecs, et placée dans le ciel à côté de ses deux frères, pour être avec eux un signe de salut aux navigateurs. Apollon paraît pour justifier cette étrange apothéose (1). *La beauté d'Hélène*, dit-il, *ne fut qu'un instrument dont les dieux se servirent pour mettre aux prises les Grecs et les Troyens, et faire couler leur sang, afin d'étancher* (2) *sur la terre l'iniquité des hommes devenus trop nombreux* (3).

Apollon parlait fort bien. Ce sont les hommes qui assemblent les nuages, et ils se plaignent ensuite des tempêtes.

> C'est le courroux des rois qui fait armer la terre,
> C'est le courroux des cieux qui fait armer les rois.

Je sens bien que, dans toutes ces considérations, nous sommes continuellement assaillis par le tableau si fatigant des innocents qui périssent avec les coupables. Mais, sans nous enfoncer dans cette question

---

(1) *Dignus vindice nodus*. A. P. 191.
(2) ὡς ἀπαυτλοῖεν.
(3) Eurip. Orest. 1655. — 58.

qui tient à tout ce qu'il y a de plus profond, on peut la considérer seulement dans son rapport avec le dogme universel, et aussi ancien que le monde, *de la réversibilité des douleurs de l'innocence au profit des coupables.*

Ce fut de ce dogme, ce me semble, que les anciens dérivèrent l'usage des sacrifices qu'ils jugeaient utiles non-seulement aux vivants, mais encore aux morts (1) : usage typique que l'habitude nous fait envisager sans étonnement, mais dont il n'est pas moins difficile d'atteindre la racine.

Les dévouements, si fameux dans l'antiquité, tenaient encore au même dogme. Decius avait la *foi* que le sacrifice de sa vie serait accepté par la Divinité, et qu'il pouvait faire équilibre à tous les maux qui menaçaient sa patrie (2).

Le christianisme est venu consacrer ce dogme, qui est infiniment naturel à l'homme, quoiqu'il paraisse difficile d'y arriver par le raisonnement.

---

(1) Ils sacrifiaient, au pied de la lettre, *pour le repos des âmes; et ces sacrifices*, dit Platon, *sont d'une grande efficace, à ce que disent des villes entières, et les poëtes enfants des dieux, et les prophètes inspirés par les dieux.* Plato, *de Republicâ*, lib. II.

(2) *Piaculum omnis deorum iræ. — Omnes minas periculaque ab diis, superis inferisque in se unum vertit.* Tit. Liv. VIII. 9 et 10.

Ainsi, il peut y avoir eu dans le cœur de Louis XVI dans celui de la céleste Elisabeth, tel mouvement, telle acceptation capable de sauver la France.

On demande quelquefois à quoi servent ces austérités terribles, pratiquées par certains ordres religieux et qui sont aussi des dévouements; autant vaudrait précisément demander à quoi sert le christianisme, puisqu'il repose tout entier sur ce même dogme agrandi de l'innocence payant pour le crime.

L'autorité qui approuve ces ordres, choisit quelques hommes, et les *isole* du monde pour en faire des *conducteurs*.

Il n'y a que violence dans l'univers, mais nous sommes gâtés par la philosophie moderne, qui a dit que *tout est bien*, tandis que le mal a tout souillé, que, dans un sens très-vrai, *tout est mal*, puisque rien n'est à sa place. La note tonique du système de notre création ayant baissé, toutes les autres ont baissé proportionnellement, suivant les règles de l'harmonie. *Tous les êtres gémissent* (1) et

---

(1) Saint Paul aux Romains, VIII, 22 et suiv.
Le système de la Palingénésie de Charles Bonnet a quelques points de contact avec ce texte de saint Paul; mais cette idée ne l'a pas conduit à celle d'une dégradation antérieure : elles s'accordent cependant fort bien.

tendent, avec effort et douleur, vers un autre ordre de choses.

Les spectateurs des grandes calamités humaines sont conduits surtout à ces tristes méditations ; mais gardons-nous de perdre courage : il n'y a point de châtiment qui ne purifie ; il n'y a point de désordre que l'AMOUR ÉTERNEL ne tourne contre le principe du mal. Il est doux, au milieu du renversement général, de pressentir les plans de la Divinité. Jamais nous ne verrons tout pendant notre voyage, et souvent nous nous tromperons ; mais dans toutes les sciences possibles, excepté les sciences exactes, ne sommes-nous pas réduits à conjecturer ? Et si nos conjectures sont plausibles, si elles ont pour elles l'analogie, si elles s'appuient sur des idées universelles, si surtout elles sont consolantes et propres à nous rendre meilleurs, que leur manque-t-il ? Si elles ne sont pas vraies, elles sont bonnes : ou plutôt, puisqu'elles sont bonnes, ne sont-elles pas vraies ?

Après avoir envisagé la révolution française sous un point de vue purement moral, je tournerai mes conjectures sur la politique, sans oublier cependant l'objet principal de mon ouvrage.

CHAPITRE IV

LA RÉPUBLIQUE FRANÇAISE PEUT-ELLE DURER.

—

Il vaudrait mieux faire cette autre question : *La République peut-elle exister ?* On le suppose, mais c'est aller trop vite, et la *question préalable* semble très-fondée ; car la nature et l'histoire se réunissent pour établir qu'une grande république indivisible est une chose impossible. Un petit nombre de républicains renfermés dans les murs d'une ville, peuvent sans doute avoir des millions de sujets : ce fut le cas de Rome ; mais il ne peut exister une grande nation libre sous un gouvernement républicain. La chose est si claire d'elle-même, que la théorie pourrait se passer de l'expérience ; mais l'expérience, qui décide toutes les questions en politique comme en physique, est ici parfaitement d'accord avec la théorie.

Qu'a-t-on pu dire aux Français pour les engager à croire à la République de vingt-quatre millions d'hommes ? deux choses seulement : 1° rien n'empêche qu'on ne voie ce qu'on n'a jamais vu ; 2° la découverte du système représentatif rend possible pour nous ce qui ne l'était pas pour nos devanciers. Examinons la force de ces deux arguments.

Si l'on nous disait qu'un dé, jeté cent millions de fois, n'a jamais présenté, en se reposant, que cinq nombres 1, 2, 3, 4 et 5, pourrions-nous croire que le 6 se trouve sur l'une des faces ? Non, sans doute : et il nous serait démontré, comme si nous l'avions vu, qu'une des six faces est blanche, ou que l'un des nombres est répété.

Eh bien, parcourons l'histoire ; nous y verrons ce qu'on appelle *la Fortune,* jetant le dé sans relâche depuis quatre mille ans : a-t-elle jamais amené GRANDE RÉPUBLIQUE ? Non. Donc ce *nombre* n'était point sur le dé.

Si le monde avait vu successivement de nouveaux gouvernements, nous n'aurions nul droit d'affirmer que telle ou telle forme est impossible, parce qu'on ne l'a jamais vue ; mais il en est tout autrement : on a vu toujours la monarchie et quelquefois la république. Si l'on veut ensuite se jeter dans les sous-divisions ; on peut appeler *démocratie* le gouvernement où la masse exerce la souveraineté, et *aristocratie* celui où la souveraineté appartient à un nombre plus ou moins restreint de familles privilégiées.

Et tout est dit.

La comparaison du dé est donc parfaitement exacte : les mêmes nombres étant toujours sortis du cornet de la fortune, nous sommes autorisés, par la théorie des probabilités, à soutenir qu'il n'y en a pas d'autres.

Ne confondons point les essences des choses avec leurs modifications : les premières sont inaltérables et reviennent toujours ; les secondes changent et varient un peu le spectacle, du moins pour la multitude ; car tout œil exercé pénètre aisément l'habit variable dont l'éternelle nature s'enveloppe suivant les temps et les lieux.

Qu'y a-t-il, par exemple, de particulier et de nouveau dans les trois pouvoirs qui constituent le gouvernement d'Angleterre ? les noms de *Pairs* et celui de *Communes,* la robe des Lords, etc. Mais les trois pouvoirs considérés d'une manière abstraite, se trouvent partout où se trouve la liberté sage et durable; on les trouve surtout à Sparte, où le gouvernement, avant Lycurgue, *estoit toujours en branle, inclinant tantost à tyrannie, quand les roys y avoyent trop de puissance, et tantost à confusion populaire, quand le commun peuple venoit à y usurper trop d'authorité.* Mais Lycurgue mit entre deux le sénat, qui fut, ainsi que dit Platon, *un contre-poids salutaire, et une forte barriere tenant les deux extrémités en égale balance, et donnant pied ferme et assuré à l'estat de la chose publique, pour ce que les senateurs... se rengeoyent aucune fois du costé des roys tant que besoing estoit pour résister à la témérité populaire : et au contraire aussi fortifioyent aucune fois la partie du peuple à l'encontre de roys, pour les garder qu'ils n'usurpassent une puissance tyrannique* (1).

Ainsi, il n'y a rien de nouveau, et la grande république est impossible, parce qu'il n'y a jamais eu de grande république.

Quant au système représentatif qu'on croit capable de résoudre le problème, je me sens entraîné dans une digression qu'on voudra bien me pardonner.

Commençons par remarquer que ce système n'est point du tout une découverte moderne, mais une *production*, ou, pour mieux dire, une *pièce* du

---

(1) Plutarque, *Vie de Lycurgue*, traduct. d'Amyot.

gouvernement féodal, lorsqu'il fut parvenu à ce point de maturité et d'équilibre qui le rendit, à tout prendre, ce qu'on a vu de plus parfait dans l'univers (1).

L'autorité royale, ayant formé les communes, les appela dans les assemblées nationales; elles ne pouvaient y paraître que par leurs mandataires : de là le système représentatif.

Pour le dire en passant, il en fut de même du jugement par jurés. La hiérarchie des mouvances appelait les vassaux du même ordre dans la cour de leurs suzerains respectifs; de là naquit la maxime que tout homme devait être jugé par ses pairs (*Pares curtis*) (2) : maxime que les Anglais ont retenue dans toute sa latitude, et qu'ils ont fait suivre à sa cause génératrice; au lieu que les Français, moins tenaces, ou cédant peut-être à des circonstances invincibles, n'en ont pas tiré le même parti.

Il faudrait être bien incapable de pénétrer ce que Bâcon appelait *interiora rerum*, pour imaginer que les hommes ont pu s'élever par un raisonnement

---

(1) *Je ne crois pas qu'il y ait eu sur la terre de gouvernement si bien tempéré*, etc. Montesquieu, *Esprit des Lois*, liv. XI, chap. vɪv.
(2) Voyez le livre des Fiefs, à la suite du Droit Romain.

antérieur à de pareilles institutions, et qu'elles peuvent être le fruit d'une délibération.

Au reste, la représentation nationale n'est point particulière à l'Angleterre : elle se trouve dans toutes les monarchies de l'Europe; mais elle est vivante dans la Grande-Bretagne; ailleurs, elle est morte ou elle dort; et il n'entre point dans le plan de ce petit ouvrage d'examiner si c'est pour le malheur de l'humanité qu'elle a été suspendue, et s'il conviendrait de se rapprocher des formes anciennes. Il suffit d'observer, d'après l'histoire : 1° qu'en Angleterre, où la représentation nationale a obtenu et retenu plus de force que partout ailleurs, il n'en est pas question avant le milieu du treizième siècle (1); 2° qu'elle ne fut point une invention, ni l'effet d'une délibération, ni le résultat de l'action du peuple usant de ses droits antiques; mais qu'un soldat ambitieux, pour satisfaire ses vues particulières, créa réellement la balance des trois pouvoirs après la bataille de Lewes, sans

---

(1) Les démocrates d'Angleterre ont tâché de remonter beaucoup plus hauts les droits des communes, et ils ont vu le peuple jusque dans les fameux WITTENAGEMOTS; mais il a fallu abandonner de bonne grâce une thèse insoutenable. HUME, tome I. Append. I, pag. 144. Append. II, pag. 407. Édit. in-4°. London, Millar, 1762.

savoir ce qu'il faisait, comme il arrive toujours ; 3º que non-seulement la convocation des communes dans le conseil national fut une concession du monarque, mais que, dans le principe, le roi nommait les représentants des provinces, cités et bourgs ; 4º qu'après même que les communes se furent arrogé le droit de députer au parlement, pendant le voyage d'Édouard Ier en Palestine, elles y eurent seulement voix consultative; qu'elles présentaient leurs *doléances* comme les états généraux de France, et que la formule des concessions émanant du trône ensuite de leurs pétitions, était constamment *accordé par le roi et les seigneurs spirituels et temporels, aux humbles prières des communes;* enfin, que la puissance co-législative attribuée à la chambre des communes, est encore bien jeune, puisqu'elle remonte à peine au milieu du quinzième siècle.

Si l'on entend donc par ce mot de représentation nationale, un *certain* nombre de représentants envoyés par *certains* hommes, pris dans *certaines* villes ou bourgs, en vertu d'une ancienne concession du souverain, il ne faut pas disputer sur les mots, ce gouvernement existe, et c'est celui d'Angleterre.

Mais si l'on veut que *tout* le peuple soit représenté,

qu il ne puisse l'être qu'en r!u d'un mandat (1), et que *tout* citoyens soit habıl à donner ou à recevoir de ces mandats, à quelques exceptions près, physiquement et moralement inévitables ; et si l'on prétend encore joindre à un tel ordre de choses l'abolition de toute distinction et fonction héréditaire, cette représentation est une chose qu'on n'a jamais vue, et qui ne réussira jamais.

On nous cite l'Amérique ; je ne connais rien de si *impatientant* que les louanges décernées à cet enfant au maillot : laissez-le grandir.

Mais pour mettre toute la clarté possible dans cette discussion, il faut remarquer que les fauteurs de la république française ne sont pas tenus seulement de prouver que la représentation *perfectionnée*, comme disent les novateurs, est possible et bonne, mais encore que le peuple, par ce moyen, peut retenir *sa souveraineté* (comme ils disent encore) et former, dans

---

(1) On suppose assez souvent, par mauvaise foi ou par innattention que le *mandataire* seul peu être *représentant* : c'est une erreur. Tous les jours, dans les Tribunaux, l'enfant, le fou et l'absent sont représentés par des hommes qui ne tiennent leur mandat que de la loi : or le *peuple* réunit éminemment ces trois qualités ; car il est tonjours *enfant*, toujours *fou* et toujours *absent*. Pourquoi donc ses *tuteurs* ne pourraient-ils se passer de ces mandats ?

sa totalité, une république. C'est le nœud de la question ; car si la *république* est dans la capitale, et que le reste de la France soit *sujet* de la république, ce n'est pas le compte du *peuple souverain*.

La commission, chargée en dernier lieu de présenter un mode pour le renouvellement du tiers, porte le nombre des Français à trente millions. Accordons ce nombre, et supposons que la France garde ses conquêtes. Chaque année, aux termes de la constitution, deux cent cinquante personnes sortant du corps législatif seront remplacées par deux cent cinquante autres. Il s'ensuit que si les quinze millions de mâles que suppose cette population étaient immortels, habiles à la représentation et nommés par ordre invariablement, chaque Français viendrait exercer à son tour la souveraineté nationale tous les soixante mille ans (1).

Mais comme on ne laisse pas que de mourir de temps en temps dans un tel intervalle ; que d'ailleurs on peut répéter les élections sur les mêmes têtes, et qu'une foule d'individus, de par la nature et le

(1) Je ne tiens point compte des cinq places de Directeurs. A cet égard, la chance est si petite, qu'elle peut être considérée comme zéro.

bon sens, seront toujours inhabiles à la représentation nationale, l'imagination est effrayée du nombre prodigieux de souverains condamnés à mourir sans avoir régné.

Rousseau a soutenu que *la volonté nationale ne peut être déléguée;* on est libre de dire oui et non, et de disputer mille ans sur ces questions de collége. Mais ce qu'il y a de sûr, c'est que le système représentatif exclut directement l'exercice de la souveraineté, surtout dans le système français, où les droits du peuple se bornent à nommer ceux qui nomment ; où non-seulement il ne peut donner de mandats spéciaux à ses représentants, mais où la loi prend soin de briser toute relation entre eux et leurs provinces respectives, en les avertissant qu'*ils ne sont point envoyés par ceux qui les ont envoyés* mais par la *nation;* grand mot infiniment commode, parce qu'on en fait ce qu'on veut. En un mot, il n'est pas possible d'imaginer une législation mieux calculée pour anéantir les droits du peuple. Il avait donc bien raison, ce vil conspirateur jacobin, lorsqu'il disait rondement dans un interrogatoire judiciaire · *Je crois le gouvernement actuel usurpateur de l'autorité, violateur de tous les droits du peuple qu'il a réduit au plus déplorable esclavage. C'est l'affreux système du bonheur d'un petit nombre, fondé sur l'oppression de la masse. Le peuple est tellement emmuselé, tellement environné de chaînes par ce gouvernement aristocratique, qu'il lui devient plus difficile que jamais de les briser* (1).

Eh! qu'importe à la *nation* le vain honneur de la représentation, dont elle se mêle si indirectement, et auquel des milliards d'individus ne parviendront jamais? la souveraineté et le gouvernement lui sont-ils moins étrangers?

Mais dira-t-on, en rétorquant l'argument, qu'importe à la nation le vain honneur de la représentation, si le système reçu établit la liberté publique?

Ce n'est pas de quoi il s'agit; la question n'est pas de savoir si le peuple français peut être *libre* par la constitution qu'on lui a donnée, mais s'il peut être *souverain*. On change la question pour échapper au raisonnement. Commençons par exclure l'exercice de la souveraineté; insistons sur ce point fondamental, que le souverain sera toujours à Paris, et que tout ce fracas de représentation ne signifie rien; que le *peuple* demeure parfaitement étranger

(1) Voyez l'interrogatoire de Babœuf, juin 1796.

au gouvernement; qu'il est plus sujet que dans la monarchie, et que les mots de *grande république* s'excluent comme ceux de *cercle carré*. Or, c'est ce qui est démontré arithmétiquement.

La question se réduit donc à savoir s'il est de l'intérêt du peuple français d'être *sujet* d'un directoire exécutif et de deux conseils institués suivant la constitution de 1795, plutôt que d'un roi régnant suivant les formes anciennes.

Il y a bien moins de difficulté à résoudre un problème qu'à le poser.

Il faut donc écarter ce mot de *république*, et ne parler que du *gouvernement*. Je n'examinerai point s'il est propre à faire le bonheur public; les Français le savent si bien ! Voyons seulement si tel qu'il est, et de quelque manière qu'on le nomme, il est permis de croire à sa durée.

Élevons-nous d'abord à la hauteur qui convient à l'être intelligent, et de ce point de vue élevé, considérons la source de ce gouvernement.

Le mal n'a rien de commun avec l'existence; il ne peut créer, puisque sa force est purement négative : *Le mal est le schisme de l'être ; il n'est pas vrai.*

Or, ce qui distingue la révolution française, et ce qui en fait un *événement* unique dans l'histoire c'est qu'elle est *mauvaise* radicalement ; aucun élément de bien n'y soulage l'œil de l'observateur : c'est le plus haut degré de corruption connu ; c'est la pure impureté.

Dans quelle page de l'histoire trouvera-t-on une aussi grande quantité de vices agissant à la fois sur le même théâtre ? Quel assemblage épouvantable de bassesse et de cruauté ! quelle profonde immoralité ! quel oubli de toute pudeur !

La jeunesse de la liberté a des caractères si frappants, qu'il est impossible de s'y méprendre. A cette époque, l'amour de la patrie est une religion, et le respect pour les lois est une superstition : les caractères sont fortement prononcés, les mœurs sont austères : toutes les vertus brillent à la fois ; les factions tournent au profit de la patrie, parce qu'on ne se dispute que l'honneur de la servir ; tout, jusqu'au crime, porte l'empreinte de la grandeur.

Si l'on rapproche de ce tableau celui que nous offre la France, comment croire à la durée d'une liberté qui commence par la gangrène ? ou, pour parler plus exactement, comment croire que cette liberté puisse naître (car elle n'existe point encore) et que du sein de la corruption la plus dégoûtante puisse sortir cette forme de gouvernement qui se passe de vertus moins que toutes les autres ? Lorsqu'on entend ces prétendus républicains parler de liberté et de vertu, on croit voir une courtisane fanée, jouant les airs d'une vierge avec une pudeur de carmin.

Un journal républicain nous a transmis l'anecdote suivante sur les mœurs de Paris. « On plaidait « devant le tribunal civil une cause de séduction ; « une jeune fille de 14 ans étonnait les juges par « un degré de corruption qui le disputait à la pro- « fonde immoralité de son séducteur. *Plus de la moitié* « *de l'auditoire était composé de jeunes femmes et* « *de jeunes filles ; parmi celles-ci, plus de vingt* « *n'avaient pas 13 à 14 ans. Plusieurs étaient à* « *côté de leurs mères ; et au lieu de se couvrir le* « *visage, elles riaient avec éclat aux détails néces-* « *saires, mais dégoûtants, qui faisaient rougir les* « *hommes* (1). »

Lecteur, rappellez-vous ce Romain qui, dans les beaux jours de Rome, fut puni pour avoir embrassé

(1) *Journal de l'Opposition*, 1795, n° 173, page 705.

sa femme devant ses enfants. Faites le parallèle, et concluez.

La révolution française a parcouru, sans doute, une période dont tous les moments ne se ressemblent pas; cependant, son caractère général n'a jamais varié, et dans son berceau même elle prouva tout ce qu'elle devait être. C'était un certain délire inexplicable, une impétuosité aveugle, un mépris scandaleux de tout ce qu'il y a de respectable parmi les hommes; une atrocité d'un nouveau genre, qui plaisantait de ses forfaits; surtout une prostitution impudente du raisonnement et de tous les mots faits pour exprimer des idées de justice et de vertu.

Si l'on s'arrête en particulier sur les actes de la Convention nationale, il est difficile de rendre ce qu'on éprouve. Lorsque j'assiste par la pensée à l'époque de son rassemblement, je me sens transporté, comme le Barde sublime de l'Angleterre, dans un monde intellectuel; je vois l'ennemi du genre humain séant dans un manége et convoquant tous les *esprits mauvais* dans ce nouveau *Pandœmonium*; j'entends distinctement *il rauco suon delle tartaree trombe*; je vois tous les vices de la France accourir à l'appel, et je ne sais si j'écris une allégorie.

Et maintenant encore, voyez comment le crime sert de base à tout cet échafaudage républicain; ce mot de *citoyen* qu'ils ont substitué aux formes antiques de la politesse, ils le tiennent des plus vils des humains; ce fut dans une de leurs orgies législatrices que des brigands inventèrent ce nouveau titre. Le calendrier de la république, qui ne doit point seulement être envisagé par son côté ridicule, fut une conjuration contre le culte; leur ère date des plus grands forfaits qui aient déshonoré l'humanité: ils ne peuvent dater un acte sans se couvrir de honte, en rappelant la flétrissante origine d'un gouvernement dont les fêtes mêmes font pâlir.

Est-ce donc de cette fange sanglante que doit sortir un gouvernement durable? Qu'on ne nous objecte point les mœurs féroces et licencieuses des peuples barbares, qui sont cependant devenus ce que nous voyons. L'ignorance barbare a présidé, sans doute, à nombre d'établissements politiques; mais la barbarie savante, l'atrocité systématique, la corruption calculée, et surtout l'irréligion, n'ont jamais rien produit. La verdeur mène à la maturité; la pourriture ne mène à rien.

A-t-on vu, d'ailleurs, un gouvernement, et surtout

une constitution libre, commencer malgré les membres de l'état, et se passer de leur assentiment ? C'est cependant le phénomène que nous présenterait ce météore qu'on appelle *république française*, s'il pouvait durer. On croit ce gouvernement fort, parce qu'il est violent ; mais la force diffère de la violence autant que de la faiblesse, et la manière étonnante dont il opère en ce moment, fournit peut-être seule la démonstration qu'il ne peut opérer longtemps. La nation française ne *veut* point ce gouvernement ; elle le *souffre*, elle y demeure soumise, ou parce qu'elle ne peut le secouer, ou parce qu'elle craint quelque chose de pire. La république ne repose que sur ces deux colonnes, qui n'ont rien de réel ; on peut dire qu'elle porte en entier sur deux négations. Aussi, il est bien remarquable que les écrivains amis de la république ne s'attachent point à montrer la bonté de ce gouvernement : ils sentent bien que c'est le faible de la cuirasse : ils disent seulement, aussi hardiment qu'ils peuvent, qu'il est possible ; et, passant légèrement sur cette thèse comme sur des charbons ardents, ils s'attachent uniquement à prouver aux Français qu'ils s'exposeraient aux plus grands maux, s'ils revenaient à leur ancien gouvernement.

C'est sur ce chapitre qu'ils sont diserts ; ils ne tarissent pas sur les inconvénients des révolutions. Si vous les pressiez, ils seraient gens à vous accorder que celle qui a créé le gouvernement actuel, fut un crime, pourvu qu'on leur accorde qu'il n'en faut pas faire une nouvelle. Ils se mettent à genoux devant la nation française ; ils la supplient de garder la république. On sent, dans tout ce qu'ils disent sur la stabilité du gouvernement, non la conviction la raison, mais le rêve du désir.

Passons au grand anathème qui pèse sur la république.

CHAPITRE V

DE LA RÉVOLUTION FRANÇAISE CONSIDÉRÉE DANS SON CARACTÈRE ANTIRELIGIEUX. — DIGRESSION SUR LE CHRISTIANISME.

—

Il y a dans la révolution française un caractère *satanique* qui la distingue de tout ce qu'on a vu et peut-être de tout ce qu'on verra.

Qu'on se rappelle les grandes séances, le discours de Robespierre contre le sacerdoce, l'apostasie solennelle des prêtres, la profanation des objets du culte, l'inauguration de la déesse Raison, et cette foule de scènes inouïes à les provinces tâchaient de surpasser Paris : tout cela sort du cercle ordinaire des crimes et semble appartenir à un autre monde.

Et maintenant même que la révolution a beaucoup rétrogradé, les grands excès ont disparu, mais les principes subsistent. Les *législateurs* (pour me servir de leur terme) n'ont-ils pas prononcé ce mot isolé dans l'histoire : *la nation ne salarie aucun culte ?* Quelques hommes de l'époque où nous vivons m'ont paru, dans certains moments, s'élever jusqu'à la haine pour la Divinité ; mais cet affreux tour de force n'est pas nécessaire pour rendre inutiles les plus grands efforts constituants ; l'oubli seul du grand Être (je ne dis pas le mépris) est un anathème irrévocable sur les ouvrages humains qui en sont flétris. Toutes les institutions imaginables reposent sur une idée religieuse, ou ne font que passer. Elles sont fortes et durables à mesure qu'elles sont *divinisées*, s'il est permis de s'exprimer ainsi. Non-seulement la raison humaine, ou ce qu'on appelle la *philosophie* sans savoir ce qu'on dit, ne peut suppléer à ces bases qu'on appelle *superstitieuses*, toujours sans savoir ce qu'on dit ; mais la philosophie est, au contraire, une puissance essentiellement désorganisatrice.

En un mot, l'homme ne peut représenter le Créateur qu'en se mettant en rapport avec lui. Insensés que nous sommes, si nous voulons qu'un miroir réfléchisse l'image du soleil, le tournons-nous vers la terre ?

Ces réflexions s'adressent à tout le monde, au

croyant comme au sceptique : c'est un fait que j'avance et non une thèse. Qu'on rie des idées religieuses, ou qu'on les vénère, n'importe : elles ne forment pas moins, vraies ou fausses, la base unique de toutes les institutions durables.

Rousseau, l'homme du monde peut-être qui s'est le plus trompé, a cependant rencontré cette observation, sans avoir voulu en tirer les conséquences.

La loi judaïque, dit-il, toujours subsistante; celle de l'enfant d'Ismaël, qui depuis dix siècles régit la moitié du monde, annoncent encore aujourd'hui les grands hommes qui les ont dictées... l'orgueilleuse philosophie ou l'aveugle esprit de parti ne voit en eux que d'heureux imposteurs (1).

Il ne tenait qu'à lui de conclure, au lieu de nous parler de *ce grand et puissant génie qui préside aux établissements durables* (2) : comme si cette poésie expliquait quelque chose !

Lorsqu'on réfléchit sur des faits attestés par l'histoire entière; lorsqu'on envisage que, dans la chaîne des établissements humains, depuis ces grandes institutions qui sont des époques du monde, jusqu'à la

---

(1) *Contrat social*, liv. II, chap. VII.
(2) *Ibid.*

plus petite organisation sociale, depuis l'empire jusqu'à la confrérie, tous ont une base divine, et que la puissance humaine, toutes les fois qu'elle s'est isolée, n'a pu donner à ses œuvres qu'une existence fausse et passagère : que penserons-nous du nouvel édifice français et de la puissance qui l'a produit? Pour moi, je ne croirai jamais à la fécondité du néant.

Ce serait une chose curieuse d'approfondir successivement nos institutions européennes, et de montrer comment elles sont toutes *christianisées;* comment la religion, se mêlant à tout, anime et soutient tout. Les passions humaines ont beau souiller, dénaturer même les créations primitives; si le principe est divin, c'en est assez pour leur donner une durée prodigieuse. Entre mille exemples, on peut citer celui des ordres militaires. Certainement on ne manquera point aux membres qui les composent, en affirmant que l'objet religieux n'est peut-être pas le premier dont ils s'occupent : n'importe, ils subsistent, et cette durée est un prodige. Combien d'esprits superficiels rient de cet amalgame si étrange d'un moine et d'un soldat! Il vaudrait mieux s'extasier sur cette force cachée, par laquelle ces ordres ont percé les siècles, comprimé des puissances formidables, et résisté à des chocs qui nous étonnent encore dans l'histoire. Or, cette force, c'est le *nom* sur lequel ces institutions reposent ; car rien n'*est* que par *Celui qui est*. Au milieu du bouleversement général dont nous sommes témoins, le défaut d'éducation fixe surtout l'œil inquiet des amis de l'ordre. Plus d'une fois on les a entendus dire qu'il faudrait rétablir les Jésuites. Je ne discute point ici le mérite de l'ordre, mais ce vœu ne suppose pas des réflexions bien profondes. Ne dirait-on pas que saint Ignace est là prêt à servir nos vues? Si l'ordre est détruit, quelque frère cuisinier peut-être pourrait le rétablir par le même esprit qui le créa ; mais tous les souverains de l'univers n'y réussiraient pas.

Il est une loi divine aussi certaine, **aussi** palpable que les lois du mouvement.

Toutes les fois qu'un homme se met, suivant ses forces, en rapport avec le Créateur, et qu'il produit une institution quelconque au nom de la Divinité; quelle que soit d'ailleurs sa faiblesse individuelle, son ignorance, sa pauvreté, l'obscurité de sa naissance, en un mot, son dénûment absolu de tous les moyens humains, il participe en quelque manière à la toute-puissance, dont il s'est fait l'instrument; il produit des œuvres dont la force et la durée étonnent la raison.

Je supplie tout lecteur attentif de vouloir bien regarder autour de lui; jusque dans les moindres objets, il trouvera la démonstration de ces grandes vérités. Il n'est pas nécessaire de remonter au *fils d'Ismaël*, à Lycurgue, à Numa, à Moïse, dont les législations furent toutes religieuses; une fête populaire, une danse rustique, suffisent à l'observateur. Il verra, dans quelques pays protestants, certains rassemblements, certaines réjouissances populaires, qui n'ont plus de causes apparentes, et qui tiennent à des usages catholiques absolument oubliés. Ces sortes de fêtes n'ont en elle-mêmes rien de moral, rien de respectable : n'importe; elles tiennent, quoique de très-loin, à des idées religieuses; c'en est assez pour les perpétuer. Trois siècles n'ont pu les faire oublier.

Mais vous, maîtres de la terre! princes, rois, empereurs, puissantes majestés, invincibles conquérants! essayez seulement d'amener le peuple un tel jour de chaque année, dans un endroit marqué, POUR Y DANSER. Je vous demande peu, mais j'ose vous donner le défi solennel d'y réussir, tandis que le plus humble missionnaire y parviendra, et se fera obéir deux mille ans après sa mort. Chaque année, au nom de *Saint* Jean, de *Saint* Martin, de *Saint* Benoît, etc., le peuple se rassemble autour d'un temple rustique : il arrive, animé d'une allégresse bruyante et cependant innocente. La religion sanctifie la joie, et la joie embellit la religion : il oublie ses peines ; il pense, en se retirant, au plaisir qu'il aura l'année suivante au même jour, et ce jour pour lui est une date (1).

A côté de ce tableau, placez celui des maîtres de la France, qu'une révolution inouïe a revêtus de tous les pouvoirs, et qui ne peuvent organiser une simple fête. Ils prodiguent l'or, ils appellent tous les arts à leur secours, et le citoyen reste chez lui, ou ne se rend à l'appel que pour rire des ordonnateurs. Écoutez le dépit de l'impuissance ! écoutez ces paroles mémorables d'un de ces *députés du peuple,* parlant au *corps législatif* dans une séance du mois de janvier 1796 : « Quoi donc ! s'écriait-il, des hommes étran« gers à nos mœurs, à nos usages, seraient parvenus à « établir des fêtes ridicules pour des événements

---

(1) *Ludis publicis... popularem lætitiam in cantu et fidibus et libii moderante,* EAMQUE CUM DIVUM HONORE JUNGUNTO. Cic. De Leg. II. 9.

« inconnus, en l'honneur d'hommes dont l'existence
« est un problème! Quoi! ils auront pu obtenir
« l'emploi de fonds immenses, pour répéter chaque
« jours, avec une triste monotonie!, des cérémonies
« insignifiantes et souvent absurdes! et les hommes
« qui ont renversé la Bastille et le Trône, les hommes
« qui ont vaincu l'Europe, ne réussiront point à
« conserver, par des fêtes nationales, le souvenir
« des grands événements qui immortalisent notre
« révolution ! »

O délire! ô profondeur de la faiblesse humaine! Législateurs, méditez ce grand aveu ; il vous apprend ce que vous êtes et ce que vous pouvez.

Maintenant, que nous faut-il de plus pour juger le système français? Si sa nullité n'est pas claire, il n'y a rien de certain dans l'univers.

Je suis si persuadé des vérités que je défends, que lorsque je considère l'affaiblissement général des principes moraux, la divergence des opinions, l'ébranlement des souverainetés qui manquent de base, l'immensité de nos besoins et l'inanité de nos moyens, il me semble que tout vrai philosophe doit opter entre ces deux hypothèses, ou qu'il va se former une nouvelle religion ou que le christianisme sera rajeuni de quelque manière extraordinaire. C'est entre ces deux suppositions qu'il faut choisir, suivant le parti qu'on a pris sur la vérité du christianisme.

Cette conjecture ne sera repoussée dédaigneusement que par ces hommes à courte vue, qui ne croient possible que ce qu'ils voient. Quel homme de l'antiquité eût pu prévoir le christianisme ? et quel homme étranger à cette religion eût pu, dans ses commencements, en prévoir les succès ? Comment savons-nous qu'une grande révolution morale n'est pas commencée ? Pline, comme il est prouvé par sa fameuse lettre, n'avait pas la moindre idée de ce géant dont il ne voyait que l'enfance.

Mais quelle foule d'idées viennent m'assaillir dans ce moment, et m'élèvent aux plus hautes contemplations !

La génération présente est témoin de l'un des plus grands spectacles qui jamais ait occupé l'œil humain : c'est le combat à outrance du christianisme et du philosophisme. La lice est ouverte, les deux ennemis sont aux prises, et l'univers regarde.

On voit, comme dans Homère, *le père des Dieux et des hommes* soulevant les balances qui pèsent les deux grands intérêts ; bientôt l'un des bassins va descendre.

Pour l'homme prévenu, et dont le cœur surtout a convaincu la tête, les événements ne prouvent rien ; le parti étant pris irrévocablement en oui ou en non, l'observation et le raisonnement sont également inutiles. Mais vous tous, hommes de bonne foi, qui niez ou qui doutez, peut-être que cette grande époque du christianisme fixera vos résolutions. Depuis dix-huit siècles, il règne sur une grande partie du monde, et particulièrement sur la portion la plus éclairée du globe. Cette religion ne s'arrête pas même à cette époque antique : arrivée à son fondateur, elle se noue à un autre ordre de choses, à une religion typique qui l'a précédée. L'une ne peut être vraie sans que l'autre le soit ; l'une se vante de promettre ce que l'autre se vante de tenir ; en sorte que celle-ci, par un enchaînement qui est un fait visible, remonte à l'origine du monde.

ELLE NAQUIT LE JOUR QUE NAQUIRENT LES JOURS.

Il n'y a pas d'exemple d'une telle durée ; et, à s'en tenir même au christianisme, aucune institution, dans l'univers, ne peut lui être opposée. C'est pour chicaner qu'on lui compare d'autres religions : plusieurs caractères frappants excluent toute comparaison; ce n'est pas ici le lieu de les détailler : un mot seulement, et c'est assez. Qu'on nous montre une autre religion, fondée sur des faits miraculeux et révélant des dogmes incompréhensibles, crue pendant dix-huit siècles par une grande partie du genre humain, et défendue d'âge en âge par les premiers hommes du temps, depuis Origène jusqu'à Pascal, malgré les derniers efforts d'une secte ennemie, qui n'a cessé de rugir depuis Celse jusqu'à Condorcet.

Chose admirable! lorsqu'on réfléchit sur cette grande institution, l'hypothèse la plus naturelle, celle que toutes les vraisemblances environnent, c'est celle d'un établissement divin. Si l'œuvre est humain, il n'y a plus moyen d'en expliquer le succès : en excluant le prodige, on le ramène.

Toutes les nations, dit-on, ont pris du cuivre pour de l'or. Fort bien : mais ce cuivre a-t-il été jeté dans le creuset européen, et soumis, pendant dix-huit siècles, à notre chimie observatrice ? ou, s'il a subi cette épreuve, s'en est-il tiré à son honneur ? Newton croyait à l'Incarnation ; mais Platon, je pense, croyait peu à la naissance merveilleuse de Bacchus.

Le christianisme a été prêché par des ignorants et cru par des savants, et c'est en quoi il ne ressemble à rien de connu.

De plus, il s'est tiré de toutes les épreuves. On dit que la persécution est un vent qui nourrit et propage la flamme du fanatisme. Soit : Dioclétien favorisa le christianisme ; mais, dans cette supposition, Constantin devait l'étouffer, et c'est ce qui n'est pas arrivé. Il a résisté à tout, à la paix, à la guerre, aux échafauds, aux triomphes, aux poignards, aux délices, à l'orgueil, à l'humiliation, à la pauvreté, à l'opulence, à la nuit du moyen âge et au grand jour des siècles de Léon X et de Louis XIV. Un empereur tout-puissant et maître de la plus grande partie du monde connu épuisa jadis contre lui toutes les ressources de son génie ; il n'oublia rien pour relever les dogmes anciens ; il les associa habilement aux idées platoniques, qui étaient à la mode. Cachant la rage qui l'animait sous le masque d'une tolérance purement extérieure, il employa contre le culte ennemi les armes auxquelles nul ouvrage humain n'a résisté : il le livra au ridicule ; il appauvrit le sacerdoce pour le faire mépriser ; il le priva de tous les appuis que l'homme peut donner à ses œuvres : diffamations, cabales, injustice, oppression, ridicule, force et adresse, tout fut inutile; *le Galiléen* l'emporta sur Julien *le philosophe.*

Aujourd'hui, enfin, l'expérience se répète avec des circonstances encore plus favorables; rien n'y manque de tout ce qui peut la rendre décisive. Soyez donc bien attentifs, vous tous que l'histoire n'a point assez instruits. Vous disiez que le sceptre soutenait la tiare; eh bien, il n'y a plus de sceptre dans la grande arène, il est brisé, et les morceaux sont jetés dans la boue. Vous ne saviez pas jusqu'à quel point l'influence d'un sacerdoce riche et puissant pouvait soutenir les dogmes qu'il prêchait : je ne crois pas trop qu'il y ait une puissance de faire croire; mais passons. Il n'y a plus de prêtres ; on les a chassés, égorgés, avilis; on les a dépouillés; et ceux qui ont échappé à la guillotine, aux bûchers, aux poignards, aux fusillades, aux noyades, à la déportation, reçoivent aujourd'hui l'aumône qu'ils donnaient jadis. Vous craigniez la force de la coutume, l'ascendant de l'autorité, les illusions de l'imagination ; il n'y a plus rien de tout cela; il n'y a plus de coutume; il n'y a plus de maître; l'esprit de chaque homme est à lui. La philosophie ayant rongé le ciment qui unissait les hommes, il n'y a plus d'agrégations morales. L'autorité civile, favorisant de toutes ses forces le renversement du système ancien, donne aux ennemis du christianisme tout l'appui qu'elle lui accordait jadis; l'esprit humain prend toutes les formes imaginables pour combattre l'ancienne religion nationale. Ces efforts sont applaudis et payés, et les efforts contraires sont des crimes. Vous n'avez plus rien à craindre de l'enchantement des yeux, qui sont toujours les premiers trompés; un appareil pompeux, de vaines cérémonies, n'en imposent plus à des hommes devant lesquels on se joue de tout depuis sept ans. Les temples sont fermés, ou ne s'ouvrent qu'aux délibérations bruyantes et aux bacchanales d'un peuple effréné. Les autels sont renversés; on a promené dans les rues des animaux immondes sous les vêtements des pontifes; les coupes sacrées ont servi à d'abominables orgies; et sur ces autels que la foi antique environne de chérubins éblouis, on a fait monter des prostituées nues. Le philosophisme n'a donc plus de plaintes à faire; **toutes les chances humaines sont en sa faveur**, on **fait** tout pour lui et tout contre sa rivale. S'il est vainqueur, il ne dira pas comme César : *Je suis* *venu, j'ai vu et j'ai vaincu;* mais enfin il aura vaincu : il peut battre des mains et s'asseoir fièrement sur une croix renversée. Mais si le christianisme sort de cette épreuve terrible plus pur et plus vigoureux, si Hercule chrétien, fort de sa seule force, soulève *le fils de la terre,* et l'étouffe dans ses bras, *patuit Deus.* — Français! faites place au Roi très-chrétien, portez-le vous-même sur son trône antique; relevez son oriflamme, et que son or, voyageant d'un pôle à l'autre, porte de toutes parts la devise triomphale :

LE CHRIST COMMANDE, IL RÈGNE,
IL EST VAINQUEUR!

CHAPITRE VI

DE L'INFLUENCE DIVINE DANS LES CONSTITUTIONS POLITIQUES

—

L'homme peut tout modifier dans la sphère de son activité, mais il ne crée rien : telle est sa loi, au physique comme au moral.

L'homme peut sans doute planter un pepin, élever un arbre, le perfectionner par la greffe, et le tailler en cent manières; mais jamais il ne s'est figuré qu'il avait le pouvoir de faire un arbre.

Comment s'est-il imaginé qu'il avait celui de faire une constitution ? Serait-ce par l'expérience ? Voyons donc ce qu'elle nous apprend.

Toutes les constitutions libres, connues dans l'univers, se sont formées de deux manières. Tantôt elles ont, pour ainsi dire, *germé* d'une manière insensible, par la réunion d'une foule de ces circonstances que nous nommons fortuites; et quelquefois elles ont un auteur unique qui paraît comme un phénomène, et se fait obéir.

Dans les deux suppositions, voici par quels caractères Dieu nous avertit de notre faiblesse et du droit qu'il s'est réservé dans la formation des gouvernements.

1° Aucune constitution ne résulte d'une délibération : les droits des peuples ne sont jamais écrits, ou au moins les actes constitutifs ou les lois fondamentales écrites, ne sont jamais que des titres déclaratoires de droits antérieurs, dont on ne peut dire autre chose sinon qu'ils existent parce qu'ils existent (1).

2° Dieu, n'ayant pas jugé à propos d'employer dans ce genre des moyens surnaturels, circonscrit au moins l'action humaine, au point que dans la formation des constitutions les circonstances font tout, et que les hommes ne sont que des circonstances. Assez communément même, c'est en courant à un

---

(1) *Il faudrait être fou pour demander qui a donné la liberté aux villes de Sparte, de Rome, etc. Ces républiques n'ont point reçu leurs chartes des hommes. Dieu et la nature les leur ont données.* Sidney, *Disc. sur le gouv.*, tom. I, § 2. L'auteur n'est pas suspect.

certain but qu'ils en obtiennent un autre, comme nous l'avons vu dans la constitution anglaise.

3° Les droits du *peuple* proprement dit partent assez souvent de la concession des souverains, et dans ce cas il peut en conster historiquement; mais les droits du souverain et de l'aristocratie, du moins les droits essentiels, constitutifs et *radicaux*, s'il est permis de s'exprimer ainsi, n'ont ni date ni auteurs.

4° Les concessions même du souverain ont toujours été précédées par un état de choses qui les nécessitait et qui ne dépendait pas de lui.

5° Quoique les lois écrites ne soient jamais que des déclarations de droits antérieurs, cependant il s'en faut de beaucoup que tout ce qui peut être écrit le soit; il y a même toujours dans chaque constitution quelque chose qui ne peut être écrit (1), et

---

(1) Le sage Hume a souvent fait cette remarque. Je ne citerai que le passage suivant : *C'est ce point de la constitution anglaise* (le droit de remontrance) *qu'il est très-difficile, ou, pour mieux dire, impossible de régler par des lois : il doit être dirigé par certaines idées délicates d'à-propos et de décence, plutôt que par l'exactitude des lois et des ordonnances.* Hume, *Hist. d'Angleterre*, Charles 1er, chap. LIII, note B.

Thomas Payne est d'un autre avis, comme on sait. Il prétend qu'une constitution n'existe pas lorsqu'on ne peut la mettre dans sa poche.

qu'il faut laisser dans un nuage sombre et vénérable, sous peine de renverser l'État.

6° Plus on écrit, et plus l'institution est faible, la raison en est claire. Les lois ne sont que des déclarations de droits, et les droits ne sont déclarés que lorsqu'ils sont attaqués ; en sorte que la multiplicité des lois constitutionnelles écrites ne prouve que la multiplicité des chocs et le danger d'une destruction.

Voilà pourquoi l'institution la plus vigoureuse de l'antiquité profane fut celle de Lacédémone, où l'on n'écrivit rien.

7° Nulle nation ne peut se donner la liberté si elle ne l'a pas (1). Lorsqu'elle commence à réfléchir sur elle-même, ses lois sont faites. L'influence humaine ne s'étend pas au delà du développement des droits existants, mais qui étaient méconnus ou contestés. Si des imprudents franchissent ces limites par des réformes téméraires, la nation perd ce qu'elle avait, sans atteindre ce qu'elle veut. De là résulte la nécessité de n'inno-

(1) *Un populo uso a vivere sotto un principe, se per qualche accidente diventa libero, con difficultà mantiene la libertà.* Machiavel, **Discorsi sopra Tito Livio**, lib. I, cap. XVI.

ver que très-rarement, et toujours avec mesure et tremblement.

8° Lorsque la Providence a décrété la formation plus rapide d'une constitution politique, il paraît un homme revêtu d'une puissance indéfinissable : il parle et il se fait obéir ; mais ces hommes merveilleux n'appartiennent peut-être qu'au monde antique et à la jeunesse des nations. Quoi qu'il en soit, voici le caractère distinctif de ces législateurs par excellence. Ils sont rois, ou éminemment nobles : à cet égard, il n'y a, et il ne peut y avoir aucune exception. Ce fut par ce côté que pécha l'institution de Solon, la plus fragile de l'antiquité (1). Les beaux jours d'Athènes, qui ne firent que passer (2), furent encore interrompus par des conquêtes et par des tyrannies ; et Solon même vit les Pisistratides.

---

(1) Plutarque a fort bien vu cette vérité. *Solon, dit-il, ne put parvenir à maintenir longuement une cité en union et concorde... pour ce qu'il était né de race populaire, et n'était pas des plus riches de sa ville, ains des moyens bourgeois seulement.* Vie de Solon, trad. d'Amyot.

(2) *Hæc extrema fuit ætas imperatorum Atheniensium, Iphicratis, Chabriæ, Timothei : neque post illorum obitum quisquam dux in illâ urbe fuit dignus memoriâ.* Corn. Nep. Vit. Timoth., cap. iv. De la bataille de Marathon à celle de Leucade, gagnée par Timothée, il s'écoula 114 ans. C'est le *diapason* de la gloire d'Athènes.

9° Ces législateurs même avec leur puissance extraordinaire ne font jamais que rassembler des éléments préexistants dans les coutumes et le caractère des peuples; mais ce rassemblement, cette formation rapide qui tiennent de la création, ne s'exécutent qu'au nom de la Divinité. La politique et la religion se fondent ensemble : on distingue à peine le législateur du prêtre; et ses institutions publiques consistent principalement en *cérémonies et vacations religieuses* (1).

10° La liberté, dans un sens, fut toujours un don des rois; car toutes les nations libres furent constituées par des rois. C'est la règle générale, et les exceptions qu'on pourrait indiquer, rentreraient dans la règle, si elles étaient discutées (2).

11° Jamais il n'exista de nation libre qui n'eût dans sa constitution naturelle des germes de liberté aussi anciens qu'elle; et jamais nation ne tenta efficacement de développer, par ses lois fondamentales écrites,

---

(1) Plutarque, *Vie de Numa.*

(2) *Neque ambigitur quin Brutus idem, qui tantum gloriæ, superbo exacto rege, meruit, pessimo publico id facturus fuerit, si libertatis immaturæ cupidine priorum regum alicui regnum extorsisset, etc.* Tit. Liv. II, 1. Le passage entier est très-digne d'être médité.

d'autres droits que ceux qui existaient dans sa constitution naturelle.

12° Une assemblée quelconque d'hommes ne peut constituer une nation ; et même cette entreprise excède en folie ce que tous les *Bedlams* de l'univers peuvent enfanter de plus absurde et de plus extravagant (1).

Prouver en détail cette proposition, après ce que j'ai dit, serait, ce me semble, manquer de respect à ceux qui savent, et faire trop d'honneur à ceux qui ne savent pas.

13° J'ai parlé d'un caractère principal des véritables législateurs ; en voici un autre qui est très-remarquable, et sur lequel il serait aisé de faire un livre. C'est qu'ils ne sont jamais ce qu'on appelle des *savants*, qu'ils n'écrivent point, qu'ils agissent par instinct et par impulsion, plus que par raisonnement et qu'ils n'ont d'autre instrument pour agir, qu'une certaine force morale qui plie les volontés comme le vent courbe une moisson.

En montrant que cette observation n'est que le corollaire d'une vérité générale de la plus haute impor

---

(1) *E necessario chè uno solo sia quello che dia il modo, e della cui mente dipenda qualunque simile ordinazione.* Machiavel, *Disc. sopr.* Tit. Liv., lib. I, cap. IX.

tance, je pourrais dire des choses intéressantes, mais je crains de m'égarer : j'aime mieux supprimer les intermédiaires, et courir aux résultats.

Il y a entre la politique théorique et la législation constituante la même différence qui existe entre la poétique et la poésie. L'illustre Montesquieu est à Lycurgue, dans l'échelle générale des esprits, ce que Batteux est à Homère ou à Racine.

Il y a plus : ces deux talents s'excluent positivement, comme on l'a vu par l'exemple de Locke, qui broncha lourdement lorsqu'il s'avisa de vouloir donner des lois aux Américains.

J'ai vu un grand amateur de la république se lamenter sérieusement de ce que les Français n'avaient pas aperçu dans les œuvres de Hume la pièce intitulée : *Plan d'une république parfaite*. — *O cœcas hominum mentes!* Si vous voyez un homme ordinaire qui ait du bon sens, mais qui n'ait jamais donné, dans aucun genre, aucun signe extérieur de supériorité, cependant vous ne pouvez pas assurer qu'il ne peut être législateur. Il n'y a aucune raison de dire oui ou non ; mais s'agit-il de Bacon, de

Locke, de Montesquieu, etc., dites *non*, sans balancer; car le talent qu'il a prouvé qu'il n'a pas l'autre (1).

L'application des principes que je viens d'exposer à la constitution française, se présente naturellement; mais il est bon de l'envisager sous un point de vue particulier.

Les plus grands ennemis de la révolution française doivent convenir, avec franchise, que la commission des onze qui a produit la dernière constitution, a, suivant toutes les apparences, plus d'esprit que son ouvrage, et qu'elle a fait peut-être tout ce qu'elle pouvait faire. Elle disposait de matériaux rebelles qui ne lui permettaient pas de suivre les principes; et la division seule des pouvoirs, quoiqu'ils ne soient divisés que par une muraille (2), est cependant une belle victoire remportée sur les préjugés du moment.

Mais, il ne s'agit que du mérite intrinsèque de la constitution. Il n'entre pas dans mon plan de rechercher les défauts particuliers qui nous assurent qu'elle

---

(1) Plutarque, Zénon, Chrysippe, ont fait des livres; mais Lycurgue fit des actes. (PLUTARQUE, *Vie de Lycurgue.*) Il n'y a pas une seule idée saine en morale et en politique qui ait échappé au bon sens de Plutarque.

(2) En aucun cas, les deux Conseils ne peuvent se réunir dans une même salle. *Constit.* de 1793, *tit. V, art.* 60.

peut durer; d'ailleurs, tout a été dit sur ce point. J'indiquerai seulement l'erreur de théorie qui a servi de base à cette constitution, et qui a égaré les Français depuis le premier instant de leur révolution.

La constitution de 1795, tout comme ses aînées, est faite pour l'*homme*. Or, il n'y a point d'*homme* dans le monde. J'ai vu, dans ma vie, des Français, des Italiens, des Russes, etc.; je sais même, grâces à Montesquieu, *qu'on peut être Persan :* mais quant à l'*homme*, je déclare ne l'avoir rencontré de ma vie; s'il existe, c'est bien à mon insu.

Y a-t-il une seule contrée de l'univers où l'on ne puisse trouver un conseil des Cinq-Cents, un conseil des Anciens et cinq Directeurs? Cette constitution peut être présentée à toutes les associations humaines, depuis la Chine jusqu'à Genève. Mais une constitution qui est faite pour toutes les nations, n'est faite pour aucune : c'est une pure abstraction, une œuvre scolastique faite pour exercer l'esprit d'après une hypothèse idéale, et qu'il faut adresser à l'homme, dans les espaces imaginaires où il habite.

Qu'est-ce qu'une constitution? n'est-ce pas la solution du problème suivant?

Étant données *la population*, *les mœurs*, *la reli-*

gion, la situation géographique, les relations politiques, les richesses, les bonnes et les mauvaises qualités d'une certaine nation, trouver les lois qui lui conviennent.

Or, ce problème n'est pas seulement abordé dans la constitution de 1795, qui n'a pensé qu'à l'*homme.*

Toutes les raisons imaginables se réunissent donc pour établir que le sceau divin n'est pas sur cet ouvrage. — Ce n'est qu'un *thème.*

Aussi, déjà dans ce moment, combien de signes de destruction

CHAPITRE VII

SIGNES DE NULLITÉ DANS LE GOUVERNEMENT FRANÇAIS.

—

Le législateur ressemble au Créateur ; il ne travaille pas toujours ; il enfante, et puis il se repose. Toute législation vraie a son *sabbat*, et l'intermittence est son caractère distinctif ; en sorte qu'Ovide a énoncé une vérité du premier ordre, lorsqu'il a dit :

Quod caret alterna requie durabile non est.

Si la perfection était l'apanage de la nature humaine, chaque législateur ne parlerait qu'une fois : mais quoique toutes nos œuvres soient imparfaites, et qu'à mesure que les institutions politiques se vicient, le souverain soit obligé de venir à leur secours par de nouvelles lois, cependant la législation humaine se rapproche de son modèle par cette intermittence dont je parlais tout à l'heure. Son repos l'honore autant que son action primitive ; plus elle agit, et plus son œuvre est humaine, c'est-à-dire fragile.

Voyez les travaux des trois assemblées nationales de France ; quel nombre prodigieux de lois ! Depuis le 1ᵉʳ juillet 1789 jusqu'au mois d'octobre 1791, l'assemblée nationale en a fait 2,557

L'assemblée législative en a fait, en onze mois et demi. 1,712

La Convention nationale, depuis le premier jour de la république jusqu'au 4 brumaire an IV (26 octobre 1795), en a fait en 57 mois. . . . 11,210

TOTAL. 15,479 (1

Je doute que les trois races des rois de France aient enfanté une collection de cette force. Lorsqu'on réfléchit sur ce nombre infini de lois, on éprouve successivement deux sentiments bien différents : le premier

---

(1) Ce calcul, qui a été fait en France, est rappelé dans une gazette étrangère du mois de février 1796. Ce nombre de 15,479 en moins de six ans me paraissait déjà fort honnête, lorsque j'ai retrouvé dans mes tablettes l'assertion d'un très-aimable journaliste qui veut absolument, dans une de ses feuilles *scintillantes* (*Quotidienne* du 30 novembre 1796, nº 218), que la république française possède deux millions et quelques centaines de mille lois imprimées, et dix-huit cent mille qui ne le sont pas. — Pour moi, j'y consens.

est celui de l'admiration, ou du moins de l'étonnement ; on s'étonne, avec M. Burke, que cette nation, dont la légèreté est un proverbe, ait produit des travailleurs aussi obstinés. L'édifice de ces lois est une œuvre atlantique dont l'aspect étourdit. Mais l'étonnement se change tout à coup en pitié, lorsqu'on songe à la nullité de ces lois ; et l'on ne voit plus que des enfants qui se font tuer pour élever un grand édifice de cartes.

Pourquoi tant de lois ? C'est parce qu'il n'y a point de législateur.

Qu'ont fait les prétendus législateurs depuis six ans ? Rien ; car *détruire* n'est pas *faire*.

On ne peut se lasser de contempler le spectacle incroyable d'une nation qui se donne trois constitutions en cinq ans. Nul législateur n'a tâtonné ; il dit *fiat* à sa manière, et la machine va. Malgré les différents efforts que les trois assemblées ont fait dans ce genre, tout est allé de mal en pis, puisque l'assentiment de la nation a constamment manqué de plus en plus à l'ouvrage des législateurs.

Certainement, la constitution de 1791 fut un beau monument de folie ; cependant, il faut l'avouer, il avait passionné les Français ; et c'est de bon cœur, quoique très-follement, que la majorité de la nation prêta serment à *la nation, à la loi et au roi*. Les Français s'engouèrent même de cette constitution au point que, longtemps après qu'il n'en fut plus question, c'était un discours assez commun parmi eux, *que pour revenir à la véritable monarchie, il fallait passer par la constitution de* 1791. C'était dire, au fond, que pour revenir d'Asie en Europe, il fallait passer par la lune; mais je ne parle que du fait (1).

La constitution de Condorcet n'a jamais été mise à l'épreuve, et n'en valait pas la peine ; celle qui lui fut préférée, ouvrage de quelques coupe-jarrets, plaisait cependant à leurs semblables : et cette phalange,

---

(1) Un homme d'esprit qui avait ses raisons pour louer cette constitution, et qui veut absolument qu'elle soit un *monument de la raison écrite*, convient cependant que, sans parler de l'horreur pour les deux Chambres et de la restriction du *veto*, elle renferme encore *plusieurs autres principes d'anarchie* (20 ou 30 par exemple). Voyez *Coup d'œil sur la Révolution française par un ami de l'ordre et des lois*, par M. M..... (*) Hambourg, 1794, pages 28 et 77.

Mais ce qui suit est plus curieux. *Cette constitution*, dit l'auteur, *ne pèche pas par ce qu'elle contient, mais par ce qui lui manque.* Ibid., page 27. Cela s'entend : la constitution de 1791 serait parfaite, si elle était faite : c'est l'Apollon du Belvédère, moins la statue et le piédestal.

(*) M. le général de Montesquiou.

grâce à la révolution, n'est pas peu nombreuse en France; en sorte qu'à tout prendre, celle des trois constitutions qui a compté le moins de fauteurs, est celle d'aujourd'hui. Dans les assemblées primaires qui l'ont acceptée (à ce que disent les gouvernants) plusieurs membres ont écrit naïvement : *accepté, faute de mieux*. C'est en effet la disposition générale de la nation : elle s'est soumise par lassitude, par désespoir de trouver mieux : dans l'excès des maux qui l'accablaient, elle a cru respirer sous ce frêle abri; elle a préféré un mauvais port à une mer courroucée mais nulle part on n'a vu la conviction et le consentement du cœur. Si cette constitution était faite pour les Français, la force invincible de l'expérience lui gagnerait tous les jours de nouveaux partisans : or, il arrive précisément le contraire; chaque minute voit un nouveau déserteur de la démocratie : c'est l'apathie, c'est la crainte seule qui gardent le trône des pentarques; et les voyageurs les plus clairvoyants et les plus désintéressés, qui ont parcouru la France, disent d'une commune voix : *C'est une république sans républicains.*

Mais si, comme on l'a tant prêché aux rois, la force des gouvernements réside tout entière dans l'amour des sujets ; si la crainte seule est un moyen insuffisant de maintenir les souverainetés, que devons-nous penser de la République française ?

Ouvrez les yeux, et vous verrez qu'elle ne *vit* pas. Quel appareil immense ! quelle multiplicité de ressorts et de rouages ! quel fracas de pièces qui se heurtent ! quelle énorme quantité d'hommes employés à réparer les dommages ! Tout annonce que la nature n'est pour rien dans ces mouvements ; car le premier caractère de ses créations, c'est la puissance jointe à l'économie des moyens : tout étant à sa place, il n'y a point de secousses, point d'ondulations : tous les frottements étant doux, il n'y a point de bruit, et ce silence est auguste. C'est ainsi que, dans la mécanique physique, la pondération parfaite, l'équilibre et la symétrie exacte des parties, font que de la célérité même du mouvement résultent pour l'œil satisfait les apparences du repos.

Il n'y a donc point de souveraineté en France : tout est factice, tout est violent, tout annonce qu'un tel ordre de choses ne peut durer.

La philosophie moderne est tout à la fois trop matérielle et trop présomptueuse pour apercevoir les véritables ressorts du monde politique. Une de ses folies est de croire qu'une assemblée peut constituer une nation ; qu'une *constitution*, c'est-à-dire, l'ensemble des lois fondamentales qui conviennent à une nation, et qui doivent lui donner telle ou telle forme de gouvernement, est un ouvrage comme un autre, qui n'exige que de l'esprit, des connaissances et de l'exercice ; qu'on peut apprendre *son métier de constituant*, et que des hommes, le jour qu'ils y pensent, peuvent dire à d'autres hommes : *Faites-nous un gouvernement*, comme on dit à un ouvrier : *Faites-nous une pompe à feu ou un métier à bas.*

Cependant il est une vérité aussi certaine, dans son genre, qu'une proposition de mathématiques, c'est que *nulle grande institution ne résulte d'une délibération ;* et que les ouvrages humains sont fragiles en proportion du nombre d'hommes qui s'en mêlent, et de l'appareil de science et de raisonnement qu'on y emploie *à priori*.

Une constitution écrite telle que celle qui régit aujourd'hui les Français, n'est qu'un automate, qui ne possède que les formes extérieures de la vie. L'homme, par ses propres forces, est tout au plus un *Vaucanson ;* pour être *Prométhée*, il faut monter au ciel ; car *le législateur ne peut se faire obéir, ni par la force, ni par le raisonnement* (1).

On peut dire que, dans ce moment, l'expérience est faite ; car on manque d'attention, lorsqu'on dit que la constitution française *marche :* on prend la constitution pour le gouvernement. Celui-ci, qui est un despotisme fort avancé, ne marche que trop ; mais la constitution n'existe que sur le papier. On l'observe, on la viole, suivant les intérêts des gouvernants : le peuple est compté pour rien ; et les outrages que ses maîtres lui adressent sous les formes du respect sont bien propres à le guérir de ses erreurs.

La vie d'un gouvernement est quelque chose d'aussi réel que la vie d'un homme ; on la sent, ou, pour mieux dire, on la voit, et personne ne peut se tromper sur ce point. J'adjure tous les Français qui ont une conscience, de se demander à eux-mêmes s'ils n'ont pas besoin de se faire une certaine violence pour donner à leurs représentants le titre de *législateurs* ; si ce titre d'étiquette et de *courtoisie*, ne leur cause pas un léger effort, à peu près sem-

---

(1) Rousseau, *Contrat social*, liv. II, chap. vii.
Il faut veiller cet homme sans relâche, et le surprendre lorsqu'il laisse échapper la vérité par distraction.

blable à celui qu'ils éprouvaient, lorsque, sous l'ancien régime, ils voulaient bien appeler *comte* ou *marquis* le fils d'un secrétaire du roi?

Tout honneur vient de Dieu, dit le vieil Homère (1); il parle comme saint Paul, au pied de la lettre, toutefois sans l'avoir pillé. Ce qu'il y a de sûr, c'est qu'il ne dépend pas de l'homme de communiquer ce caractère indéfinissable qu'on appelle *dignité*. A la souveraineté seule appartient l'*honneur* par excellence; c'est d'elle, comme d'un vaste réservoir, qu'il est dérivé avec nombre, poids et mesure, sur les ordres et sur les individus.

J'ai remarqué qu'un membre de la législature, ayant RANG dans un écrit public, les journaux se moquèrent de lui, parce qu'en effet il n'y a point de *rang* en France, mais seulement du *pouvoir*, qui ne tient qu'à la force. Le peuple ne voit dans un député que la sept-cent-cinquantième partie du pouvoir de faire beaucoup de mal. Le député respecté ne l'est point parce qu'il est *député*, mais parce qu'il est respectable. Tout le monde sans doute voudrait avoir prononcé le discours de M. Siméon sur le divorce ; mais

(1) *Illiade*, I, 178.

tout le monde voudrait qu'il l'eût prononcé au sein d'une assemblée légitime.

C'est peut-être une illusion de ma part; mais ce *salaire*, qu'un néologisme vaniteux appelle *indemnité* me semble un préjugé contre la représentation française. L'Anglais, libre par la loi et indépendant par sa fortune, qui vient à Londres représenter la nation à ses frais, a quelque chose d'imposant. Mais ces *législateurs* français, qui lèvent cinq ou six millions tournois sur la nation, pour lui faire des lois; ces *facteurs* de décrets, qui exercent la souveraineté nationale moyennant huit *myriagrammes* de froment par jour, et qui vivent de leur puissance législatrice; ces hommes-là, en vérité, font bien peu d'impression sur l'esprit; et lorsqu'on vient à se demander ce qu'ils valent, l'imagination ne peut s'empêcher de les évaluer en froment.

En Angleterre, ces deux lettres magiques M. P., accolées au nom le moins connu, l'exaltent subitement, et lui donnent des droits à une alliance distinguée. En France, un homme qui briguerait une place de député pour déterminer en sa faveur un mariage disproportionné, ferait probablement un assez mauvais calcul.

C'est que tout représentant, tout instrument quelconque d'une souveraineté fausse, ne peut exciter que la curiosité ou la terreur.

Telle est l'incroyable faiblesse du pouvoir humain, isolé, qu'il ne dépend pas seulement de lui de consacrer un habit. Combien de rapports a-t-on faits au Corps législatif sur le costume de ses membres? Trois ou quatre au moins, mais toujours en vain. On vend dans les pays étrangers la représentation de ces beaux costumes, tandis qu'à Paris l'opinion les annule.

Un habit ordinaire, contemporain d'un grand événement, peut être consacré par cet événement; alors le caractère dont il est marqué le soustrait à l'empire de la mode : tandis que les autres changent: il demeure le même, et le respect l'environne à jamais. C'est à peu près de cette manière que se forment les costumes de grandes dignités.

Pour celui qui examine tout, il peut être intéressant d'observer que, de toutes les parures révolutionnaires, les seules qui aient une certaine consistance sont l'écharpe et le panache, qui appartiennent à la chevalerie. Elles subsistent, quoique flétries, comme ces arbres de qui la sève nourricière s'est retirée, et qui n'ont encore perdu que leur beauté. Le *fonctionnaire public*, chargé de ces signes déshonorés, ne ressemble pas mal au voleur qui brille sous les habits de l'homme qu'il vient de dépouiller

Je ne sais si je lis bien, mais je lis partout la nullité de ce gouvernement.

Qu'on y fasse bien attention; ce sont les conquêtes des Français qui ont fait illusion sur la durée de leur gouvernement; l'éclat des succès militaires éblouit même de bons esprits, qui n'aperçoivent pas d'abord à quel point ces succès sont étrangers à la stabilité de la république.

Les nations ont vaincu sous tous les gouvernements possibles; et les révolutions mêmes, en exaltant les esprits, amènent les victoires. Les Français réussiront toujours à la guerre sous un gouvernement ferme qui aura l'esprit de les mépriser en les louant, et de les jeter sur l'ennemi comme des boulets, en leur promettant des épitaphes dans les gazettes.

C'est toujours Robespierre qui gagne les batailles dans ce moment; c'est son despotisme de fer qui conduit les Français à la boucherie et à la victoire. C'est en prodiguant l'or et le sang, c'est en forçant tous les moyens, que les maîtres de la France ont obtenu les succès dont nous sommes les témoins. Une nation, supérieurement brave, exaltée par un fanatisme quelconque, et conduite par d'habiles généraux, vaincra toujours, mais payera cher ses conquêtes. La constitution de 1793 a-t-elle reçu le sceau de la durée par ces trois années de victoires dont elle occupe le centre? Pourquoi en serait-il autrement de celle de 1795? et pourquoi la victoire lui donnerait-elle un caractère qu'elle n'a pu imprimer à l'autre?

D'ailleurs, le caractère des nations est toujours le même. Barclay, dans le seizième siècle, a fort bien deviné celui des Français sous le rapport militaire. *C'est une nation,* dit-il, *supérieurement brave, et présentant chez elle une masse invincible; mais lorsqu'elle se déborde, elle n'est plus la même. De là vient qu'elle n'a jamais pu retenir l'empire sur les peuples étrangers, et qu'elle n'est puissante que pour son malheur* (1).

Personne ne sent mieux que moi que les circonstances

---

(1) *Gens armis strenua, indomitæ intra se molis; at ubi in exteros exundat, statim impetûs sui oblita : eo modo nec diu externum imperium tenuit, et sola est in exilium suî potens.* J. Barclaius, *Icon. animorum,* cap. III.

actuelles sont extraordinaires, et qu'il est très-possible qu'on ne voie point ce qu'on a toujours vu, mais cette question est indifférente à l'objet de cet ouvrage. Il me suffit d'indiquer la fausseté de ce raisonnement : *La république est victorieuse ; donc elle durera.* S'il fallait absolument prophétiser, j'aimerais mieux dire : *La guerre la fait vivre ; donc la paix la fera mourir.*

L'auteur d'un système de physique s'applaudirait sans doute, s'il avait en sa faveur tous les faits de la nature, comme je puis citer à l'appui de mes réflexions tous les faits de l'histoire. J'examine de bonne foi les monuments qu'elle nous fournit, et je ne vois rien qui favorise ce système chimérique de délibération et de construction politique par des raisonnements antérieurs. On pourrait tout au plus citer l'Amérique ; mais j'ai répondu d'avance, en disant qu'il n'est pas temps de la citer. J'ajouterai cependant un petit nombre de réflexions.

1° L'Amérique anglaise avait un roi, mais ne le voyait pas : la splendeur de la monarchie lui était étrangère, et le souverain était pour elle comme une espèce de puissance surnaturelle, qui ne tombe pas sous les sens.

2º Elle possédait l'élément démocratique qui existe dans la constitution de la métropole.

3º Elle possédait de plus ceux qui furent portés chez elle par une foule de ses premiers colons nés au milieu des troubles religieux et politiques, et presque tous les esprits républicains.

4º Avec ces éléments, et sur le plan des trois pouvoirs qu'ils tenaient de leurs ancêtres, les Américains ont bâti, et n'ont point fait *table rase*, comme les Français.

Mais tout ce qu'il y a de véritablement nouveau dans leur constitution, tout ce qui résulte de la délibération commune, est la chose du monde la plus fragile ? on ne saurait réunir plus de symptômes de faiblesse et de caducité.

Non-seulement je ne crois point à la stabilité du gouvernement américain, mais les établissements particuliers de l'Amérique anglaise ne m'inspirent aucune confiance. Les villes, par exemple, animées d'une jalousie très-peu respectable, n'ont pu convenir du lieu où siégerait le congrès ; aucune n'a voulu céder cet honneur à l'autre. En conséquence, on a décidé qu'on bâtirait une ville nouvelle qui serait le siège du gouvernement. On a choisi l'emplacement le plus avantageux sur le bord d'un grand fleuve : on a arrêté que la ville s'appellerait *Washington* ; la place de tous les édifices publics est marquée ; on a mis la main à l'œuvre, et le plan de la *cité-reine* circule déjà dans toute l'Europe. Essentiellement, il n'y a rien là qui passe les forces du pouvoir humain ; on peut bien bâtir une ville : néanmoins, il y a trop de délibération, trop *d'humanité* dans cette affaire ; et l'on pourrait gager mille contre un que la ville ne se bâtira pas, ou qu'elle ne s'appellera pas *Washington*, ou que le congrès n'y résidera pas.

CHAPITRE VIII

DE L'ANCIENNE CONSTITUTION FRANÇAISE. — DIGRESSION SUR LE ROI ET SUR SA DÉCLARATION AUX FRANÇAIS DU MOIS DE JUILLET 1703.

—

On a soutenu trois systèmes différents sur l'ancienne constitution française : les uns ont prétendu que la nation n'avait point de constitution ; d'autres ont soutenu le contraire ; d'autres enfin ont pris, comme il arrive dans toutes les questions importantes, un sentiment moyen : ils ont soutenu que les Français avaient véritablement une constitution, mais qu'elle n'était point observée.

Le premier sentiment est insoutenable ; les deux autres ne se contredisent point réellement.

L'erreur de ceux qui ont prétendu que la France n'avait point de constitution, tenait à la grande erreur sur le pouvoir humain, la délibération antérieure et les lois écrites.

Si un homme de bonne foi, n'ayant pour lui que le bon sens et la droiture, se demande ce que c'était que l'ancienne constitution française, on peut lui répondre hardiment : « C'est ce que vous sentiez,
« lorsque vous étiez en France ; c'est ce mélange de
« liberté et d'autorité, de lois et d'opinions, qui fai-
« sait croire à l'étranger, sujet d'une monarchie en
« voyageant en France, qu'il vivait sous un autre gou-
« vernement que le sien. »

Mais si l'on veut approfondir la question, on trouvera, dans les monuments du droit public français, des caractères et des lois qui élèvent la France au-dessus de toutes les monarchies connues.

Un caractère particulier de cette monarchie, c'est qu'elle possède un certain élément théocratique qui lui est particulier, et qui lui a donné quatorze cents ans de durée : il n'y a rien de si national que cet élément. Les évêques, successeurs des Druides sous ce rapport, n'ont fait que le perfectionner.

Je ne crois pas qu'aucune autre monarchie européenne ait employé, pour le bien de l'état, un plus grand nombre de pontifes dans le gouvernement civil.

Je remonte par la pensée depuis le pacifique Fleury jusqu'à ces St-Ouën, ces St-Léger, et tant d'autres si distingués sous le rapport politique dans la nuit de leur siècle ; véritables Orphées de la France, qui apprivoisèrent les tigres, et se firent suivre par les chênes : je doute qu'on puisse montrer ailleurs une série pareille.

Mais, tandis que le sacerdoce était en France une des trois colonnes qui soutenaient le trône, et qu'il jouait dans les comices de la nation, dans les tribunaux, dans le ministère, dans les ambassades, un rôle si important, on n'apercevait pas ou l'on apercevait peu son influence dans l'administration civile ; et lors même qu'un prêtre était premier ministre, on n'avait point en France un *gouvernement des prêtres*.

Toutes les influences étaient fort bien balancées, et tout le monde était à sa place. Sous ce point de vue c'est l'Angleterre qui ressemblait le plus à la France. Si jamais elle bannit de sa langue politique ces mots : *Church and state*, son gouvernement périra comme celui de sa rivale.

C'était la mode en France (car tout est mode dans ce pays) de dire qu'on y était esclave : mais pourquoi donc trouvait-on dans la langue française le mot de *citoyen*, avant même que la révolution s'en fût emparée pour le déshonorer, mot qui ne peut être traduit dans les autres langues européennes ? Racine le fils adressait ce beau vers au roi de France, au nom de sa ville de Paris :

Sous un roi citoyen, tout citoyen est roi.

Pour louer le patriotisme d'un Français, on disait : *c'est un grand citoyen.* On essayerait vainement de faire passer cette expression dans nos autres langues *gross burger* en allemand (1). *gran citadino* en italien, etc., ne seraient pas tolérables (2). Mais il faut sortir des généralités.

Plusieurs membres de l'ancienne magistrature ont réuni et développé les principes de la monarchie française, dans un livre intéressant, qui paraît mériter toute la confiance des Français (3).

(1) Burger, *verbum humile apud nos et ignobile.* J. A. Ernesti, in Dedicat. Opp. Ciceronis, pag. 75.

(2) Rousseau a fait une note absurde sur ce mot de *citoyen*, dans son *Contrat social*, liv. 1, chap. VI. Il accuse, sans se nommer, un très-savant homme d'avoir fait sur ce point une lourde bévue : et il fait, lui, Jean-Jacques, une lourde bévue à chaque ligne ; il montre une égale ignorance en fait de langues, de métaphysique et d'histoire.

(3) *Développement des principes fondamentaux de la monarchie française*, 1795, in-8°.

Ces magistrats commencent, comme il convient, par la prérogative royale; et certes, il n'est rien de plus magnifique.

« La constitution attribue au roi la puissance légis-
« latrice; de lui émane toute juridiction. Il a le droit
« de rendre justice, et de la faire rendre par ses
« officiers; de faire grâce, d'accorder des priviléges,
« des récompenses; de disposer des offices, de con-
« férer la noblesse; de convoquer, de dissoudre les
« assemblées de la nation, quand sa sagesse le lui
« indique; de faire la paix et la guerre, et de con-
« voquer les armées. » Pag. 28.

Voilà, sans doute, de grandes prérogatives; mais voyons ce que la constitution française a mis dans l'autre bassin de la balance.

« Le roi ne règne que par loi, *et n a puissance de faire toute chose à son appétit.* » Pag. 364.

« Il est des lois que les rois eux-mêmes se sont
« avoué, suivant l'expression devenue célèbre, *dans*
« *l'heureuse impuissance de violer;* ce sont *les lois du*
« *royaume,* à la différence des lois de circonstances
« ou non constitutionnelles, appelées *lois du roi.* »
Pages 29 et 30.

« Ainsi, par exemple, la succession à la couronne est

« une primogéniture masculine, d'une forme rigide. »

« Les mariages des princes du sang, faits sans l'auto-
« rité du roi, sont nuls. » Page 262. « Si la dynastie
« régnante vient à s'éteindre, c'est la nation qui se
« donne un roi. » Page 263, etc., etc.

« Les rois, comme législateurs suprêmes, ont tou-
« jours parlé affirmativement, en publiant leurs lois.
« Cependant il y a aussi un consentement du peuple;
« mais ce consentement n'est que l'expression du vœu,
« de la reconnaissance et de l'acceptation de la nation. »
Pages 271 (1).

« Trois ordres, trois chambres, trois délibérations;
« c'est ainsi que la nation est représentée. Le résultat
« des délibérations, s'il est unanime, présente le vœu
« des états généraux. » Page 332.

« Les lois du royaume ne peuvent être faites qu'en
« générale assemblée de tout le royaume, avec le
« commun accord des gens des trois états. Le prince

---

(1) Si l'on examine bien attentivement cette intervention de la nation, on trouvera *moins* qu'une puissance co-législatrice, et *plus* qu'un simple consentement. C'est un exemple de ces choses qu'il faut laisser dans une certaine obscurité, et qui ne peuvent être soumises à des règlements humains : c'est la partie *la plus divine* des constitutions, s'il est permis de s'exprimer ainsi. On dit souvent : *Il n'y a qu'à faire une loi pour savoir à quoi s'en tenir.* Pas toujours ; il y a *des cas réservés.*

« ne peut déroger à ces lois ; et, s'il ose y toucher,
« tout ce qu'il a fait peut être cassé par son succes-
« seur. » Pages 292, 293.

« La nécessité du consentement de la nation à l'éta-
« blissement des impôts, est une vérité incontestable,
« reconnue par les rois. » Page 302.

« Le vœu des deux ordres ne peut lier le troi-
« sième, si ce n'est de son consentement. » Pag. 302.

« Le consentement des états généraux est nécessaire
« pour la validité de toute aliénation perpétuelle du
« domaine. » Pag. 303. « Et la même surveillance leur
« est recommandée pour empêcher tout démembre-
« ment partiel du royaume. » Pag. 304.

« La justice est administrée, au nom du roi, par
« des magistrats qui examinent les lois, et voient si
« elles ne sont point contraires aux lois fondamen
« tales. » Pag. 343. Une partie de leur devoir est de
résister à la volonté égarée du souverain. C'est sur
ce principe que le fameux chancelier de l'Hospital,
adressant la parole au parlement de Paris, en 1561,
lui disait : *Les magistrats ne doivent point se laisser
intimider par le courroux passager des souverains
ni par la crainte des disgrâces, mais avoir toujours
présent le serment d'obéir aux ordonnances qui*

sont les vrais commandements des rois. Pag. 345.

On voit Louis XI, arrêté par un double refus de son parlement, se désister d'une aliénation inconstitutionnelle. Pag. 343.

On voit Louis XIV reconnaître solennellement ce droit de libre vérification, pag. 347, et ordonner à ses magistrats *de lui désobéir, sous peine de désobéissance,* s'il leur adressait des commandements contraires à la loi, pag. 345. Cet ordre n'est point un jeu de mots : le roi défend d'obéir à l'homme, il n'a pas de plus grand ennemi.

Ce superbe monarque ordonne encore à ses magistrats de tenir pour nulles toutes lettres patentes portant des évocations ou commissions pour le jugement des causes civiles et criminelles, *et même de punir les porteurs de ces lettres.* Pag. 363.

Les magistrats s'écrient : *Terre heureuse où la servitude est inconnue!* Pag. 361. Et c'est un prêtre distingué par sa piété et par sa science (Fleury) qui écrit, en exposant le droit public de France : *En France, tous les particuliers sont libres ; point d'esclavage : liberté pour domiciles, voyages, commerces, mariages, choix de profession, acquisitions, dispositions de biens, successions.* Pag. 362.

« La puissance militaire ne doit point s'interposer dans l'administration civile. *Les gouverneurs de provinces n'ont rien que ce qui concerne les armes; et il ne peuvent s'en servir que contre les ennemis de l'état, et non contre le citoyen qui est soumis à la justice de l'état!* » Pag. 364.

« Les magistrats sont inamovibles, et ces offices
« importants ne peuvent vaquer que par la mort du
« titulaire, la démission volontaire ou la forfaiture
« jugée (1). » Pag. 356.

« Le roi, pour les causes qui le concernent, plaide
« dans ses tribunaux contre ses sujets. On l'a vu
« condamné à payer la dîme des fruits de son jar-
« din, etc. » Pag. 367, etc.

Si les Français s'examinent de bonne foi dans le silence des passions, ils sentiront que c'en est assez,

(1) Était-on bien dans la question, en déclamant si fort contre la vénalité des charges de magistrature? La vénalité ne devait être considérée que comme un moyen d'hérédité; et le problème se réduit à savoir si, dans un pays tel que la France, ou tel qu'elle était depuis deux ou trois siècles, la justice pouvait être administrée mieux que par des magistrats héréditaires? La question est très-difficile à résoudre: l'énumération des inconvénients est un argument trompeur. Ce qu'il y a de mauvais dans une constitution, ce qui doit même la détruire, en fait cependant portion comme ce qu'elle a de meilleur. Je renvoie au passage de Cicéron : *Nimia potestas est tribunorum, quis negat,* etc. De leg. III. 10

et peut-être plus qu'assez, pour une nation trop noble pour être esclave, et trop fougueuse pour être libre.

Dira-t-on que ces belles lois n'étaient point exécutées? Dans ce cas, c'était la faute des Français, et il n'y a plus pour eux d'espérance de liberté : car lorsqu'un peuple ne sait pas tirer parti de ses lois fondamentales, il est fort inutile qu'il en cherche d'autres ; c'est une marque qu'il n'est pas fait pour la liberté ou qu'il est irrémissiblement corrompu.

Mais en repoussant ces idées sinistres, je citerai, sur l'excellence de la constitution française, un témoignage irrécusable sous tous les points de vue : c'est celui d'un grand politique et d'un républicain ardent ; c'est celui de Machiavel.

Il y a eu, dit-il, *beaucoup de rois et très-peu de bons rois : j'entends parmi les souverains absolus ; au nombre desquels on ne doit point compter les rois d'Égypte, lorsque ce pays, dans les temps les plus reculés, se gouvernait par les lois; ni ceux de Sparte; ni ceux de France, dans nos temps modernes, le gouvernement de ce royaume étant, de notre connaissance, le plus tempéré par les lois* (1).

(1) *Disc. sopr.* Tit. Liv. lib. I, cap. LVIII.

Le royaume de France, dit-il ailleurs, *est heureux et tranquille, parce que le roi est soumis à une infinité de lois qui font la sûreté des peuples. Celui qui constitua ce gouvernement* (1) *voulut que les rois disposassent à leur gré des armes et des trésors; mais, pour le reste, il les soumit à l'empire des lois* (2).

Qui ne serait frappé de voir sous quel point de vue cette puissante tête envisageait, il y a trois siècles, les lois fondamentales de la monarchie française.

Les Français, sur ce point, ont été gâtés par les Anglais. Ceux-ci leur ont dit, sans le croire, que la France était esclave; comme ils leur ont dit que Shakespeare valait mieux que Racine; et les Français l'ont cru. Il n'y a pas jusqu'à l'honnête juge Blackstone qui n'ait mis sur la même ligne, vers la fin de ses Commentaires, la France et la Turquie : sur quoi il faut dire comme Montaigne : *On ne saurait trop bafouer l'impudence de cet accouplage.*

Mais ces Anglais, lorsqu'ils ont fait leur révolution, du moins celle qui a tenu, ont-ils supprimé la royauté

---

(1) Je voudrais bien le connaître.
(2) *Disc.* 1, xvi.

ou la chambre des pairs pour se donner la liberté? Nullement. Mais, de leur ancienne constitution mise en activité, ils ont tiré la déclaration de leurs droits.

Il n'y a point de nation chrétienne en Europe qui ne soit de droit *libre* ou *assez libre*. Il n'y en a point qui n'ait, dans les monuments les plus purs de sa législation, tous les éléments de la constitution qui lui convient. Mais il faut surtout se garder de l'erreur énorme de croire que la liberté soit quelque chose d'absolu, non susceptible de plus ou de moins. Qu'on se rappelle les deux tonneaux de Jupiter; au lieu du bien et du mal, mettons-y le repos et la liberté. Jupiter fait le lot des nations; *plus de l'un et moins de l'autre ;* l'homme n'est pour rien dans cette distribution.

Une autre erreur, très-funeste, est de s'attacher trop rigidement aux monuments anciens. Il faut sans doute les respecter ; mais il faut surtout considérer ce que les jurisconsultes appellent *le dernier état*. Toute constitution libre est de sa nature variable, et variable en proportion qu'elle est libre (1); vouloir la ramener

---

(1) *All the human governments, particulary those of mixed frame, are in continual fluctuation.* Hume, *Hist. d'Angl.* Charles I, ch. L.

à ses rudiments, sans en rien rabattre, **c'est** une entreprise folle.

Tout se réunit pour établir que les Français ont voulu passer le pouvoir humain; que ces efforts désordonnés les conduisent à l'esclavage; qu'ils n'ont besoin que de connaître ce qu'ils possèdent, et que s'ils sont faits pour un plus grand degré de liberté que celui dont ils jouissaient, il y a sept ans, ce qui n'est pas clair du tout, ils ont sous leur main, dans tous les monuments de leur histoire et de leur législation, tout ce qu'il faut pour les rendre l'honneur et l'envie de l'Europe (1).

---

(1) Un homme dont je considère également la personne et les opinions (*), et qui n'est pas de mon avis sur l'ancienne constitution française, a pris la peine de me développer une partie de ses idées dans une lettre intéressante, dont je le remercie infiniment. Il m'objecte entre autres choses que *le livre des magistrats français, cités dans ce chapitre, eût été brûlé sous le règne de Louis XIV et de Louis XV, comme attentatoire aux lois fondamentales de la monarchie et aux droits du monarque.* — Je le crois : comme le livre de M. Delolme eût été brûlé à Londres (peut-être avec l'auteur), sous le règne de Henri VIII ou de sa rude fille.

Lorsqu'on a pris son parti sur les grandes questions, avec pleine connaissance de cause, on change rarement d'avis. Je me défie cependant de mes préjugés autant que je le dois; mais je suis sûr de ma bonne foi. On voudra bien observer que je n'ai cité dans ce chapitre aucune autorité contemporaine, de crainte que les plus respectables

(*) Feu M. Mallet-Dupan.

Mais si les Français sont faits pour la monarchie, et s'il s'agit seulement d'asseoir la monarchie sur ses véritables bases, quelle erreur, quelle fatalité, quelle prévention funeste pourrait les éloigner de leur roi légitime ?

La succession héréditaire, dans une monarchie, est quelque chose de si précieux, que toute autre considération doit plier devant celle-là. Le plus grand crime que puisse commettre un Français royaliste, c'est de voir dans Louis XVIII autre chose que son roi, et de diminuer la faveur dont il importe de l'entourer, en discutant d'une manière défavorable les qualités de l'homme ou ses actions. Il serait bien vil et bien coupable, le Français qui ne rougirait pas de remonter aux temps passés pour y chercher des torts vrais ou faux! L'accession au trône est une nouvelle naissance : on ne compte que de ce moment.

S'il est un lieu commun dans la morale, c'est que la puissance et les grandeurs corrompent l'homme, et que les meilleurs rois ont été ceux que l'adversité

ne parussent suspectes. Quant aux magistrats auteurs du *développement des principes fondamentaux*, etc., si je me suis servi de leur ouvrage, c'est que je n'aime point faire ce qui est fait, et que ces messieurs n'ayant cité que des monuments, c'était précisément ce qu'il me fallait.

avait éprouvés. Pourquoi donc les Français se priveraient-ils de l'avantage d'être gouvernés par un prince formé à la terrible école du malheur ? Combien les six ans qui viennent de s'écouler ont dû lui fournir de réflexions ! combien il est éloigné de l'ivresse du pouvoir ! combien il doit être disposé à tout entreprendre pour régner glorieusement ! de quelle sainte ambition il doit être pénétré ! Quel prince dans l'univers pourrait avoir plus de motifs, plus de désirs, plus de moyens de fermer les plaies de la France !

Les Français n'ont-ils pas essayé assez longtemps le sang des Capets ? Ils savent par une expérience de huit siècles que ce sang est doux ; pourquoi changer ? Le chef de cette grande famille s'est montré dans sa déclaration, loyal, généreux, profondément pénétré des vérités religieuses : personne ne lui dispute beaucoup d'esprit naturel et beaucoup de connaissances acquises. Il fut un temps, peut-être, où il était bon que le roi ne sût pas l'orthographe ; mais dans ce siècle, où l'on croit aux livres, un roi lettré est un avantage. Ce qui est plus important, c'est qu'on ne peut lui supposer aucune de ces idées exagérées capables d'alarmer les Français. Qui pourrait oublier qu'il déplut à Coblentz? C'est un grand titre pour lui. Dans sa déclaration, il a prononcé le mot de *liberté;* et si quelqu'un objecte que ce mot est placé dans l'ombre, on peut lui répondre qu'un roi ne doit point parler le langage des révolutions. Un discours solennel qu'il adresse à son peuple, doit se distinguer par une certaine sobriété de projets et d'expressions qui n'ait rien de commun avec la précipitation d'un particulier systématique. Lorsque le roi de France a dit: *Que la constitution française soumet les lois à des formes qu'elle a consacrées, et le souverain lui-même à l'observation des lois, afin de prémunir la sagesse du législateur contre les piéges de la séduction, et de défendre* la liberté *des sujets contre les abus de l'autorité*, il a tout dit, puisqu'il a promis la *liberté par la constitution.* Le roi ne doit point parler comme un orateur de la tribune parisienne. S'il a découvert qu'on a tort de parler de la liberté comme de quelque chose d'absolu, qu'elle est au contraire quelque chose susceptible de plus et de moins; et que l'art du législateur n'est pas de rendre le peuple *libre* mais *assez libre*, il a découvert une grande vérité, et il faut le louer de sa retenue au lieu de le blâmer. Un célèbre Romain, au moment où il rendait la liberté au peuple le plus fait pour elle, et le plus anciennement libre, disait à ce peuple : *Libertate modicè utendum* (1). Qu'eût-il dit à des Français ? Sûrement le roi, en parlant sobrement de la liberté, pensait moins à ses intérêts qu'à ceux des Français.

La constitution, dit encore le roi, *prescrit des conditions à l'établissement des impôts, afin d'assurer le peuple que les tributs qu'ils paye sont nécessaires au salut de l'état.* Le roi n'a donc pas le droit d'imposer arbitrairement, et cet aveu seul exclut le despotisme.

Elle confie aux premiers corps de magistrature le dépôt des lois, afin qu'ils veillent à leur exécution, et qu'ils éclairent la religion du monarque si elle était trompée. Voilà le dépôt des lois remis aux mains des magistrats supérieurs ; voilà le droit de remontrance consacré. Or, partout où un corps de grands magistrats héréditaires, ou au moins inamovibles ont, par la constitution, le droit d'avertir le monarque, d'éclairer sa religion et de se plaindre des abus, il n'y a point de despotisme.

(1) Tit. Liv. XXXIV, 49.

Elle met les lois fondamentales sous la sauvegarde du roi et des trois ordres, afin de prévenir les révolutions, la plus grande des calamités qui puissent affliger les peuples.

Il y a donc une constitution, puisque la constitution n'est que le recueil des lois fondamentales ; et le roi ne peut toucher à ces lois. S'il l'entreprenait, les trois ordres auraient sur lui le *veto*, comme chacun d'eux l'a sur les deux autres.

Et l'on se tromperait assurément, si l'on accusait le roi d'avoir parlé trop vaguement ; car ce vague est précisément la preuve d'une haute sagesse. Le roi aurait fait très-imprudemment, s'il avait posé des bornes qui l'auraient empêché d'avancer ou de reculer : en se réservant une certaine latitude d'exécution, il était inspiré. Les Français en conviendront un jour : ils avoueront que le roi a promis tout ce qu'il pouvait promettre.

Charles II se trouva-t-il bien d'avoir adhéré aux propositions des Ecossais? On lui disait, comme on a dit à Louis XVIII: « Il faut s'accommoder au temps ; « il faut plier : *C'est une folie de sacrifier une cou-* « *ronne pour sauver la hiérarchie.* » Il le crut, et il fit très-mal. Le roi de France est plus sage : comment les Français s'obstinent-ils à ne pas lui rendre justice ?

Si ce prince avait fait la folie de proposer aux Français une nouvelle constitution, c'est alors qu'on aurait pu l'accuser de donner dans un vague perfide : car dans le fait il n'aurait rien dit : s'il avait proposé son propre ouvrage, il n'y aurait eu qu'un cri contre lui, et ce cri eût été fondé. De quel droit, en effet, se serait-il fait obéir, dès qu'il abandonnait les lois antiques ? L'arbitraire n'est-il pas un domaine commun, auquel tout le monde a un droit égal ? Il n'y a pas de jeune homme en France qui n'eût montré les défauts du nouvel ouvrage et proposé des corrections. Qu'on examine bien la chose, et l'on verra que le roi, dès qu'il aurait abandonné l'ancienne constitution, n'avait plus qu'une chose à dire : *Je ferai ce qu'on voudra.* C'est à cette phrase indécente et absurde que se seraient réduits les plus beaux discours du roi, traduits en langage clair. Y pense-t-on sérieusement, lorsqu'on blâme le roi de n'avoir pas proposé aux Français une nouvelle révolution ? Depuis que l'insurrection a commencé les malheurs épouvantables de sa famille, il a vu trois constitutions acceptées, jurées, consacrées solennellement. Les deux premières n'ont duré qu'un instant, et la troisième n'existe que de nom. Le roi devait-il en proposer cinq ou six à ses sujets pour leur laisser le choix ? Certes ! les trois essais leur coûtent assez cher, pour que nul homme sensé ne s'avisât de leur en proposer un autre. Mais cette nouvelle proposition, qui serait une folie de la part d'un particulier, serait, de la part du roi, une folie et un forfait.

De quelque manière qu'il s'y fût pris, le roi ne pouvait contenter tout le monde. Il y avait des inconvénients à ne publier aucune déclaration ; il y en avait à la publier telle qu'il l'a faite ; il y en avait à la faire autrement. Dans le doute, il a bien fait de s'en tenir aux principes, et de ne choquer que les passions et les préjugés, en disant *que la constitution française serait pour lui l'arche d'alliance.*

Si les Français examinent de sang-froid cette déclaration, je suis fort trompé s'ils n'y trouvent de quoi respecter le roi. Dans les circonstances terribles où il s'est trouvé, rien n'était plus séduisant que la tentation de transiger avec les principes pour reconquérir le trône. Tant de gens ont dit et tant de gens croyaient que le roi se perdait en s'obstinant aux vieilles idées ! Il paraissait si naturel d'écouter des propositions d'accommodement ! Il était surtout si aisé d'accéder à ces propositions, en conservant l'arrière-pensée de revenir à l'ancienne prérogative, sans manquer à la loyauté, et en s'appuyant uniquement sur la force des choses, qu'il y a beaucoup de franchise, beaucoup de noblesse, beaucoup de courage à dire aux Français : « Je ne puis vous rendre « heureux ; je ne puis, je ne dois régner que par la « constitution : je ne toucherai point à l'arche du « Seigneur ; j'attends que vous reveniez à la raison ; « j'attends que vous ayez conçu cette vérité si simple, « si évidente, et que vous vous obstinez cependant « à repousser ; c'est-à-dire, *qu'avec la même con-* « *stitution, je puis vous donner un régime tout* « *différent.* »

Oh! que le roi s'est montré sage, lorsqu'en disant aux Français : *Que leur antique et sage constitution était pour lui l'arche sainte, et qu'il lui était défendu d'y porter une main téméraire ;* il ajoute cependant : *Qu'il veut lui rendre toute sa pureté que le temps avait corrompue, et toute sa vigueur que le temps avait affaiblie.* Encore une fois, ces mots sont inspirés ; car on y lit clairement ce qui est au pouvoir de l'homme, séparé de ce qui n'appar tient qu'à Dieu. Il n'y a pas, dans cette déclaration trop peu méditée, un seul mot qui ne doive recommander le roi aux Français.

Il serait à désirer que cette nation impétueuse, qui ne sait revenir à la vérité qu'après avoir épuisé l'erreur, voulût enfin apercevoir une vérité bien palpable : c'est qu'elle est dupe et victime d'un petit nombre d'hommes qui se placent entre elle et son légitime souverain, dont elle ne peut attendre que des bienfaits. Mettons les choses au pis. *Le roi laissera tomber le glaive de la justice sur quelques parricides: il punira par des humiliations quelques nobles qui ont déplu :* eh ! que t'importe à toi, bon laboureur, artisan laborieux, citoyen paisible, qui que tu sois, à qui le ciel a donné l'obscurité et le bonheur ? Songe donc que tu formes, avec tes semblables, presque toute la nation ; et que le peuple entier ne souffre tous les maux de l'anarchie que parce qu'une poignée de misérables lui fait peur de son roi dont elle a peur.

Jamais peuple n'aura laissé échapper une plus belle occasion, s'il continue à rejeter son roi, puisqu'il s'expose à être dominé par force, au lieu de couronner lui-même son souverain légitime. Quel mérite il aurait auprès de ce prince! par quels efforts de zèle et d'amour le roi tâcherait de récompenser la fidélité de son peuple! Toujours le vœu national serait devant ses yeux pour l'animer aux grandes entreprises, aux travaux obstinés que la régénération de la France exige de son chef, et tous les moments de sa vie seraient consacrés au bonheur des Français.

Mais s'ils s'obstinent à repousser leur roi, savent-ils quel sera leur sort? Les Français sont aujourd'hui assez mûris par le malheur pour entendre une vérité dure : c'est qu'au milieu des accès de leur liberté fanatique, l'observateur froid est souvent tenté de s'écrier, comme Tibère : *O homines ad servitutem natos!* Il y a, comme on sait, plusieurs espèces de courage, et sûrement le Français ne les possède pas toutes. Intrépide devant l'ennemi, il ne l'est pas devant l'autorité, même la plus injuste. Rien n'égale la patience de ce peuple qui se dit *libre*. En cinq ans, on lui a fait accepter trois constitutions et le gouvernement révolutionnaire. Les tyrans se succèdent et toujours le peuple obéit. Jamais on n'a vu réussir un seul de ses efforts pour se tirer de sa nullité. Ses maîtres sont allés jusqu'à le foudroyer en se moquant de lui. Ils lui ont dit: *Vous croyez ne pas vouloir cette loi, mais soyez sûrs que vous la voulez. Si vous osez la refuser, nous tirerons sur vous à mitraille pour vous punir de ne vouloir pas ce que vous voulez.* — Et ils l'ont fait.

Il n'a tenu à rien que la nation française ne soit encore sous le joug affreux de Robespierre. Certes! elle peut bien se *féliciter*, mais non se *glorifier* d'avoir échappé à cette tyrannie; et je ne sais si les jours de sa servitude furent plus honteux pour elle que celui de son affranchissement.

L'histoire du neuf thermidor n'est pas longue : *Quelques scélérats firent périr quelques scélérats.*

Sans cette brouillerie de famille, les Français gémiraient encore sous le sceptre du comité de salut public.

Et qui sait encore à quoi ils sont réservés? Ils ont donné de telles preuves de patience, qu'il n'est aucun genre de dégradation qu'ils ne puissent craindre. Grande leçon, je ne dis pas pour le peuple français qui, plus que tous les peuples du monde, acceptera toujours ses maîtres et ne les choisira jamais, mais pour le petit nombre de bons Français que les circonstances rendront influents, de ne rien négliger pour arracher la nation à ces fluctuations avilissantes, en la jetant dans les bras de son roi. Il est homme sans doute, mais a-t-elle donc l'espérance d'être gouvernée par un ange? Il est homme, mais aujourd'hui on est sûr qu'il le sait, et c'est beaucoup. Si le vœu des Français le replaçait sur le trône de ses pères, il épouserait sa nation, qui trouverait tout en lui : bonté, justice, amour, reconnaissance, et des talents incontestables, mûris à l'école sévère du malheur (1).

Les Français ont paru faire peu d'attention aux paroles de paix qu'il leur a adressées. Ils n'ont pas loué sa déclaration, ils l'ont critiquée même, et probablement ils l'ont oubliée; mais un jour ils lui rendront justice : un jour la postérité nommera cette pièce comme un modèle de sagesse, de franchise et de style royal.

Le devoir de tout bon Français, en ce moment, est de travailler sans relâche à diriger l'opinion publique en faveur du roi, et de présenter tous ses actes quelconques sous un aspect favorable. C'est ici que les royalistes doivent s'examiner avec la dernière sévérité, et ne se faire aucune illusion. Je ne suis pas Français, j'ignore toutes les intrigues, je ne connais personne.

(1) Je renvoie au chapitre X l'article intéressant de l'amnistie.

Mais je suppose qu'un royaliste français dise : « Je « suis prêt à verser mon sang pour le roi : cependant, « sans déroger à la fidélité que je lui dois, je ne puis « m'empêcher de blâmer, etc. » Je réponds à cet homme ce que sa conscience lui dira sans doute plus haut que moi : *Vous mentez au monde et à vous-même ; si vous étiez capable de sacrifier votre vie au roi, vous lui sacrifieriez vos préjugés. D'ailleurs, il n'a pas besoin de votre vie, mais bien de votre prudence, de votre zèle mesuré, de votre dévouement passif, de votre indulgence même* (pour faire toutes les suppositions); *gardez votre vie dont il n'a que faire dans ce moment, et rendez-lui les services dont il a besoin ; croyez-vous que les plus héroïques soient ceux qui retentissent dans les gazettes? Les plus obscurs, au contraire, peuvent être les plus efficaces et les plus sublimes. Il ne s'agit point ici des intérêts de votre orgueil; contentez votre conscience et Celui qui vous l'a donnée.*

Comme ces fils qu'un enfant romprait en se jouant, formeront cependant par leur réunion le câble qui doit supporter l'ancre d'un vaisseau de haut bord, une foule de critiques insignifiantes peuvent créer une armée formidable. Combien ne peut-on pas rendre de services au roi de France, en combattant ces préjugés qui s'établissent on ne sait comment, et qui durent on ne sait pourquoi! Des hommes qui croient avoir l'âge de raison, n'ont-ils pas reproché au roi son inaction? D'autres ne l'ont-ils pas comparé fièrement à Henri IV, en observant que, pour conquérir sa couronne, ce grand prince put bien trouver d'autres armes que des intrigues et des déclarations? Mais, puisqu'on est en train d'avoir de l'esprit, pourquoi ne reproche-t-on pas au roi de n'avoir pas conquis l'Allemagne et l'Italie comme Charlemagne, pour y vivre noblement, en attendant que les Français veuillent bien entendre raison?

Quant au parti plus ou moins nombreux qui jette les hauts cris contre la monarchie et le monarque, tout n'est pas haine, à beaucoup près, dans le sentiment qui l'anime, et il semble que ce sentiment composé vaut la peine d'être analysé.

Il n'y a pas d'homme d'esprit en France qui ne se méprise plus ou moins. L'ignominie nationale pèse sur tous les cœurs (car jamais peuple ne fut méprisé par des maîtres plus méprisables); on a donc besoin de se consoler, et les bons citoyens le font à leur manière. Mais l'homme vil et corrompu, étranger à toutes les idées élevées, se venge de son abjection passée et présente, en contemplant avec cette volupté ineffable qui n'est connue que de la bassesse, le spectacle de la grandeur humiliée. Pour se relever à ses propres yeux, il les tourne sur le roi de France, et il est content de sa taille en se comparant à ce colosse renversé. Insensiblement, par un tour de force de son imagination déréglée, il parvient à regarder cette grande chute comme son ouvrage ; il s'investit à lui seul de toute la puissance de la république ; il apostrophe le roi ; il l'appelle fièrement *un prétendu Louis XVIII ;* et décochant sur la monarchie ses feuilles furibondes, s'il parvient à faire peur à quelques *chouans,* il s'élève comme un des héros de La Fontaine : *Je suis donc un foudre de guerre.*

Il faut aussi tenir compte de la peur qui hurle contre le roi, de peur que son retour ne fasse tirer un coup de fusil de plus.

Peuple français, ne te laisse point séduire par les sophismes de l'intérêt particulier, de la vanité ou de la poltronnerie. N'écoute pas les raisonneurs : on ne raisonne que trop en France, et *le raisonnement en bannit la raison.* Livre-toi sans crainte et sans réserve à l'instinct infaillible de ta conscience. Veux-tu te relever à tes propres yeux ? veux-tu acquérir le droit de t'estimer? veux-tu faire un acte de souverain?... Rappelle ton souverain.

Parfaitement étranger à la France, que je n'ai jamais vue, et ne pouvant rien attendre de son roi, que je ne connaîtrai jamais, si j'avance des erreurs, les Français peuvent au moins les lire sans colère, comme des erreurs entièrement désintéressées.

Mais que sommes-nous, faibles et aveugles humains! et qu'est-ce que cette lumière tremblotante que nous appelons *Raison?* Quand nous avons réuni toutes les probabilités, interrogé l'histoire, discuté tous les doutes et tous les intérêts, nous pouvons encore n'embrasser qu'une nue trompeuse au lieu de la vérité. Quel décret a-t-il prononcé ce grand Être devant qui il n'y a rien de grand; quels décrets a-t-il prononcés sur le roi, sur sa dynastie, sur sa famille, sur la France et sur l'Europe? Où et quand finira l'ébranlement, et par combien de malheurs devons-nous encore acheter la tranquillité? Est-ce pour détruire qu'il a renversé, ou bien ses rigueurs sont-elles sans retour? Hélas! un nuage sombre couvre l'avenir, et nul œil ne peut percer ces ténèbres. Cependant, tout annonce que l'ordre de choses établi en France ne peut durer, et que l'invincible nature doit ramener la monarchie.

Soit donc que nos vœux s'accomplissent, soit que l'inexorable Providence en ait décidé autrement, il est curieux et même utile de rechercher, en ne perdant jamais de vue l'histoire et la nature de l'homme, comment s'opèrent ces grands changements, et quel rôle pourra jouer la multitude dans un événement dont la date seule paraît douteuse.

CHAPITRE IX

COMMENT SE FERA LA CONTRE-RÉVOLUTION, SI ELLE ARRIVE?

—

En formant des hypothèses sur la contre-révolution, on commet trop souvent la faute de raisonner comme si cette contre-révolution devait être et ne pouvait être que le résultat d'une délibération populaire. *Le peuple craint,* dit-on ; *le peuple veut, le peuple ne consentira jamais ; il ne convient pas au peuple, etc.* Quelle pitié! le peuple n'est pour rien dans les révolutions, ou du moins il n'y entre que comme instrument passif. Quatre ou cinq personnes, peut-être, donneront un roi à la France. Des lettres de Paris annonceront aux provinces que la France a un roi, et les provinces crieront : *Vive le roi!* A Paris même, tous les habitants, moins une vingtaine, peut-être, apprendront, en s'éveillant, qu'ils ont un roi. *Est-il possible,* s'écrieront-ils, *voilà qui est d'une singularité rare? Qui sait par quelle porte il entrera? Il serait bon, peut-être, de louer des fenêtres d'avance, car on s'étouffera.* Le peuple, si la monarchie se rétablit, n'en décrétera pas plus le rétablissement qu'il n'en décréta la destruction ou l'établissement du gouvernement révolutionnaire.

Je supplie qu'on veuille bien appuyer sur ces réflexions, et je les recommande surtout à ceux qui croient la révolution impossible, parce qu'il y a trop de Français attachés à la république, et qu'un changement ferait souffrir trop de monde. *Silicet is superis labor est!* On peut certainement disputer la majorité à la république ; mais qu'elle l'ait ou qu'elle ne l'ait pas, c'est ce qui n'importe point du tout : l'enthousiasme et le fanatisme ne sont point des états durables. Ce degré d'éréthisme fatigue bientôt la nature humaine ; en sorte qu'à supposer même qu'un peuple, et surtout le peuple français, puisse vouloir une chose longtemps, il est sûr au moins qu'il ne saurait la vouloir avec passion. Au contraire, l'accès de fièvre l'ayant lassé, l'abattement, l'apathie, l'indifférence, succèdent toujours aux grands efforts de l'enthousiasme. C'est le cas où se trouve la France, qui ne désire plus rien avec passion, excepté le repos. Quand on supposerait donc que la république a la majorité en France (ce qui est indubitablement faux), qu'importe? Lorsque le roi se présentera, sûrement on ne comptera pas les voix, et personne ne remuera : d'abord par la raison que celui même qui préfère la république à la monarchie, préfère cependant le repos à la république ; et encore parce que les volontés contraires à la royauté ne pourront se réunir.

En politique, comme en mécanique, les théories trompent, si l'on ne prend en considération les différentes qualités des matériaux qui forment *les machines*. Au premier coup d'œil, par exemple, cette proposition paraît vraie : *Le consentement préalable des Français est nécessaire au rétablissement de la monarchie*. Cependant, rien n'est plus faux. Sortons des théories, et représentons-nous des faits.

Un courrier arrivé à Bordeaux, à Nantes, à Lyon, etc., apporte la nouvelle que *le roi est reconnu à Paris; qu'une faction quelconque (qu'on nomme ou qu'on ne nomme pas) s'est emparée de l'autorité, et a déclaré qu'elle ne la possède qu'au nom du roi : qu'on a dépêché un courrier au souverain, qui est attendu incessamment, et que de toutes parts on arbore la cocarde blanche.* La renommée s'empare de ces nouvelles, et les charge de mille circonstances imposantes. Que fera-t-on ? pour donner plus beau jeu à la république, je lui accorde la majorité, et même un corps de troupes républicaines. Ces troupes prendront, peut-être, dans le premier moment, une attitude mutine ; mais ce jour-là même elles voudront dîner, et commenceront à se détacher de la puissance qui ne paye plus. Chaque officier qui ne jouit d'aucune considération, et qui le sent très-bien, quoi qu'on en dise, voit tout aussi clairement, que le premier qui criera : *Vive le roi*, sera un grand personnage : l'amour-propre lui dessine, d'un crayon séduisant, l'image d'un général des armées de *Sa Majesté très-chrétienne*, brillant des signes honorifiques, et regardant du haut de sa grandeur ces hommes qui le mandaient naguère à la barre de la municipalité. Ces idées sont si simples, si naturelles, qu'elles ne peuvent échapper à personne : chaque officier le sent; d'où il suit qu'ils sont tous suspects les uns pour les autres. La crainte et la défiance produisent la délibération et la froideur. Le soldat, qui n'est pas électrisé par son officier, est encore plus découragé : le lien de la discipline reçoit ce coup inexplicable, ce coup magique qui le relâche subitement. L'un tourne les yeux vers le payeur royal qui s'avance; l'autre profite de l'instant pour rejoindre sa famille : on ne sait ni commander ni obéir; il n'y a plus d'ensemble.

C'est bien autre chose parmi les citadins : on va, on vient, on se heurte, on s'interroge : chacun redoute celui dont il aurait besoin, le doute consume les heures, et les minutes sont décisives : partout l'audace rencontre la prudence; le vieillard manque de détermination et le jeune homme de conseil : d'un côté sont des périls terribles, de l'autre une amnistie certaine et des grâces probables. Où sont d'ailleurs les moyens de résister? où sont les chefs? à qui se fier? Il n'y a pas de danger dans le repos, et le moindre mouvement peut être une faute irrémissible ; il faut donc attendre. On attend; mais le lendemain on reçoit l'avis qu'une telle ville de guerre a ouvert ses portes; raison de plus pour ne rien précipiter. Bientôt on apprend que la nouvelle était fausse; mais deux autres villes, qui l'ont crue vraie ont donné l'exemple, en croyant le recevoir, elles viennent de se soumettre, et déterminent la première, qui n'y songeait pas. Le gouverneur de cette place a présenté au roi les clefs de *sa bonne ville de*...... C'est le premier officier qui a eu l'honneur de le recevoir dans une citadelle de son royaume. Le roi l'a créé, sur la porte, maréchal de France; un brevet immortel a couvert son écusson *de fleurs de lis sans nombre;* son nom est à jamais le plus beau de la France. A chaque minute, le mouvement royaliste se renforce; bientôt il devient irrésistible. VIVE LE ROI! s'écrient l'amour et la fidélité, au comble de la joie : VIVE LE ROI! répond l'hypocrite républicain, au comble de la terreur. Qu'importe? il n'y a qu'un cri. — Et le roi est sacré.

Citoyens! voilà comment se font les contre-révolutions. Dieu, s'étant réservé la formation des souverainetés, nous en avertit en ne confiant jamais à la multitude le choix de ses maîtres. Il ne l'emploie, dans ces grands mouvements qui décident le sort des empires, que comme un instrument passif. Jamais elle n'obtient ce qu'elle veut : toujours elle accepte, jamais elle ne choisit. On peut même remarquer une *affectation* de la Providence (qu'on me permette cette expression), c'est que les efforts du peuple, pour atteindre un objet, sont précisément le moyen qu'elle emploie pour l'en éloigner. Ainsi, le peuple romain se donna des maîtres en croyant combattre l'aristocratie à la suite de César. C'est l'image de toutes les insurrections populaires. Dans la révolution française, le peuple a constamment été enchaîné, outragé, ruiné, mutilé par toutes les factions; et les factions, à leur tour, jouet les unes des autres, ont constamment dérivé, malgré tous leurs efforts, pour se briser enfin sur l'écueil qui les attendait.

Que si l'on veut savoir le résultat probable de la révolution française, il suffit d'examiner en quoi toutes les factions se sont réunies : toutes ont voulu l'avilissement, la destruction même du christianisme universel et de la monarchie; *d'où il suit* que tous leurs efforts n'aboutiront qu'à l'exaltation du christianisme et de la monarchie.

Tous les hommes qui ont écrit ou médité l'histoire, ont admiré cette force secrète qui se joue des conseils humains. Il était des nôtres ce grand capitaine de l'antiquité, qui l'honorait comme une puissance intelligente et libre, et qui n'entreprenait rien sans se recommander à elle (1).

Mais c'est surtout dans l'établissement et le renversement des souverainetés que l'action de la Providence

---

(1) *Nihil rerum humanarum sine Deorum numine geri putabat Timoleon; itaque suæ domi sacellum* Αὐτοματίας *constituerat, idque sanctissimè colebat.* Corn. Nep. *Vit. Timol.* cap. IV.

brille de la manière la plus frappante. Non-seulement les peuples en masse n'entrent dans ces grands mouvements que comme le bois et les cordages employés par un machiniste; mais leurs chefs même ne sont tels que pour les yeux étrangers : dans le fait, ils sont dominés comme ils dominent le peuple. Ces hommes, qui, pris ensemble, semblent les tyrans de la multitude, sont eux-mêmes tyrannisés par deux ou trois hommes, qui le sont par un seul. Et si cet individu unique pouvait et voulait dire son secret, on verrait qu'il ne sait pas lui-même comment il a saisi le pouvoir : que son influence est un plus grand mystère pour lui que pour les autres, et que des circonstances, qu'il n'a pu ni prévoir ni amener, ont tout fait pour lui et sans lui.

Qui eût dit au fier Henri V qu'une servante de cabaret lui arracherait le sceptre de la France? Les explications niaises qu'on a données de ce grand événement ne le dépouillent point de son merveilleux; et quoiqu'il ait été déshonoré deux fois, d'abord par l'absence et ensuite par la prostitution du talent, il n'est pas moins demeuré le seul sujet de l'histoire de France véritablement digne de la muse épique.

Croit-on que le *bras,* qui se servit d'un si faible

instrument, *soit raccourci;* et que le suprême ordonnateur des empires prenne l'avis des Français pour leur donner un roi ? Non : il choisira encore, comme il l'a toujours fait, *ce qu'il y a de plus faible pour confondre ce qu'il y a de plus fort.* Il n'a pas besoin des légions étrangères, il n'a pas besoin de la *coalition;* et comme il a maintenu l'intégrité de la France, malgré les conseils et la force de tant de princes, *qui sont devant ses yeux comme s'ils n'étaient pas,* quand le moment sera venu, il rétablira la monarchie française malgré ses ennemis; il chassera ces insectes bruyants *pulveris exigui jactu;* le roi viendra, verra et vaincra.

Alors on s'étonnera de la profonde nullité de ces hommes qui paraissaient si puissants. Aujourd'hui, il appartient aux sages de prévenir ce jugement, et d'être sûrs, avant que l'expérience l'ait prouvé, que les dominateurs de la France ne possèdent qu'un pouvoir factice et passager, dont l'excès même prouve le néant; *qu'ils n'ont été ni plantés, ni semés; que leur tronc n'a point jeté de racines dans la terre, et qu'un souffle les emportera comme la paille* (1).

C'est donc bien en vain que tant d'écrivains insistent

(1) Isaïe, XL, 24.

sur les inconvénients du rétablissement de la monarchie ; c'est en vain qu'ils effraient les Français sur les suites d'une contre-révolution ; et lorsqu'ils concluent, de ces inconvénients, que les Français, qui les redoutent, ne souffriront jamais le rétablissement de la monarchie, ils concluent très-mal ; car les Français ne délibèreront point, et c'est peut-être de la main d'une femmelette qu'ils recevront un roi.

Nulle nation ne peut se donner un gouvernement : seulement, lorsque tel ou tel droit existe dans sa constitution (1), et que ce droit est méconnu ou comprimé, quelques hommes, aidés de quelques circonstances, peuvent écarter les obstacles et faire reconnaître les droits du peuple : le pouvoir humain ne s'étend pas au delà.

Au reste, quoique la Providence ne s'embarrasse nullement de ce qu'il en doit coûter aux Français pour avoir un roi, il n'est pas moins très-important d'observer qu'il y a certainement erreur ou mauvaise foi de la part des écrivains qui font peur aux Français des maux qu'entraînerait le rétablissement de la monarchie.

(1) J'entends sa constitution *naturelle;* car sa constitution *écrite* n'est que du papier.

CHAPITRE X

DES PRÉTENDUS DANGERS D'UNE CONTRE-RÉVOLUTION.

§ Ier. — *Considérations générales.*

C'est un sophisme très-ordinaire à cette époque, d'insister sur les dangers d'une contre-révolution, pour établir qu'il ne faut pas en revenir à la monarchie.

Un grand nombre d'ouvrages destinés à persuader aux Français de s'en tenir à la république, ne sont qu'un développement de cette idée. Les auteurs de ces ouvrages appuient sur les maux inséparables des révolutions : puis, observant que la monarchie ne peut se rétablir en France sans une nouvelle révolution, ils en concluent qu'il faut maintenir la république.

Ce prodigieux sophisme, soit qu'il tire sa source de

la peur ou de l'envie de tromper, **mérite d'être soigneusement discuté.**

Les mots engendrent presque toutes les erreurs. On s'est accoutumé à donner le nom de *contre-révolution* au mouvement quelconque qui doit tuer la révolution ; et parce que ce mouvement sera contraire à l'autre, il faudrait conclure tout le contraire.

Se persuaderait-on, par hasard, que le retour de la maladie à la santé est aussi pénible que le passage de la santé à la maladie ? et que la monarchie, renversée par des monstres, doit être rétablie par leurs semblables ? Ah ! que ceux qui emploient ce sophisme lui rendent bien justice dans le fond de leur cœur ! Ils savent assez que les amis de la religion et de la monarchie ne sont capables d'aucun des excès dont leurs ennemis se sont souillés ; ils savent assez qu'en mettant tout au pis, et en tenant compte de toutes les faiblesses de l humanité, le parti opprimé renferme mille fois plus de vertus que celui des oppresseurs ! Ils savent assez que le premier ne sait ni se défendre ni se venger : souvent même ils se sont moqués de lui assez haut sur ce sujet.

Pour faire la révolution française, il a fallu renverser la religion, outrager la morale, violer toutes les propriétés, et commettre tous les crimes : pour cette œuvre diabolique, il a fallu employer un tel nombre d'hommes vicieux, que jamais peut-être autant de vices n'ont agi ensemble pour opérer un mal quelconque. Au contraire, pour rétablir l'ordre, le roi convoquera toutes les vertus ; il le voudra, sans doute ; mais, par la nature même des choses, il y sera forcé. Son intérêt le plus pressant sera d'allier la justice à la miséricorde ; es hommes estimables viendront d'eux-mêmes se placer aux postes où ils peuvent être utiles ; et la religion, prêtant son sceptre à la politique, lui donnera les forces qu'elle ne peut tenir que de cette sœur auguste.

Je ne doute pas qu'une foule d'hommes ne demandent qu'on leur montre le fondement de ces magnifiques espérances ; mais croit-on donc que le monde politique marche au hasard, et qu'il ne soit pas organisé, dirigé, animé par cette même sagesse qui brille dans le monde physique ? Les mains coupables qui renversent un état opèrent nécessairement des déchirements douloureux : car nul agent libre ne peut contrarier les plans du Créateur, sans attirer dans la sphère de son activité, des maux proportionnés à la grandeur de l'attentat ; et cette loi appartient plus **à la bonté du grand être qu'à sa justice.**

Mais lorsque l'homme travaille pour rétablir l'ordre, il s'associe avec l'auteur de l'ordre, il est favorisé par la *nature*, c'est-à-dire, par l'ensemble des causes secondes, qui sont les ministres de la Divinité. Son action a quelque chose de divin ; elle est tout à la fois douce et impérieuse ; elle ne force rien, et rien ne lui résiste : en disposant, elle rassainit : à mesure qu'elle opère, on voit cesser cette inquiétude, cette agitation pénible, qui est l'effet et le signe du désordre : comme, sous la main du chirurgien habile, le corps animal luxé est averti du replacement par la cessation de la douleur.

Français, c'est au bruit des chants infernaux, des blasphèmes de l'athéisme, des cris de mort et de longs gémissements de l'innocence égorgée, c'est à la lueur des incendies, sur les débris du trône et des autels, arrosés par le sang du meilleur des rois et par celui d'une foule innombrable d'autres victimes ; c'est au mépris des mœurs et de la foi publique, c'est au milieu de tous les forfaits, que vos séducteurs et vos tyrans ont fondé ce qu'ils appellent *votre liberté*.

C'est au nom du Dieu TRÈS-GRAND ET TRÈS-BON, à la suite des hommes qu'il aime et qu'il inspire, et sous l'influence de son pouvoir créateur, que vous reviendrez à votre ancienne constitution, et qu'un roi vous donnera la seule chose que vous deviez désirer sagement, *la liberté par le monarque.*

Par quel déplorable aveuglement vous obstinez-vous à lutter péniblement contre cette puissance qui annule tous vos efforts pour vous avertir de sa présence? Vous n'êtes impuissants que parce que vous avez osé vous séparer d'elle, et même la contrarier : du moment où vous agirez de concert avec elle, vous participerez en quelque manière à sa nature ; tous les obstacles s'aplaniront devant vous, et vous rirez des craintes puériles qui vous agitent aujourd'hui. Toutes les pièces de la machine politique ayant une tendance naturelle vers la place qui leur est assignée, cette tendance, qui est divine, favorisera tous les efforts du roi ; et l'ordre étant l'élément naturel de l'homme, vous y trouverez le bonheur que vous cherchez vainement dans le désordre. La révolution vous a fait souffrir, parce qu'elle fut l'ouvrage de tous les vices, et que les vices sont très-justement les bourreaux de l'homme. Par la raison contraire, le retour à la monarchie, loin de produire les maux que vous craignez pour l'avenir, fera cesser ceux qui vous consument aujourd'hui; tous vos efforts seront positifs vous ne détruirez que la destruction.

Détrompez-vous une fois de ces doctrines désolantes, qui ont déshonoré notre siècle et perdu la France. Déjà vous avez appris à connaître les prédicateurs de ces dogmes funestes; mais l'impression qu'ils ont faite sur vous n'est pas effacée. Dans tous vos plans de création et de restauration, vous n'oubliez que Dieu; ils vous ont séparés de lui : ce n'est plus que par un effort de raisonnement que vous élevez vos pensées jusqu'à la source intarissable de toute existence. Vous ne voulez voir que l'homme; son action si faible, si dépendante, si circonscrite; sa volonté si corrompue, si flottante : et l'existence d'une cause supérieure n'est pour vous qu'une théorie. Cependant elle vous presse, elle vous environne : vous la touchez, et l'univers entier l'annonce. Quand on vous dit que sans elle vous ne serez forts que pour détruire, ce n'est point une vaine théorie qu'on vous débite, c'est une vérité pratique fondée sur l'expérience de tous les siècles, et sur la connaissance de la nature humaine. Ouvrez l'histoire, vous ne verrez pas une création politique; que dis-je! vous ne verrez pas une institution quel**conque**, pour peu qu'elle ait de force et de durée, qui ne repose sur une idée divine; de quelque nature qu'elle soit, n'importe : car il n'est point de système religieux entièrement faux. Ne nous parlez donc plus des difficultés et des malheurs qui vous alarment sur les suites de ce que vous appelez *contre-révolution*. Tous les malheurs que vous avez éprouvés viennent de vous; pourquoi n'auriez-vous pas été blessés par les ruines de l'édifice que vous avez renversé sur vous-mêmes? La reconstruction est un autre ordre de choses; rentrez seulement dans la voie qui peut vous y conduire. Ce n'est pas par le chemin du néant que vous arriverez à la création.

Oh! qu'ils sont coupables ces écrivains trompeurs ou pusillanimes, qui se permettent d'effrayer le peuple de ce vain épouvantail qu'on appelle *contre-révolution!* qui, tout en convenant que la révolution fut un fléau épouvantable, soutiennent cependant qu'il est impossible de revenir en arrière. Ne dirait-on pas que les maux de la révolution sont terminés, et que les Français sont arrivés au port? Le règne de Robespierre a tellement écrasé ce peuple, a tellement frappé son imagination, qu'il tient pour supportable et presque pour heureux tout état de choses où l'on n'égorge pas sans interruption. Durant la ferveur du terrorisme, les étrangers remarquaient que toutes les lettres de France qui racontaient les scènes affreuses de cette cruelle époque, finissaient par ces mots : *A présent on est tranquille,* c'est-à-dire *les bourreaux se reposent; ils reprennent des forces; en attendant tout va bien.* Ce sentiment a survécu au régime infernal qui l'a produit. Le Français, pétrifié par la terreur, et découragé par les erreurs de la politique étrangère, s'est renfermé dans un égoïsme qui ne lui permet plus de voir que lui-même, et le lieu et le moment où il existe : on assassine en cent endroits de la France ; n'importe, car ce n'est pas lui qu'on a pillé ou massacré : si c'est dans sa rue, à côté de chez lui qu'on ait commis quelqu'un de ces attentats ; qu'importe encore ? Le moment est passé ; *maintenant tout est tranquille :* il doublera ses verrous, et n'y pensera plus : en un mot, tout Français est suffisamment heureux le jour où on ne le tue pas.

Cependant les lois sont sans vigueur, le gouvernement reconnaît son impuissance pour les faire exécuter ; les crimes les plus infâmes se multiplient de toutes parts ; le démon révolutionnaire relève fièrement la tête ; la constitution n'est qu'une toile d'araignée, et le pouvoir se permet d'horribles attentats. Le mariage n'est qu'une prostitution légale ; il n'y a plus d'autorité paternelle, plus d'effroi pour le crime, plus d'asile pour l'indigence. Le hideux suicide dénonce au gouvernement le désespoir des malheureux qui l'accusent. Le peuple se démoralise de la manière la plus effrayante; et l'abolition du culte, jointe à l'absence totale d'éducation publique, prépare à la France une génération dont l'idée seule fait frissonner.

Lâches optimistes! voilà donc l'ordre de choses que vous craignez de voir changer! Sortez, sortez de votre malheureuse léthargie! au lieu de montrer au peuple les maux imaginaires qui doivent résulter d'un changement, employez vos talents à lui faire désirer la commotion douce et rassainissante, qui ramènera le roi sur son trône, et l'ordre dans la France.

Montrez-nous, hommes trop préoccupés, montrez-nous ces maux si terribles, dont on vous menace pour vous dégoûter de la monarchie ; ne voyez-vous pas que vos institutions républicaines n'ont point de racines, et qu'elles ne sont que *posées* sur votre sol, au lieu que les précédentes y étaient *plantées*. Il a fallu la hache pour renverser celles-ci ; les autres céderont à un souffle et ne laisseront point de traces. Ce n'est pas tout à fait la même chose, sans doute, d'ôter à un président à mortier sa dignité hériditaire qui était une propriété, ou de faire descendre de son siége un juge temporaire qui n'a point de dignité. La révolution a beaucoup fait souffrir, parce qu'elle a beaucoup détruit; parce qu'elle a violé brusquement et durement toutes les propriétés, tous les préjugés et toutes les coutumes ; parce que toute tyrannie plébéienne étant, de sa nature, fougueuse, insultante, impitoyable, celle qui a opéré la révolution française a dû pousser ce caractère à l'excès, l'univers n'ayant jamais vu de tyrannie plus basse et plus absolue.

L'opinion est la fibre sensible de l'homme ; on lui fait pousser les hauts cris quand on le blesse dans cet endroit ; c'est ce qui a rendu la révolution si douloureuse, parce qu'elle a foulé aux pieds toutes les grandeurs d'opinion. Or quand le rétablissement de la monarchie causerait à un aussi grand nombre d'hommes les mêmes privations réelles, il y aurait toujours une différence immense, en ce qu'elle ne détruirait aucune dignité ; car il n'y a point de dignité en France, par la raison qu'il n'y a point de souveraineté.

Mais, à ne considérer même que les privations phy

siques, la différence ne serait pas moins frappante. La puissance usurpatrice immolait les innocents; le roi pardonnera aux coupables; l'une abolissait les propriétés légitimes; l'autre réfléchira sur les propriétés illégitimes. L'une a pris pour devise : *Diruit, œdificat, mutat quadrata rotundis*. Après sept ans d'efforts, elle n'a pu encore organiser une école primaire ou une fête champêtre : il n'est pas jusqu'à ses partisans qui ne se moquent de ses lois, de ses emplois, de ses institutions, de ses fêtes, et même de ses habits : l'autre, bâtissant sur une base vraie, ne tâtonnera point, une force inconnue présidera à ses actes; elle n'agira que pour restaurer : or, toute action régulière ne tourmente que le mal.

C'est encore une grande erreur d'imaginer que le peuple ait quelque chose à perdre au rétablissement de la monarchie ; car le peuple n'a gagné qu'en idée au bouleversement général : *Il a droit à toutes les places*, dit-on; qu'importe? Il s'agit de savoir ce qu'elles valent. Ces places, dont on fait tant de bruit et qu'on offre au peuple comme une grande conquête, ne sont rien dans le fait au tribunal de l'opinion; l'état militaire même, honorable en France par-dessus tous les autres, a perdu son éclat : il n'a plus de grandeur d'opinion, et la paix l'abaissera encore On menace les militaires du rétablissement de la monarchie, et personne n'y a plus d'intérêt qu'eux. Il n'y a rien de si évident que la nécessité où sera le roi de les maintenir à leur poste; et il dépendra d'eux plus tôt ou plus tard, de changer cette nécessité de politique en nécessité d'affection, de devoir et de reconnaissance. Par une combinaison extraordinaire de circonstances, il n'y a rien dans eux qui puisse choquer l'opinion la plus royaliste. Personne n'a droit de les mépriser, puisqu'ils ne combattent que pour la France : il n'y a entre eux et 'e roi aucune barrière de préjugés capable de gêner ses devoirs : il est Français avant tout. Qu'ils se souviennent de Jacques II, durant le combat de la *Hogue,* applaudissant, du bord de la mer, à la valeur de ces Anglais qui achevaient de le détrôner : pourraient-ils douter que le roi ne soit fier de leur valeur, et ne les regarde dans son cœur comme les défenseurs de l'intégrité de son royaume ? N'a-t-il pas applaudi publiquement à cette valeur, en regrettant (il le fallait bien) *qu'elle ne se déployât pas pour une meilleure cause ?* N'a-t-il pas félicité les braves de l'armée de Condé *d'avoir vaincu des haines que l'artifice le plus profond travaillait depuis si longtemps à nourrir* (1)? Les militaires français, après leurs victoires, n'ont plus qu'un besoin ; c'est que la souveraineté légitime vienne légitimer leur caractère ; maintenant on les craint et on les méprise. La plus profonde insouciance est le prix de leurs travaux, et leurs concitoyens sont les hommes de l'univers les plus indifférents aux triomphes de l'armée ; ils vont souvent jusqu'à détester ces victoires qui nourrissent l'humeur guerrière de leurs maîtres. Le rétablissement de la monarchie donnera subitement aux militaires une haute place dans l'opinion ; les talents recueilleront sur leur route une dignité réelle, une illustration toujours croissante, qui sera la propriété des guerriers, et qu'ils transmettront à leurs enfants ; cette gloire pure, cet éclat tranquille, vaudront bien les mentions honorables, et l'ostracisme de l'oubli qui a succédé à l'échafaud.

Si l'on envisage la question sous un point de vue plus général, on trouvera que la monarchie est, sans contredit, le gouvernement qui donne le plus de distinction à un plus grand nombre de personnes. La souveraineté, dans cette espèce de gouvernement,

(1) Lettre du roi au prince de Condé, du 3 janvier 1797, imprimée dans tous les papiers publics.

possède assez d'éclat pour en communiquer une partie avec les gradations nécessaires, à une foule d'agents qu'elle distingue plus ou moins. Dans la république, la souveraineté n'est point palpable comme dans la monarchie; c'est un être purement moral, et sa grandeur est incommunicable : aussi les emplois ne sont rien dans les républiques hors de la ville où réside le gouvernement; et ils ne sont rien encore qu'en tant qu'ils sont occupés par des membres du gouvernement; alors c'est l'homme qui honore l'emploi, ce n'est point l'emploi qui honore l'homme : celui-ci ne brille point comme *agent,* mais comme *portion* du souverain.

On peut voir dans les provinces qui obéissent à des républiques que les emplois (si l'on excepte ceux qui sont réservés aux membres du souverain) élèvent très-peu les hommes aux yeux de leurs semblables, et ne signifient presque rien dans l'opinion; car la république, par sa nature, est le gouvernement qui donne le plus de droits au plus petit nombre d'hommes qu'on appelle *le souverain,* et qui en ôte le plus à tous les autres qu'on appelle les *sujets.*

Plus la république approchera de la démocratie pure, et plus l'observation sera frappante.

Qu'on se rappelle cette foule innombrable d'emplois (en faisant même abstraction de toutes les places abusives) que l'ancien gouvernement de France présentait à l'ambition universelle. Le clergé séculier et régulier, l'épée, la robe, le finances, l'administration, etc., que de portes ouvertes à tous les talents et à tous les genres d'ambition Quelles gradations incalculables de distinction personnelles! De ce nombre infini de places, aucune n'était mise par le droit au-dessus des prétentions du simple citoyen (1) : il y en avait même une quantité énorme qui étaient des propriétés précieuses, qui faisaient réellement du propriétaire un *notable*, et qui n'appartenaient exclusivement qu'au tiers état.

Que les premières places fussent de plus difficile abord au simple citoyen, c'était une chose très-raisonnable. Il y a trop de mouvement dans l'état, et pas assez de subordination, lorsque *tous* peuvent prétendre à *tout*. L'ordre exige qu'en général les emplois soient gradués comme l'état des citoyens, et que les talents, et quelquefois même la simple protection, abaissent

---

(1) La fameuse loi qui excluait le tiers état du service militaire, ne pouvait être exécutée; c'était simplement une gaucherie ministérielle, dont la passion a parlé comme d'une loi fondamentale.

les barrières qui séparent les différentes classes. De cette manière, il y a émulation sans humiliation, et mouvement sans destruction ; la distinction attachée à un emploi n'est même produite, comme le mot le dit, que par la difficulté plus ou moins grande d'y parvenir.

Si l'on objecte que ces distinctions sont mauvaises, on change l'état de la question ; mais je dis : Si vos emplois n'élèvent point ceux qui les possèdent, ne vous vantez pas de les donner à tout le monde ; car vous ne donnerez rien. Si, au contraire, les emplois sont et doivent être des distinctions, je répète ce qu'aucun homme de bonne foi ne pourra me nier, que la monarchie est le gouvernement qui, par les seules charges, et indépendamment de la noblesse, *distingue* un plus grand nombre d'hommes du reste de leurs concitoyens.

Il ne faut pas être la dupe, d'ailleurs, de cette égalité idéale qui n'est que dans les mots. Le soldat qui a le privilége de parler à son officier avec un ton grossièrement familier, n'est pas pour cela son égal. L'aristocratie des places, qu'on ne pouvait apercevoir d'abord dans le bouleversement général, commence à se former ; la noblesse même reprend son indestructible influence. Les troupes de terre et de mer sont déjà commandées en partie par des gentilshommes, ou par des élèves que l'ancien régime avait ennoblis en les agrégeant à une profession noble. La république a même obtenu par eux ses plus grands succès. Si la délicatesse, peut-être malheureuse, de la noblesse française ne l'avait pas écartée de la France, elle commanderait déjà partout ; et c'est une chose assez commune d'y entendre dire : *Que si la noblesse avait voulu, on lui aurait donné tous les emplois.* Certes, au moment où j'écris (4 janvier 1797) la république voudrait bien avoir sur ses vaisseaux les nobles qu'elle a fait massacrer à Quiberon.

Le peuple, ou la masse des citoyens, n'a donc rien à perdre ; et, au contraire, il a tout à gagner au rétablissement de la monarchie, qui ramènera une foule de distinctions réelles, lucratives et même héréditaires, à la place des emplois passagers et sans dignité que donne la république.

Je n'ai point insisté sur les émoluments attachés aux places, puisqu'il est notoire que la république ne paie point ou paie mal. Elle n'a produit que des fortunes scandaleuses : le vice seul s'est enrichi à son service.

Je terminerai cet article par des observations qui prouvent clairement (ce me semble) que le danger qu'on voit dans la contre-révolution, se trouve précisément dans le retard de ce grand changement.

La famille des Bourbons ne peut être atteinte par les chefs de la république : elle existe; ses droits sont visibles, et son silence parle plus haut, peut-être, que tous les manifestes possibles.

C'est une vérité qui saute aux yeux, que la république française, même depuis qu'elle semble avoir adouci ses maximes, ne peut avoir de véritables alliés. Par sa nature, elle est ennemie de tous les gouvernements : elle tend à les détruire tous; en sorte que tous ont un intérêt à la détruire. La politique peut sans doute donner des alliés à la république (1) : mais ces alliances sont contre nature, ou, si l'on veut, la *France* a des alliés, mais *la république française* n'en a point.

Amis et ennemis s'accorderont toujours pour donner

---

(1) *Scimus, et hanc veniam petimusque damusque vicissim,*
   Sed non ut placidis coeant immitia, non ut
   Serpentes avibus geminentur, tigribus agni.

C'est ce que certains cabinets peuvent dire de mieux à l'Europe qui les interroge.

un roi à la France. On cite souvent le succès de la révolution anglaise dans le dernier siècle; mais quelle différence! La monarchie n'était pas renversée en Angleterre. Le monarque seul avait disparu pour faire place à un autre. Le sang même des Stuarts était sur le trône; et c'était de lui que le nouveau roi tenait son droit. Ce roi était de son chef un prince fort de toute la puissance de sa maison et de ses relations de famille. Le gouvernement d'Angleterre n'avait d'ailleurs rien de dangereux pour les autres, c'était une monarchie comme avant la révolution : cependant, il s'en fallut de bien peu que Jacques II ne retînt le sceptre; et s'il avait eu un peu plus de bonheur ou seulement un peu plus d'adresse, il ne lui aurait point échappé; et quoique l'Angleterre eût un roi, quoique les préjugés religieux se réunissent aux préjugés politiques pour exclure le prétentant, quoique la situation seule de ce royaume le défendît contre une invasion; néanmoins, jusqu'au milieu de ce siècle, le danger d'une seconde révolution a pesé sur l'Angleterre. Tout a tenu, comme or sait, à la bataille de *Culloden*.

En France, au contraire, le gouvernemen n'est pas monarchique; il est même l'ennemi de toutes les monarchies environnantes ; ce n'est point un prince qui commande ; et si jamais l'État est attaqué, il n'y a pas d'apparence que les parents étrangers des pentarques lèvent des troupes pour les défendre. La France sera donc dans un danger habituel de guerre civile : et ce danger aura deux causes constantes ; car elle aura sans cesse à redouter les justes droits des Bourbons, ou la politique astucieuse des autres puissances qui pourraient essayer de mettre à profit les circonstances. Tant que le trône de France sera occupé par le souverain légitime, nul prince dans l'univers ne peut songer à s'en emparer ; mais, tant qu'il est vacant, toutes les ambitions royales peuvent le convoiter et se heurter. D'ailleurs, le pouvoir est à la portée de tout le monde, depuis qu'il est placé dans la poussière. Le gouvernement régulier exclut une infinité de projets ; mais, sous l'empire d'une souveraineté fausse, il n'y a point de projets chimériques ; toutes les passions sont déchaînées, et toutes ont des espérances fondées. Les poltrons qui repoussent le roi, de peur de la guerre civile, en préparent justement les matériaux. C'est parce qu'ils veulent follement *le repos et la constitution,* qu'ils n'auront ni le repos ni la constitution. Il n'y a point de sécurité parfaite pour la France dans l'état où elle est. Le roi seul, et le roi légitime, en élevant du haut de son trône le sceptre de Charlemagne, peut éteindre ou désarmer toutes les haines, tromper tous les projets sinistres, classer les ambitions en classant les hommes, calmer les esprits agités, et créer subitement autour du pouvoir cette enceinte magique qui en est la véritable gardienne.

Il est encore une réflexion qui doit être sans cesse devant les yeux des Français qui font portion des autorités actuelles, et que leur position met à même d'influer sur le rétablissement de la monarchie. Les plus estimables de ces hommes ne doivent point oublier qu'ils seront entraînés, plus tôt ou plus tard, par la force des choses; que le temps fuit, et que la gloire leur échappe. Celle dont ils peuvent jouir est une gloire de comparaison : ils ont fait cesser les massacres ; ils ont tâché de sécher les larmes de la nation : ils brillent, parce qu'ils ont succédé aux plus grands scélérats qui aient souillé ce globe ; mais lorsque cent causes réunies auront relevé le trône, l'*amnistie*, dans la force du terme, sera pour eux; et leurs noms, à jamais obscurs, demeureront ensevelis dans l'oubli. Qu'ils ne perdent donc jamais de vue l'auréole immortelle qui doit environner les noms des restaurateurs de la monarchie. Toute insurrection du peuple contre les nobles n'aboutissant jamais qu'à une création de nouveaux nobles, on voit déjà comment se formeront ces nouvelles races, dont les circonstances hâteront l'illustration, et qui, dès leur berceau, pourront prétendre à tout.

§ II. — *Des biens nationaux.*

On effraye les Français de la restitution des biens nationaux ; on accuse le roi de n'avoir osé toucher, dans sa déclaration, à cet article délicat. On pourrait dire à une très-grande partie de la nation : Que vous importe ? et ce ne serait peut-être pas tant mal répondre. Mais pour n'avoir pas l'air d'éviter les difficultés, il vaut mieux observer que l'intérêt visible de la France, en général, à l'égard des biens nationaux, et même l'intérêt bien entendu des acquéreurs de ces biens, en particulier, s'accorde avec le rétablissement de la monarchie. Le brigandage exercé à l'égard de ces biens frappe la conscience la plus insensible. Personne ne croit à la légitimité de ces acquisitions ; et celui même qui déclame le plus éloquemment sur ce sujet, dans le sens de la législation actuelle, s'empresse de revendre pour assurer son gain. On n'ose pas jouir pleinement ; et plus les esprits se refroidiront, moins on osera dépenser sur ces fonds. Les bâtiments dépériront, et l'on n'osera de longtemps en élever de nouveaux : les avances seront faibles ; le capital de la France dépérira considérablement. Il y a déjà beaucoup de mal dans ce genre, et ceux qui ont pu réfléchir sur les abus des *décrets,* doivent comprendre ce que c'est qu'un décret jeté sur le tiers, peut-être du plus puissant royaume de l'Europe.

Très-souvent, dans le sein du corps législatif, on a tracé des tableaux frappants de l'état déplorable de ces biens. Le mal ira toujours en augmentant, jusqu'à ce que la conscience publique n'ait plus de doute sur la solidité de ces acquisitions ; mais quel œil peut apercevoir cette époque ?

A ne considérer que les possesseurs, le premier danger pour eux vient du gouvernement. Qu'on ne s'y trompe pas, il ne lui est point égal de prendre ici ou là : le plus injuste qu'on puisse imaginer, ne demandera pas mieux que de remplir ses coffres en se faisant le moins d'ennemis possible. Or, on sait à quelles conditions les acheteurs ont acquis ; on sait de quelles manœuvres infâmes, de quel *agio* scandaleux ces biens ont été l'objet. Le vice primitif et continué de l'acquisition est indélébile à tous les yeux ; ainsi le gouvernement français ne peut ignorer qu'en pressurant ces acquéreurs, il aura l'opinion publique pour lui, et qu'il ne sera injuste que pour eux ; d'ailleurs, dans les gouvernements populaires, même légitimes, l'injustice n'a point de pudeur ; on peut juger de ce qu'elle sera en France, où le gouvernement, variable comme les personnes, et manquant d'identité, ne croit jamais revenir sur son propre ouvrage en renversant ce qui est fait.

Il tombera donc sur les biens nationaux dès qu'il pourra. Fort de la conscience, et (ce qu'il ne faut pas oublier) de la jalousie de tous ceux qui n'en possèdent pas, il tourmentera les possesseurs, ou par de nouvelles ventes modifiées d'une certaine manière, ou par des appels généraux en supplément de prix, ou par des impôts extraordinaires ; en un mot, ils ne seront jamais tranquilles.

Mais tout est stable sous un gouvernement stable ; en sorte qu'il importe même aux acquéreurs des biens nationaux que la monarchie soit rétablie, pour savoir à quoi s'en tenir. C'est bien mal à propos qu'on a reproché au roi de n'avoir pas parlé clair sur ce point dans sa déclaration : il ne pouvait le faire sans une extrême imprudence. Une loi sur ce point ne sera peut-être pas, quand il en sera temps, le tour de force de la législation.

Mais il faut se rappeler ici ce que j'ai dit dans le chapitre précédent; les convenances de telle ou telle classe d'individus n'arrêteront point la contre-révolution. Tout ce que je prétends prouver, c'est qu'il leur importe que le petit nombre d'hommes qui peut influer sur ce grand événement, n'attende pas que les abus accumulés de l'anarchie le rendent inévitable, et l'amènent brusquement; car plus le roi sera nécessaire, et plus le sort de tous ceux qui ont gagné à la révolution doit être dur.

§ II. — *Des Vengeances.*

Un autre épouvantail, dont on se sert pour faire redouter aux Français le retour de leur roi, ce sont les vengeances dont ce retour doit être accompagné.

Cette objection, comme les autres, est surtout faite

par des hommes d'esprit qui n'y croient point ; il est cependant bon de la discuter en faveur des honnêtes gens qui la croient fondée.

Nombre d'écrivains royalistes ont repoussé, comme une insulte, ce désir de vengeance qu'on suppose à leur parti ; un seul va parler pour tous : je le cite pour mon plaisir et pour celui de mes lecteurs. On ne m'accusera pas de le choisir parmi les royalistes à la glace.

« Sous l'empire d'un pouvoir illégitime, les plus
« horribles vengeances sont à craindre ; car qui aurait
« le droit de les réprimer ? La victime ne peut invo-
« quer à son aide l'autorité des lois qui n'existent
« pas, et d'un gouvernement qui n'est que l'œuvre
« du crime et de l'usurpation.

« Il en est tout autrement d'un gouvernement assis
« sur ses bases sacrées, antiques, légitimes ; il a le
« droit d'étouffer les plus justes vengeances, et de punir
« à l'instant du glaive des lois quiconque se livre plus
« au sentiment de la nature qu'à celui de ses devoirs.

« **Un gouvernement légitime a seul le droit de**
« **proclamer l'amnistie et les moyens de la faire**
« **observer.**

« Alors, il est démontré que le plus parfait, le plus

« pur des royalistes, le plus grièvement outragé dans
« ses parents, dans ses propriétés, doit être puni
« de mort, sous un gouvernement légitime, s'il ose
« venger lui-même ses propres injures, quand le roi
« lui en a commandé le pardon.

« C'est donc sous un gouvernement fondé sur nos
« lois que l'amnistie peut être sûrement accordée,
« et qu'elle peut être sévèrement observée.

« Ah! sans doute, il serait facile de discuter jusqu'à
« quel point le droit du roi peut étendre une amnistie.
« Les exceptions que prescrit le premier de ses devoirs
« sont bien évidentes. Tout ce qui fut teint du sang
« de Louis XVI n'a de grâce à espérer que de Dieu;
« mais qui oserait ensuite tracer d'une main sûre les
« limites où doivent s'arrêter l'amnistie et la clémence
« du roi? Mon cœur et ma plume s'y refusent égale-
« ment. Si quelqu'un ose jamais écrire sur un pareil
« sujet, ce sera, sans doute, cet homme rare et
« unique peut-être, s'il existe, qui lui-même n'a
« jamais failli dans le cours de cette horrible révolu-
« tion, et dont le cœur, aussi pur que la conduite,
« n'eut jamais besoin de grâce (1). »

(1) *Observations sur la conduite des puissances coalisées*, par M. le comte d'Antraigues; avant-propos, pag. xxxiv et suiv.

La raison et le sentiment ne sauraient s'exprimer avec plus de noblesse. Il faudrait plaindre l'homme qui ne reconnaîtrait pas, dans ce morceau, l'accent de la conviction.

Dix mois après la date de cet écrit, le roi a prononcé dans sa déclaration ce mot si connu et si digne de l'être : *Qui oserait se venger quand le roi pardonne ?*

Il n'a excepté de l'amnistie que ceux qui votèrent la mort de Louis XVI, les coopérateurs, les instruments directs et immédiats de son supplice, et les membres du tribunal révolutionnaire qui envoya à l'échafaud la reine et madame Élisabeth. Cherchant même à restreindre l'anathème à l'égard des premiers, autant que la conscience et l'honneur le lui permettaient, il n'a point mis au rang des parricides ceux dont il est permis de croire *qu'ils ne se mêlèrent aux assassins de Louis XVI que dans le dessein de le sauver.*

A l'égard même *de ces monstres, que la postérité ne nommera qu'avec horreur,* le roi s'est contenté de dire, avec autant de mesure que de justice, *que la France entière appelle sur leurs têtes le glaive de la justice.*

Par cette phrase, il n'est point privé du droit de faire grâce en particulier : c'est aux coupables à voir ce qu'ils pourraient mettre dans la balance pour faire équilibre à leur forfait. Monk se servit d'Ingolsby pour arrêter Lambert. On peut faire encore mieux qu'Ingolsby.

J'observerai de plus, sans prétendre affaiblir la juste horreur qui est due aux meurtriers de Louis XVI, qu'aux yeux de la justice divine tous ne sont pas également coupables. Au moral, comme au physique, la force de la fermentation est en raison des masses fermentantes. Les soixante-dix juges de Charles Ier étaient bien plus maîtres d'eux-mêmes que les juges de Louis XVI. Il y eut certainement parmi ceux-ci des coupables bien délibérés, qu'il est impossible de détester assez ; mais ces grands coupables avaient eu l'art d'exciter une telle terreur, ils avaient fait sur les esprits moins vigoureux une telle impression, que plusieurs députés, je n'en doute nullement, furent privés d'une partie de leur libre arbitre. Il est difficile de se former une idée nette du délire indéfinissable et surnaturel qui s'empara de l'assemblée à l'époque du jugement de Louis XVI. Je suis persuadé que plusieurs des coupables, en se rappelant cette funeste époque, croient avoir fait un mauvais rêve; qu'ils sont tentés de douter de ce qu'ils ont fait, et qu'ils s'expliquent moins à eux-mêmes que nous ne pouvons les expliquer.

Ces coupables, fâchés et surpris de l'être, devraient tâcher de faire leur paix.

Au surplus, ceci ne regarde qu'eux; car la nation serait bien vile, si elle regardait comme un inconvénient de la contre-révolution, la punition de pareils hommes: mais pour ceux mêmes qui auraient une faiblesse, on peut observer que la Providence a déjà commencé la punition des coupables: plus de soixante régicides, parmi les plus coupables, ont péri de mort violente; d'autres périront sans doute, ou quitteront l'Europe avant que la France ait un roi; très-peu tomberont entre les mains de la justice.

Les Français parfaitement tranquilles sur les vengeances judiciaires, doivent l'être de même sur les vengeances particulières: ils ont à cet égard les protestations les plus solennelles; ils ont la parole de leur roi; il ne leur est pas permis de craindre.

Mais, comme il faut parler à tous les esprits et prévenir toutes les objections; comme il faut répondre, même à ceux qui ne croient point à l'honneur et à la foi, il faut prouver que les vengeances particulières ne sont pas possibles.

Le souverain le plus puissant n'a que deux bras ; il n'est fort que par les instruments qu'il emploie, et que l'opinion lui soumet. Or quoiqu'il soit évident que le roi, après la restauration supposée, ne cherchera qu'à pardonner, faisons, pour mettre les choses au pis, une supposition toute contraire. Comment s'y prendrait-il s'il voulait exercer des vengeances arbitraires? L'armée française, telle que nous la connaissons, serait-elle un instrument bien souple entre ses mains? L'ignorance et la mauvaise foi se plaisent à représenter ce roi futur comme un Louis XIV, qui, semblable au Jupiter d'Homère, n'avait qu'à froncer le sourcil pour ébranler la France. On ose à peine prouver combien cette supposition est fausse. Le pouvoir de la souveraineté est tout moral ; elle commande vainement, si ce pouvoir n'est pas pour elle ; et il faut le posséder dans sa plénitude pour en abuser. Le roi de France qui montera sur le trône de ses ancêtres, n'aura pas sûrement l'envie de commencer par des abus ; et, s'il l'avait, elle serait, vaine ; parce qu'il ne serait pas assez fort pour la contenter. Le bonnet rouge, en touchant le front royal, a fait disparaître les traces de l'huile sainte : le charme est rompu, de longues profanations ont détruit l'empire divin des préjugés nationaux : et longtemps encore, pendant que la froide raison courbera les corps, les esprits resteront debout. On fait semblant de craindre que le nouveau roi de France ne sévisse contre ses ennemis ; l'infortuné ! pourra-t-il seulement récompenser ses amis (1) ?

Les Français ont donc deux garants infaillibles contre les prétendues vengeances dont on leur fait peur, l'intérêt du roi et son impuissance (2).

Le retour des émigrés fournit encore aux adversaires de la monarchie un sujet intarissable de craintes imaginaires ; il importe de dissiper cette vision.

La première chose à remarquer, c'est qu'il est des

---

(1) On connaît la plaisanterie de Charles II sur le pléonasme de la formule anglaise, AMNISTIE ET OUBLI : *Je comprends*, dit-il ; amnistie *pour mes ennemis*, et oubli *pour mes amis*.

(2) Les événements ont justifié toutes ces prédictions du bon sens. Depuis que cet ouvrage est achevé, le gouvernement français a publié les pièces de deux conspirations découvertes, et qui se jugent d'une manière un peu différente : l'une jacobine, et l'autre royaliste. Dans le drapeau du jacobinisme il était écrit : *mort à tous nos ennemis*; et dans celui du royalisme : *grâce à tous ceux qui ne la refuseront pas*. Pour empêcher le peuple de tirer les conséquences, on lui a dit que le parlement devait annuler l'amnistie royale ; mais cette bêtise passe le *maximum* ; sûrement elle ne fera pas fortune.

propositions vraies dont la vérité n'a qu'une époque ; cependant on s'accoutume à les répéter longtemps après que le temps les a rendues fausses et même ridicules. Le parti attaché à la révolution pouvait craindre le retour des émigrés peu de temps après la loi qui les proscrivit : je n'affirme point cependant qu'ils eussent raison ; mais qu'importe? c'est là une question purement oiseuse, dont il serait très-inutile de s'occuper. La question est de savoir si, *dans ce moment*, la rentrée des émigrés a quelque chose de dangereux pour la France.

La noblesse envoya 284 députés à ces états généraux de funeste mémoire, qui ont produit tout ce que nous avons vu. Par un travail fait sur plusieurs bailliages, on n'a jamais trouvé plus de 80 électeurs pour un député. Il n'est pas absolument impossible que certains bailliages aient présenté un nombre plus fort ; mais il faut aussi tenir compte des individus qui ont opiné dans plus d'un bailliage.

Tout bien considéré, on peut évaluer à 25,000 le nombre des chefs de famille nobles qui députèrent aux états généraux ; et, en multipliant par 5, nombre commun attribué, comme on sait, à chaque famille, nous aurons 125,000 têtes nobles. Prenons 130,000, pour caver au plus fort : ôtons les femmes, restent 65,000. Retranchons de ce dernier nombre : 1º les nobles qui ne sont jamais sortis ; 2º ceux qui sont rentrés ; 3º les vieillards ; 4º les enfants ; 5º les malades ; 6º les prêtres ; 7º tous ceux qui ont péri par la guerre, par les supplices, ou par l'ordre seul de la nature : il restera un nombre qu'il n'est pas aisé de déterminer au juste, mais qui, sur tous les points de vue possible, ne saurait alarmer la France.

Un prince, digne de son nom, mène aux combats 5 ou 6,000 hommes au plus ; ce corps qui n'est pas même, à beaucoup près, tout composé de nobles, a fait preuve d'une valeur admirable sous des drapeaux étrangers ; mais, si on l'isole, il disparaît. Enfin, il est clair que, sous le rapport militaire, les émigrés ne sont rien et ne peuvent rien.

Il y a de plus une considération qui se rapporte plus particulièrement à l'esprit de cet ouvrage, et qui mérite d'être développée.

Il n'y a point de hasard dans le monde, et même dans un sens secondaire il n'y a point de désordre, en ce que le désordre est ordonné par une main souveraine qui le plie à la règle, et le force de concourir au but.

Une révolution n'est qu'un mouvement politique, qui doit produire un certain effet dans un certain temps. Ce mouvement a ses lois ; et en les observant attentivement dans une certaine étendue de temps, on peut tirer des conjectures assez certaines pour l'avenir. Or, une des lois de la révolution française, c'est que les émigrés ne peuvent l'attaquer que pour leur malheur, et sont totalement exclus de l'œuvre quelconque qui s'opère.

Depuis les premières chimères de la contre-révolution, jusqu'à l'entreprise à jamais lamentable de Quiberon, ils n'ont rien entrepris qui ait réussi, et même qui n'ait tourné contre eux. Non-seulement ils ne réussissent pas, mais tout ce qu'ils entreprennent est marqué d'un tel caractère d'impuissance et de nullité, que l'opinion s'est enfin accoutumée à les regarder comme des hommes qui s'obstinent à défendre un parti proscrit ; ce qui jette sur eux une défaveur dont leurs amis même s'aperçoivent.

Et cette défaveur surprendra peu les hommes qui pensent que la révolution française a pour cause principale la dégradation morale de la noblesse.

M. de Saint-Pierre a observé quelque part, dans ses *Études de la Nature*, que si l'on compare la figure des nobles français à celle de leurs ancêtres, dont la peinture et la sculpture nous ont transmis les traits, on voit à l'évidence que ces races ont dégénéré.

On peut le croire sur ce point, mieux que sur les fusions polaires et sur la figure de la terre

Il y a dans chaque état un certain nombre de familles qu'on pourrait appeler *co souveraines,* même dans les monarchies; car la noblesse, dans ces gouvernements, n'est qu'un prolongement de la souveraineté. Ces familles sont les dépositaires du feu sacré; il s'éteint lorsqu'elles cessent d'être *vierges*.

C'est une question de savoir si ces familles, une fois éteintes, peuvent être parfaitement remplacées. Il ne faut pas croire au moins, si l'on veut s'exprimer exactement, que les souverains puissent *ennoblir*. Il y a des familles nouvelles qui s'élancent, pour ainsi dire, dans l'administration de l'état: qui se tirent de l'égalité d'une manière frappante, et s'élèvent entre les autres comme des baliveaux vigoureux au milieu d'un taillis. Les souverains peuvent sanctionner ces ennoblissements naturels: c'est à quoi se borne leur puissance. S'ils contrarient un trop grand nombre de ces ennoblissements, ou s'ils se permettent d'en faire trop *de leur pleine puissance*, ils travaillent à la destruction de leurs états. La fausse noblesse était une des grandes plaies de la France ; d'autres empires moins éclatants en sont fatigués et déshonorés, en attendant d'autres malheurs.

La philosophie moderne, qui aime tant parler de *hasard,* parle surtout du *hasard de la naissance:* c'est un de ses textes favoris : mais il n'y a pas plus de hasard sur ce point que sur d'autres : il y a des familles nobles comme il y a des familles souveraines. L'homme peut-il faire un souverain ? Tout au plus il peut servir d'instrument pour déposséder un souverain, et livrer ses états à un autre souverain déjà prince (1). Du reste, il n'a jamais existé de famille souveraine dont on puisse assigner l'origine plébéienne : si ce phénomène paraissait, ce serait une époque du monde (2).

---

(1) Et même la manière dont le pouvoir humain est employé dans ces circonstances, est toute propre à l'humilier. C'est ici surtout où l'on peut adresser à l'homme ces paroles de Rousseau : *Montre-moi ta puissance, je te montrerai ta faiblesse.*

(2) On entend dire assez souvent que *si Richard Cromwel avait eu le génie de son père, il eût rendu le protectorat héréditaire dans sa famille.* C'est fort bien dit.

Proportion gardée, il en est de la noblesse comme de la souveraineté. Sans entrer dans de plus grands détails, contentons-nous d'observer que si la noblesse abjure les dogmes nationaux, l'état est perdu (1).

Le rôle joué par quelques nobles dans la révolution française, est mille fois, je ne dis pas plus *horrible*, mais plus *terrible* que tout ce que nous avons vu pendant cette révolution.

Il n'a pas existé de signe plus effrayant, plus décisif, de l'épouvantable jugement porté sur la monarchie française.

On demandera peut-être ce que ces fautes peuvent avoir de commun avec les émigrés, qui les détestent. Je réponds que les individus qui composent les nations, les familles, et même les corps politiques, sont

(1) Un savant italien a fait une singulière remarque. Après avoir observé que la noblesse est gardienne naturelle et comme dépositaire de la religion nationale, et que ce caractère est plus frappant à mesure qu'on s'élève vers l'origine des nations et des choses, il ajoute : *Talchè dee esser un grand segno, che vada a finire una nazione ove i nobili disprezano la Religione natia.* Vico, *Principi d'una Scienza nuova.* Lib. II.

Lorsque le sacerdoce est membre politique de l'État, et que ses hautes dignités sont occupées, en général, par la haute noblesse, il en résulte la plus forte et la plus durable de toutes les constitutions possibles. Ainsi le philosophisme, qui est le dissolvant universel, vient de faire son chef-d'œuvre sur la monarchie française

solidaires; c'est un fait. Je réponds, en second lieu, que les causes de ce que souffre la noblesse émigrée sont bien antérieures à l'émigration. La différence que nous apercevons entre tels et tels nobles français, n'est, aux yeux de Dieu, qu'une différence de longitude et de latitude : ce n'est pas parce qu'on est ici ou là, qu'on est ce qu'on doit être : *et tous ceux qui disent : Seigneur! Seigneur! n'entreront pas dans le royaume.* Les hommes ne peuvent juger que par l'extérieur ; mais tel noble, à Coblentz, pouvait avoir de plus grands reproches à se faire, que tel noble du côté gauche dans l'assemblée dite *constituante*. Enfin, la noblesse française ne doit s'en prendre qu'à elle-même de tous ses malheurs : et lorsqu'elle en sera bien persuadée, elle aura fait un grand pas. Les exceptions, plus ou moins nombreuses, sont dignes des respects de l'univers; mais on ne peut parler qu'en général. Aujourd'hui la noblesse malheureuse (qui ne peut souffrir qu'une éclipse) doit courber la tête et se résigner. Un jour elle doit embrasser de bonne grâce *des enfants qu'en son sein elle n'a point portés :* en attendant, elle ne doit plus faire d'efforts extérieurs; peut-être même serait-il à désirer qu'on ne l'eût jamais vue dans une attitude menaçante.

En tout cas, l'émigration fut une erreur, et non un tort : le plus grand nombre croyait obéir à l'honneur.

Numen abire jubet; prohibent discedere leges.

Le Dieu devait l'emporter.

Il y aurait bien d'autres réflexions à faire sur ce point ; tenons-nous-en au fait qui est évident. Les émigrés ne peuvent rien, on peut même ajouter qu'ils ne sont rien; car tous les jours le nombre en diminue, malgré le gouvernement, par une suite de cette loi invariable de la révolution française, qui veut que tout se fasse malgré les hommes et contre toutes les probabilités. De longs malheurs ayant assoupli les émigrés, tous les jours ils se rapprochent de leurs concitoyens; l'aigreur disparaît ; de part et d'autre on commence à se ressouvenir d'une patrie commune; on se tend la main, et sur le champ de bataille même, on reconnaît des frères. L'étrange amalgame que nous voyons depuis quelque temps n'a point de cause visible, car ces lois sont les mêmes; mais il n'en est pas moins réel. Ainsi il est constant que les émigrés ne sont rien par le nombre, qu'ils ne sont rien par la force, et que bientôt ils ne seront plus rien par la haine.

Quant aux passions plus robustes d'un petit nombre d'hommes, on peut négliger de s'en occuper.

Mais il est encore une réflexion importante que je ne dois point passer sous silence. On s'appuie de quelques discours imprudents, échappés à des hommes jeunes, inconsidérés ou aigris par le malheur, pour effrayer les Français sur le retour de ces hommes. J'accorde, pour mettre toutes les suppositions contre moi, que ces discours annoncent réellement des intentions bien arrêtées : croit-on que ceux qui les ont fussent en état de les exécuter après le rétablissement de la monarchie? On se tromperait fort. Au moment même où le gouvernement légitime se rétablirait, ces hommes n'auraient plus de force que pour obéir. L'anarchie nécessite la vengeance; l'ordre l'exclut sévèrement. Tel homme qui, dans ce moment, ne parle que de punir, se trouvera alors environné de circonstances qui le forceront à ne vouloir que ce que la loi veut; et, pour son intérêt même, il sera citoyen tranquille, et laissera la vengeance aux tribunaux. On se laisse toujours éblouir par le même sophisme : *Un parti a sévi, lorsqu'il était domina-*

teur; donc le parti contraire sévira, lorsqu'il dominera à son tour. Rien n'est plus faux. En premier lieu, ce sophisme suppose qu'il y a de part et d'autre la même somme de vices ; ce qui n'est pas assurément. Sans insister beaucoup sur les vertus des royalistes, je suis sûr au moins d'avoir pour moi la conscience universelle, lorsque j'affirmerai simplement qu'il y en a moins du côté de la république. D'ailleurs, les préjugés seuls, séparés des vertus, assureraient la France qu'elle ne peut souffrir de la part des royalistes rien de semblable à ce qu'elle a éprouvé de leurs ennemis.

L'expérience a déjà préludé sur ce point pour tranquilliser les Français ; ils ont vu, dans plus d'une occasion, que le parti qui avait tout souffert de la part de ses ennemis, n'a pas su s'en venger lorsqu'il les a tenus en son pouvoir. Un petit nombre de vengeances, qui ont fait un si grand bruit, prouvent la même proposition ; car on a vu que le déni de justice le plus scandaleux a pu seul amener ces vengeances, et que personne ne se serait fait justice, si le gouvernement avait pu ou voulu la faire.

Il est, en outre, de la plus grande évidence que l'intérêt le plus pressant du roi sera d'empêcher les vengeances. Ce n'est pas en sortant des maux de l'anarchie, qu'il voudra la ramener ; l'idée même de la violence le fera pâlir, et ce crime sera le seul qu'il ne se croira pas en droit de pardonner.

La France, d'ailleurs, est bien lasse de convulsions et d'horreurs ; elle ne veut plus de sang ; et puisque l'opinion est assez forte dans ce moment pour comprimer le parti qui en voudrait, on peut juger de sa force à l'époque où elle aura le gouvernement pour elle. Après des maux aussi longs et aussi terribles, les Français se reposeront avec délices dans les bras de la monarchie. Toute atteinte contre cette tranquillité serait véritablement un crime de *lèse-nation,* que les tribunaux n'auraient peut-être pas le temps de punir.

Ces raisons sont si convaincantes, que personne ne peut s'y méprendre : aussi, il ne faut point être la dupe de ces écrits où nous voyons une philanthropie hypocrite passer condamnation sur les horreurs de la révolution, et s'appuyer sur ces excès pour établir la nécessité d'en prévenir une seconde. Dans le fait, ils ne condamnent cette révolution que pour ne pas exciter contre eux le cri universel : mais ils l'aiment, ils en aiment les auteurs et les résultats ; et, de tous les crimes qu'elle a enfantés, ils ne condamnent guère que ceux dont elle pouvait se passer. Il n'est pas un de ces écrits où l'on ne trouve des preuves évidentes que les auteurs tiennent par inclination au parti qu'ils condamnent par pudeur.

Ainsi, les Français, toujours dupes, le sont dans cette occasion plus que jamais : ils ont peur pour eux en général, et ils n'ont rien à craindre ; et ils sacrifient leur bonheur pour contenter quelques misérables.

Que si les théories les plus évidentes ne peuvent convaincre les Français, et s'ils ne peuvent encore obtenir d'eux-mêmes de croire que la Providence est la gardienne de l'ordre, et qu'il n'est pas tout à fait égal d'agir contre elle ou avec elle, jugeons au moins de ce qu'elle fera par ce qu'elle a fait ; et si le raisonnement glisse sur nos esprits, croyons au moins à l'histoire, qui est la politique expérimentale. L'Angleterre donna, dans le siècle dernier, à peu près le même spectacle que la France a donné dans le nôtre. Le fanatisme de la liberté, échauffé par celui de la religion, y pénétra les âmes bien plus profondément qu'il ne l'a fait en France, où le culte de la liberté s'appuie sur le néant. Quelle différence, d'ailleurs, dans le caractère des deux nations, et dans celui des acteurs qui ont joué un rôle sur les deux scènes ! Où sont, je ne dis pas les Hamden, mais les Cromwel de la France ? Et cependant, malgré le fanatisme brûlant des républicains, malgré la fermeté réfléchie du caractère national, malgré les terreurs trop motivées des nombreux coupables et surtout de l'armée, le rétablissement de la monarchie causa-t-il, en Angleterre, des déchirements semblables à ceux qu'avait enfantés une révolution régicide ? Qu'on nous montre les vengeances atroces des royalistes. Quelques régicides périrent par l'autorité des lois ; du reste, il n'y eut ni combats, ni vengeances particulières. Le retour du roi ne fut marqué que par un cri de joie, qui retentit dans toute l'Angleterre ; tous les ennemis s'embrassèrent. Le roi, surpris de ce qu'il voyait, s'écriait avec attendrissement : *N'est-ce point ma faute, si j'ai été repoussé si longtemps par un si bon peuple !* L'illustre Clarendon, témoin et historien intègre de ces grands événements, nous dit *qu'on ne savait plus où était ce peuple qui avait commis tant d'excès, et privé, pendant si longtemps, le roi du bonheur de régner sur d'excellents sujets* (1).

(1) Hume, tome X, chap. LXXII, an. 1660.

C'est-à-dire que le *peuple* ne reconnaissait plus le *peuple*. On ne saurait mieux dire.

Mais ce grand changement, à quoi tenait-il? A rien, ou pour mieux dire, à rien de visible; une année auparavant, personne ne le croyait possible. On ne sait pas même s'il fut amené par un royaliste; car c'est un problème insoluble de savoir à quelle époque Monk commença de bonne foi à servir la monarchie.

Etaient-ce au moins les forces des royalistes qui en imposaient au parti contraire? Nullement : Monk n'avait que six mille hommes; les républicains en avaient cinq ou six fois davantage : ils occupaient tous les emplois, et ils possédaient militairement le royaume entier. Cependant Monk ne fut pas dans le cas de livrer un seul combat : tout se fit sans effort et comme par enchantement : il en sera de même en France. Le retour à l'ordre ne peut être douloureux, parce qu'il sera naturel, et parce qu'il sera favorisé par une force secrète, dont l'action est toute créatrice. On verra précisément le contraire de tout ce qu'on a vu. Au lieu de commotions violentes, de ces déchirements douloureux, de ces oscillations perpétuelles et désespérantes, une certaine stabilité, un repos indéfinissable, un bien-aise universel, annonceront la présence de la souveraineté. Il n'y aura point de secousses, point de violences, point de supplices même, excepté ceux que la véritable nation approuvera : le crime même et les usurpations seront traités avec une sévérité mesurée, avec une justice calme qui n'appartient qu'au pouvoir légitime ; le roi touchera les plaies de l'état d'une main timide et paternelle. Enfin, c'est ici la grande vérité dont les Français ne sauraient trop se pénétrer : le rétablissement de la monarchie, qu'on appelle *contre-révolution*, ne sera point une *révolution contraire*, mais le *contraire de la révolution*.

CHAPITRE XI

FRAGMENT D'UNE HISTOIRE DE LA RÉVOLUTION FRANÇAISE,
PAR DAVID HUME (1).

—

EADEM MUTATA RESURGO.

..... Le long parlement déclara, par un serment solennel, qu'il ne pouvait être dissous, page 181. Pour assurer sa puissance, il ne cessait d'agir sur l'esprit du peuple : tantôt il échauffait les esprits par des adresses artificieuses, page 176; et tantôt il se faisait envoyer, de toutes les parties du royaume, des pétitions dans le sens de la révolution, page 133. L'abus de la presse était porté au comble : des clubs nom-

(1) Je cite l'édition anglaise de Bâle, 12 volumes in-8°, chez Legrand, 1789.

breux produisaient de toutes parts des tumultes bruyants : le fanatisme avait sa langue particulière ; c'était un jargon nouveau, inventé par la fureur et l'hypocrisie du temps, p. 131. La manie universelle était d'invectiver contre les anciens abus, page 129. Toutes les anciennes institutions furent renversées l'une après l'autre, page 125, 188. Le bill de *Self-deniance* et le *New-model* désorganisèrent absolument l'armée, et lui donnèrent une nouvelle forme et une nouvelle composition, qui forcèrent une foule d'anciens officiers à renvoyer leurs commissions, pag. 13. Tous les crimes étaient mis sur le compte des royalistes, page 148 ; et l'art de tromper le peuple et de l'effrayer fut porté au point, qu'on parvint à lui faire croire que les royalistes avaient miné la Tamise, page 177. Point de roi ! point de noblesse ! égalité universelle ! c'était le cri général, page 87. Mais au milieu de l'effervescence populaire, on distinguait la secte exagérée des *Indépendants,* qui finit par enchaîner le long parlement, page 374.

Contre un tel orage, la bonté du roi était inutile ; les concessions mêmes faites à son peuple étaient calomniées comme faites sans bonne foi, page 186.

C'était par ces préliminaires que les rebelles avaient

préparé la perte de Charles 1er ; mais un simple assassinat n'eût point rempli leurs vues ; ce crime n'aurait pas été national ; la honte et le danger ne seraient tombés que sur les meurtriers. Il fallait donc imaginer un autre plan ; il fallait étonner l'univers par une procédure inouïe, se parer des dehors de la justice, et couvrir la cruauté par l'audace ; il fallait, en un mot, en fanatisant le peuple par les notions d'une égalité parfaite, s'assurer l'obéissance du grand nombre, et former insensiblement une coalition générale contre la royauté, tom. 10, page 91.

L'anéantissement de la monarchie fut le préliminaire de la mort du roi. Ce prince fut détrôné de fait, et la constitution anglaise fut renversée (en 1648) par le bill de *non-adresse,* qui le sépara de la constitution.

Bientôt les calomnies les plus atroces et les plus ridicules furent répandues sur le compte du roi, pour tuer ce respect qui est la sauvegarde des trônes. Les rebelles n'oublièrent rien pour noircir sa réputation ; ils l'accusèrent d'avoir livré des places aux ennemis de l'Angleterre, d'avoir fait couler le sang de ses sujets. C'est par la calomnie qu'ils se préparaient à la violence, page 94.

Pendant la prison du roi au château de Carisborne, les usurpateurs du pouvoir s'appliquèrent à accumuler sur la tête de ce malheureux prince tous les genres de dureté. On le priva de ses serviteurs; on ne lui permit point de communiquer avec ses amis : aucune société, aucune distraction, ne lui étaient permises pour adoucir la mélancolie de ses pensées. Il s'attendait d'être, à tout instant, assassiné ou empoisonné (1); car l'idée d'un jugement n'entrait point dans sa pensée, pages 59 et 95.

Pendant que le roi souffrait cruellement dans sa prison, le parlement faisait publier qu'il s'y trouvait fort bien, et qu'il était de fort bonne humeur, *ibid.* (2).

La grande source dont le roi tirait toutes ses consolations, au milieu des calamités qui l'accablaient, était sans doute la religion. Ce principe n'avait chez lui rien de dur ni d'austère, rien qui lui inspirât du ressentiment contre ses ennemis, ou qui pût l'alarmer sur l'avenir. Tandis que tout portait autour de lui un aspect hostile; tandis que sa famille, ses parents, ses amis étaient éloignés de lui ou dans l'im-

(1) C'était aussi l'opinion de Louis XVI. Voyez son éloge historique.
(2) On se rappelle d'avoir lu, dans le journal de Condorcet, un morceau sur le bon appétit du roi à son retour de Varennes.

puissance de lui être utiles, il se jetait avec confiance dans les bras du grand Être, dont la puissance pénètre et soutient l'univers, et dont les châtiments, reçus avec piété et résignation, paraissaient au roi les gages les plus certains d'une récompense infinie, page 95 et 96.

Les gens de loi se conduisirent mal dans cette circonstance. Bradshaw, qui était de cette profession, ne rougit pas de présider le tribunal qui condamna le roi; et Coke se rendit partie publique pour le peuple, page 123. Le tribunal fut composé d'officiers de l'armée révoltée, de membres de la chambre basse, et de bourgeois de Londres; presque tous étaient de basse extraction, page 123.

Charles ne doutait pas de sa mort; il savait qu'un roi est rarement détrôné sans périr; mais il croyait plutôt à un meurtre qu'à un jugement solennel, page 122.

Dans sa prison, il était déjà détrôné: on avait écarté de lui toute la pompe de son rang, et les personnes qui l'approchaient avaient reçu ordre de le traiter sans aucune marque de respect, page 129. Bientôt il s'habitua à supporter les familiarités et même l'insolence de ces hommes, comme il avait supporté ses autres malheurs, page 123.

Les juges du roi s'intitulaient les *représentants du peuple,* page 124. Du peuple... principe unique de tout pouvoir légitime, page 127, et l'acte d'accusation portait : *Qu'abusant du pouvoir limité qui lui avait été confié, il avait tâché traîtreusement et malicieusement d'élever un pouvoir illimité et tyrannique sur les ruines de la liberté.*

Après la lecture de l'acte, le président dit au roi *qu'il pouvait parler.* Charles montra dans ses réponses beaucoup de présence d'esprit et de force d'âme, page 125. Et tout le monde est d'accord que sa conduite, dans cette dernière scène de sa vie, honore sa mémoire, page 127. Ferme et intrépide, il mit dans toutes ses réponses la plus grande clarté et la plus grande justesse de pensée et d'expression, page 128. Toujours doux, toujours égal, le pouvoir injuste qu'on exerçait sur lui ne put le faire sortir des bornes de la modération. Son âme, sans effort et sans affectation, semblait être dans son assiette ordinaire, et contempler avec mépris les efforts de l'injustice et de la méchanceté des hommes, page 128.

Le peuple, en général, demeura dans ce silence

qui est le résultat des grandes passions comprimées; mais les soldats, travaillés par tous les genres de séductions, parvinrent enfin jusqu'à une espèce de rage, et regardaient comme un titre de gloire le crime affreux dont ils se souillaient, page 130.

On accorda trois jours de sursis au roi; il passa ce temps tranquillement, et l'employa en grande partie à la lecture et à des exercices de piété : il lui fut permis de voir sa famille, qui reçut de lui d'excellents avis et de grandes marques de tendresse, page 130. Il dormit paisiblement, à son ordinaire, pendant les nuits qui précédèrent son supplice. Le matin du jour fatal, il se leva de très-bonne heure, et donna des soins particuliers à son habillement. Un ministre de la religion, qui possédait ce caractère doux et ces vertus solides qui distinguaient le roi, l'assista dans ses derniers moments, page 132.

L'échafaud fut placé, à dessein, en face du palais, pour montrer d'une manière plus frappante la victoire remportée par la justice du peuple sur la majesté royale. Lorsque le roi fut monté sur l'échafaud, il le trouva environné d'une force armée si considérable, qu'il ne put se flatter d'être entendu par le peuple, de manière qu'il fut obligé d'adresser ses dernières paroles au petit nombre de personnes qui se trouvaient auprès de lui. Il pardonna à ses ennemis ; il n'accusa personne ; il fit des vœux pour son peuple. SIRE, lui dit le prélat qui l'assistait, *encore un pas ! Il est difficile, mais il est court, et il doit vous conduire au ciel.* — *Je vais,* répondit le roi, *changer une couronne périssable contre une couronne incorruptible et un bonheur inaltérable.*

Un seul coup sépara la tête du corps. Le bourreau la montra au peuple, toute dégouttante de sang, et en criant à haute voix : *Voilà la tête d'un traître !* page 132 et 133.

Ce prince mérita plutôt le titre de *bon* que celui de *grand.* Quelquefois il nuisit aux affaires, en déférant mal à propos à l'avis des personnes d'une capacité inférieure à la sienne. Il était plus propre à conduire un gouvernement régulier et paisible, qu'à éluder ou repousser les assauts d'une assemblée populaire, page 136; mais, s'il n'eut pas le courage d'agir, il eut toujours celui de souffrir. Il naquit, pour son malheur, dans des temps difficiles ; et, s'il n'eut point assez d'habileté pour se tirer d'une position aussi embarrassante, il est aisé de l'excuser, puisque, même après l'événement, où il est communément aisé d'apercevoir toutes les erreurs, c'est encore un grand problème de savoir ce qu'il aurait dû faire, page 137. Exposé sans secours au choc des passions les plus haineuses et les plus implacables, il ne lui fut jamais possible de commettre la moindre erreur sans attirer sur lui les plus fatales conséquences ; position dont la difficulté passe les forces du plus grand talent, page 137.

On a voulu jeter des doutes sur sa bonne foi ; mais l'examen le plus scrupuleux de sa conduite, qui est aujourd'hui parfaitement connue, réfute pleinement cette accusation ; au contraire, si l'on considère les circonstances excessivement épineuses dont il se vit entouré, si l'on compare sa conduite à ses déclarations, on sera forcé d'avouer que l'honneur et la probité formaient la partie la plus saillante de son caractère, page 137.

La mort du roi mit le sceau à la destruction de la monarchie. Elle fut anéantie par un décret exprès du corps législatif. On grava un sceau national, avec la légende : L'AN PREMIER DE LA LIBERTÉ. Toutes les formes changèrent, et le nom du roi disparut de toute part devant ceux des représentants du peuple, page 142. Le *banc du roi* s'appela le *banc national*. La statue du roi élevé à la Bourse fut renversée, et l'on grava ces mots sur le piédestal : Exiit tyrannus regum ultimus, page 143.

Charles, en mourant, laissa a ses peuples une image de lui-même (eikon bazilikh) dans cet écrit fameux, chef-d'œuvre d'élégance, de candeur et de simplicité. Cette pièce, qui ne respire que la piété, la douceur et l'humanité, fit une impression profonde sur les esprits. Plusieurs sont allés jusqu'à croire que c'est à elle qu'il fallait attribuer le rétablissement de la monarchie, page 146.

Il est rare que le peuple gagne quelque chose aux révolutions qui changent la forme des gouvernements, par la raison que le nouvel établissement, nécessairement jaloux et défiant, a besoin, pour se soutenir, de plus de défense et de sévérité que l'ancien, page 100.

Jamais la vérité de cette observation ne s'était fait sentir plus vivement que dans cette occasion. Les déclamations, contre quelque abus dans l'administration de la justice et des finances, avaient soulevé le peuple ; et, pour prix de la victoire qu'il obtint sur a monarchie, il se trouva chargé d'une foule d'impôts inconnus jusqu'à cette époque. A peine le gouvernement daignait-il se parer d'une ombre de justice et de liberté. Tous les emplois furent confiés à la plus abjecte populace, qui se trouvait ainsi élevée au-dessus de tout ce qu'elle avait respecté jusqu'alors. Des hypocrites se livraient à tous les genres d'injustices sous le masque de la religion, page 100. Ils exigeaient des emprunts forcés et exorbitants de tous ceux qu'ils déclaraient suspects. Jamais l'Angleterre n'avait vu de gouvernement aussi dur et aussi arbitraire que celui de ces patrons de la liberté, pages 112, 113.

Le premier acte du long parlement avait été un serment, par lequel il déclara qu'il ne pouvait être dissous, page 181.

La confusion générale qui suivit la mort du roi, ne résultait pas moins de l'esprit d'innovation, qui était la maladie du jour, que de la destruction des anciens pouvoirs. Chacun voulait faire sa république : chacun avait ses plans, qu'il voulait faire adopter à ces concitoyens par force ou par persuasion : mais ces plans n'étaient que des chimères étrangères à l'expérience, et qui ne se recommandaient à la foule que par le jargon à la mode et l'éloquence populacière, page 147. Les *égaliseurs* rejetaient toute espèce de dépendance et de subordination (1). Une secte particulière attendait le règne de mille ans (2) ; les *Antimoniens* soutenaient que les obligations de la morale et de la loi naturelle étaient suspendues. Un parti considérable prêchait contre les dîmes et les abus du sacerdoce ; ils prétentaient que l'État ne devait protéger ni solder aucun culte, laissant à chacun la liberté de payer celui qui lui conviendrait le mieux. Du reste, toutes les religions étaient tolérées, excepté la catholique. Un autre parti invectivait contre la jurisprudence du pays, et contre les maîtres qui l'enseignaient ; et sous le prétexte de simplifier l'administration de la justice, il proposait de renverser tout le système de la législation anglaise, comme trop liée au gouvernement monarchique, page 148. Les républicains ardents abolirent les noms de baptême, pour leur substituer des noms extravagants, analogues à l'esprit de la révolution, page 242. Ils décidèrent que le mariage, n'étant qu'un simple contrat, devait être célébré par-devant

---

(1) *Nous voulons un gouvernement ..... où les distinctions ne naissent que de l'égalité même ; où le citoyen soit soumis au magistrat, le magistrat au peuple, et le peuple à la justice.* Robespierre. Voyez le *Moniteur* du 7 février 1794.

(2) Il ne faut point passer légèrement sur ce trait de conformité.

les magistrats civils, page 242. Enfin, c'est une tradition en Angleterre, qu'ils poussèrent le fanatisme au point de supprimer le mot *royaume* dans l'oraison dominicale, disant : *Que votre république arrive.* Quant à l'idée d'une *propagande* à l'imitation de celle de Rome, elle appartient à Cromwel, page 285.

Les républicains moins fanatiques ne se mettaient pas moins au-dessus de toutes les lois, de toutes les promesses, de tous les serments. Tous les liens de la société étaient relâchés, et les passions les plus dangereuses s'envenimaient davantage, en s'appuyant sur des maximes spéculatives encore plus antisociales, page 148.

Les royalistes, privés de leurs propriétés et chassés de tous les emplois, voyaient avec horreur leurs ignobles ennemis qui les écrasaient de leur puissance : ils conservaient, par principe et par sentiment, la plus tendre affection pour la famille de l'infortuné souverain, dont ils ne cessaient d'honorer la mémoire, et de déplorer la fin tragique.

D'un autre côté, les presbytériens, fondateurs de la république, dont l'influence avait fait valoir les armes du long parlement, étaient indignés de voir que le pouvoir leur échappait, et que, par la trahison ou l'adresse supérieure de leurs propres associés, ils perdaient tout le fruit de leurs travaux passés. Ce mécontentement les poussait vers le parti royaliste, mais sans pouvoir encore les décider : il leur restait de grands préjugés à vaincre ; il fallait passer sur bien des craintes, sur bien des jalousies, avant qu'il leur fût possible de s'occuper sincèrement de la restauration d'une famille qu'ils avaient si cruellement offensée.

Après avoir assassiné leur roi avec tant de formes apparentes de justice et de solennité, mais dans le fait avec tant de violence et même de rage, ces hommes pensèrent à se donner une forme régulière de gouvernement : ils établirent un grand comité ou conseil d'état, qui était revêtu du pouvoir exécutif. Ce conseil commandait aux forces de terre et de mer : il recevait toutes les adresses, faisait exécuter les lois, et préparait toutes les affaires qui devaient être soumises au parlement, pages 150, 151. L'administration était divisée entre plusieurs comités, qui s'étaient emparés de tout, page 134, et ne rendirent jamais de compte, pages 166, 167.

Quoique les usurpateurs du pouvoir, par leur caractère et par la nature des instruments qu'ils employaient, fussent bien plus propres aux entreprises vigoureuses qu'aux méditations de la législature, page 209, cependant l'assemblée en corps avait l'air de ne s'occuper que de la législation du pays. A l'en croire, elle travaillait à un nouveau plan de représentation, et dès qu'elle aurait achevé la constitution, elle ne tarderait pas de rendre au peuple le pouvoir dont il était la source, page 151.

En attendant, les représentants du peuple jugèrent à propos d'étendre les lois de haute trahison fort au delà des bornes fixées par l'ancien gouvernement. De simples discours, des intentions même, quoiqu'elles ne se fussent manifestées par aucun acte extérieur, portèrent le nom de *conspiration*. Affirmer que le gouvernement actuel n'était pas légitime; soutenir que l'assemblée des représentants ou le comité exerçaient un pouvoir tyrannique ou illégal; chercher à renverser leur autorité, ou exciter contre eux quelque mouvement séditieux, c'était se rendre coupable de haute trahison. Ce pouvoir d'emprisonner, dont on avait privé le roi, on jugea nécessaire d'en investir le comité, et toutes les prisons d'Angleterre furent remplies d'hommes que les passions du parti dominant présentaient comme suspects, page 163.

C'était une grande jouissance pour les nouveaux maîtres de dépouiller les seigneurs de leurs noms de terre; et lorsque le brave Montrose fut exécuté en Écosse, ses juges ne manquèrent pas de l'appeler *Jacques Graham,* page 180.

Outre les impositions inconnues jusqu'alors et continuées sévèrement, on levait sur le peuple quatre-vingt-dix mille livres sterlings par mois, pour l'entretien des armées. Les sommes immenses que les usurpateurs du pouvoir tiraient des biens de la couronne, de ceux du clergé et des royalistes, ne suffisaient pas aux dépenses énormes, ou, comme on le disait, aux *déprédations* du parlement et de ses créatures, pages 163, 164.

Les palais du roi furent pillés, et son mobilier fut mis à l'encan; ses tableaux, vendus à vil prix, enrichirent toutes les collections de l'Europe; des portefeuilles qui avaient coûté 50,000 guinées, furent donnés pour 300, page 388.

Les prétendus représentants du peuple n'avaient, dans le fond, aucune popularité. Incapables de pensées élevées et de grandes conceptions, rien n'était moins fait pour eux que le rôle de législateurs. Égoïstes et hypocrites, ils avançaient si lentement dans le grand œuvre de la constitution, que la nation commença à craindre que leur intention ne fût de se perpétuer dans leurs places, et de partager le pouvoir entre soixante ou soixante-dix personnes, qui s'intitulaient *les représentants de la république anglaise*. Tout en se vantant de rétablir la nation dans ses droits, ils violaient les plus précieux de ces droits, dont ils avaient joui de temps immémorial : ils n'osaient confier leurs jugements de conspiration à des tribunaux réguliers qui auraient mal servi leurs vues : ils établirent donc un tribunal extraordinaire, qui recevait les actes d'accusation portés par le comité, page 206, 207. Ce tribunal était composé d'hommes dévoués au parti dominant, sans nom, sans caractère, et capables de tout sacrifier à leur sûreté et à leur ambition.

Quand aux royalistes pris les armes à la main, un conseil militaire les envoyait à la mort, pages 207.

La faction qui s'était emparée du pouvoir disposait d'une puissante armée ; c'était assez pour cette faction, quoiqu'elle ne formât que la très-petite minorité de la nation, page 149. Telle est la force d'un gouvernement quelconque une fois établi, que cette république, quoique fondée sur l'usurpation la plus inique et la plus contraire aux intérêts du peuple, avait cependant la force de lever, dans toutes les provinces, des soldats nationaux, qui venaient se mêler aux troupes de ligne pour combattre de toutes leurs forces le parti du roi, page 199. La garde nationale de Londres se battit à Newburg aussi bien que les vieilles bandes (en 1643). Les officiers prêchaient leurs soldats, et les nouveaux républicains marchaient au combat en chantant des hymnes fanatiques, page 13.

Une armée nombreuse avait le double effet de maintenir dans l'intérieur une autorité despotique, et de frapper de terreur les nations étrangères. Les mêmes mains réunissaient la force des armes et la puissance financière. Les dissensions civiles avaient exalté le génie militaire de la nation. Le renversement universel, produit par la révolution, permettait à des hommes nés dans les dernières classes de la société, de s'élever à des commandements militaires dignes de leur courage et de leurs talents, mais dont l'obscurité de leur naissance les aurait à jamais écartés dans un autre ordre de choses, page 209. On vit un homme, âgé de cinquante ans (Blake), passer subitement du service de terre à celui de mer, et s'y distinguer de la manière la plus brillante, page 210. Au milieu des scènes, tantôt ridicules et tantôt déplorables, que donnait le gouvernement civil, la force militaire était conduite avec beaucoup de vigueur, d'ensemble et d'intelligence, et jamais l'Angleterre ne s'était montrée si redoutable aux yeux des puissances étrangères, page 248.

Un gouvernement entièrement militaire et despotique est presque sûr de tomber, au bout de quelque temps, dans un état de langueur et d'impuissance ; mais lorsqu'il succède immédiatement à un gouvernement légitime, il peut, dans les premiers moments, déployer une force surprenante ; parce qu'il emploie avec violence les moyens accumulés par la douceur. C'est le spectacle que présenta l'Angleterre à cette époque. Le caractère doux et pacifique de ces deux derniers rois, l'embarras des finances et la sécurité parfaite où elle se trouvait à l'égard de ses voisins, l'avaient rendue inattentive sur la politique extérieure ; en sorte que l'Angleterre avait, en quelque manière, perdu le rang qui lui appartenait dans le système général de l'Europe ; mais le gouvernement républicain le lui rendit subitement, page 263. Quoique la révolution eût coûté des flots de sang à l'Angleterre, jamais elle ne parut si formidable à ses voisins, **page 209, et** à toutes nations étrangères, page 248.

Jamais, durant les règnes des plus justes et des plus braves de ses rois, son poids dans la balance politique ne fut senti aussi vivement que sous l'empire des plus violents et des plus odieux usurpateurs, page 263.

Le parlement, enorgueilli par ses succès, pensait que rien ne pouvait résister à l'effort de ses armes ; il traitait avec la plus grande hauteur les puissances du second ordre ; et pour des offenses réelles ou prétendues, il déclarait la guerre, ou exigeait des satisfactions solennelles, page 221.

Ce fameux parlement, qui avait rempli l'Europe du bruit de ses crimes et de ses succès, se vit cependant enchaîné par un seul homme, page 128 ; et les nations étrangères ne pouvaient s'expliquer à elles-mêmes comment un peuple si turbulent, si impétueux, qui pour reconquérir ce qu'il appelait *ses droits usurpés*, avait détrôné et assassiné un excellent prince, issu d'une longue suite de rois ; comment, dis-je, ce peuple était devenu l'esclave d'un homme naguère inconnu de la nation, et dont le nom était à peine prononcé dans la sphère obscure où il était né, page 236 (1).

(1) Les hommes qui réglaient alors les affaires étaient si étrangers aux talents de la législation, qu'on les vit fabriquer en quatre jours

Mais cette même tyrannie, qui opprimait l'Angleterre au dedans, lui donnait au dehors une considération dont elle n'avait pas joui depuis l'avant-dernier règne. Le peuple anglais semblait s'ennoblir par ses succès extérieurs, à mesure qu'il s'avilissait chez lui par le joug qu'il supportait; et la vanité nationale, flattée par le rôle imposant que l'Angleterre jouait au dehors, souffrait moins impatiemment les cruautés et les outrages qu'elle se voyait forcée de dévorer, pages 280, 281.

Il semble à propos de jeter un coup d'œil sur l'état général de l'Europe à cette époque, et de considérer les relations de l'Angleterre, et sa conduite envers les puissances voisines, page 262.

Richelieu était alors premier ministre de France. Ce fut lui qui, par ses émissaires, attisa en Angleterre le feu de la rébellion. Ensuite, lorsque la cour de France vit que les matériaux de l'incendie étaient suffisamment combustibles, et qu'il avait fait de grands progrès, elle ne jugea plus convenable d'animer les Anglais contre leur souverain; au contraire, elle offrit

l'acte constitutionnel qui plaça Cromwel à la tête de la république. *Ibid.*, page 245.

On peut se rappeler à ce sujet cette constitution de 1793, *faite en quelques jours par quelques jeunes gens*, comme on l'a dit à Paris après la chute des ouvriers.

sa médiation entre le prince et ses sujets, et soutint avec la famille royale exilée les relations diplomatiques prescrites par la décence, page 264.

Dans le fond, cependant, Charles ne trouva aucune assistance à Paris, et même on n'y fut pas prodigue de civilités à son égard, pages 170 et 266.

On vit la reine d'Angleterre, fille de Henri IV, tenir le lit à Paris, au milieu de ses parents, faute de bois pour se chauffer, page 266.

Enfin, le roi jugea à propos de quitter la France, pour s'éviter l'humiliation d'en recevoir l'ordre, p. 267.

L'Espagne fut la première puissance qui reconnut la république, quoique la famille royale fût parente de celle d'Angleterre. Elle envoya un ambassadeur à Londres, et en reçut un du parlement, page 268.

La Suède étant alors au plus haut point de sa grandeur, la nouvelle république rechercha son alliance et l'obtint, page 263.

Le roi du Portugal avait osé fermer ses ports à l'amiral républicain ; mais bientôt, effrayé par ses pertes et par les dangers terribles d'une lutte trop inégale, il fit toutes les soumissions imaginables à la fière république, qui voulut bien renouer l'ancienne alliance de l'Angleterre et du Portugal.

En Hollande, on aimait le roi, d'autant plus qu'il était parent de la maison d'Orange, extrêmement chérie du peuple hollandais. On plaignait d'ailleurs ce malheureux prince, autant qu'on abhorrait les meurtriers de son père. Cependant la présence de Charles, qui était venu chercher un asile en Hollande, fatiguait les états généraux, qui craignaient de se compromettre avec ce parlement si redoutable par son pouvoir, et si heureux dans ses entreprises. Il y avait tant de danger à blesser des hommes si hautains, si violents, si précipités dans leurs résolutions, que le gouvernement crut nécessaire de donner une preuve de déférence à la république, en écartant le roi, page 169.

On vit Mazarin employer toutes les ressources de son génie souple et intrigant, captiver l'usurpateur; dont les mains dégouttaient encore du sang d'un roi, proche parent de la famille royale de France. On le vit écrire à Cromwel: *Je regrette que les affaires m'empêchent d'aller en Angleterre présenter mes respects en personne au plus grand homme du monde,* page 307.

On vit ce même Cromwel traiter d'égal à égal avec le roi de France, et placer son nom avant celui de

Louis XIV dans la copie d'un traité entre les deux nations, qui fut envoyée en Angleterre, page 268 (note).

Enfin, on vit le prince Palatin accepter un emploi ridicule et une pension de huit mille livres sterlings, de ces mêmes hommes qui avaient égorgé son oncle, page 263 (note).

Tel était l'ascendant de la république à l'extérieur.

Au dedans d'elle-même, l'Angleterre renfermait un grand nombre de personnes qui se faisaient un principe de s'attacher au pouvoir du moment, et de soutenir le gouvernement établi, quel qu'il fût, page 239. A la tête de ce système était l'illustre et vertueux Blake, qui disait à ses marins: *Notre devoir invariable est de nous battre pour notre patrie, sans nous embarrasser en quelles mains réside le gouvernement,* page 279.

Contre un ordre de choses aussi bien établi, les royalistes ne firent que de fausses entreprises, qui tournèrent contre eux. Le gouvernement avait des espions de tous côtés, et il n'était pas fort difficile d'éventer les projets d'un parti plus distingué par son zèle et sa fidélité que par sa prudence et par sa discrétion, page 259. Une des plus grandes erreurs des royalistes était de croire que tous les ennemis du gouvernement étaient de leur parti : ils ne voyaient pas que les premiers révolutionnaires, dépouillés de pouvoir par une faction nouvelle, n'avaient pas d'autre cause de mécontentement, et qu'ils étaient encore moins éloignés du pouvoir actuel que de la monarchie, dont le rétablissement les menaçait des plus terribles vengeances, page 259.

La situation de ces malheureux, en Angleterre, était déplorable. On ne demandait pas mieux à Londres que ces conspirations imprudentes, qui justifiaient les mesures les plus tyranniques, page 260. Les royalistes furent emprisonnés : on prit la dixième partie de leurs biens, pour indemniser la république des frais que lui coûtaient les attaques hostiles de ses ennemis. Ils ne pouvaient se racheter que par des sommes considérables ; un grand nombre fut réduit à la dernière misère. Il suffisait d'être suspect pour être écrasé par toutes ces exactions, pages 260, 261.

Plus de la moitié des biens meubles et immeubles, rentes et revenus du royaume, était séquestrée. On était touché de la ruine et de la désolation d'une foule de familles anciennes et honorables, ruinées pour avoir fait leur devoir, pages 66, 67. L'état du clergé n'était pas moins déplorable : plus de la moitié de ce corps était réduit à la mendicité, sans autre crime que son attachement aux principes civils et religieux, garantis par les lois sous l'empire desquelles ils avaient choisi leur état, et par le refus d'un serment qu'ils avaient en horreur, page 67.

Le roi, qui connaissait l'état des choses et des esprits, avertissait les royalistes de se tenir en repos, et de cacher leurs véritables sentiments sous le masque républicain, page 254. Pour lui ; pauvre et négligé, il errait en Europe, changeant d'asile suivant les circonstances, et se consolant de ses calamités présentes par l'espoir d'un meilleur avenir, page 152.

Mais la cause de ce malheureux monarque paraissait à l'univers entier absolument désespérée, page 341, d'autant plus que, pour sceller ses malheurs, toutes les communes d'Angleterre venaient de signer, sans hésiter, l'engagement solennel de maintenir la forme actuelle du gouvernement, page 325 (1). Ses amis avaient été malheureux dans toutes les entreprises qu'ils avaient essayées pour son service, *ibid.* Le sang

(1) En 1659, une année avant la restauration ! ! ! Je m'incline devant la volonté du peuple.

des plus ardents royalistes avait coulé sur l'échafaud ; d'autres, en grand nombre, avaient perdu leur courage dans les prisons ; tous étaient ruinés par les confiscations, les amendes et les impôts extraordinaires. Personne n'osait s'avouer royaliste ; et ce parti paraissait si peu nombreux aux yeux superficiels, que si jamais la nation était libre dans son choix (ce qui ne paraissait pas du tout probable), il paraissait très-douteux de savoir quelle forme de gouvernement elle se donnerait, page 342. Mais, au milieu de ces apparences sinistres, *la fortune* (1), par un retour extraordinaire, aplanissait au roi le chemin du trône, et le ramenait en paix et en triomphe au rang de ses ancêtres, page 342.

Lorsque Monk commença à mettre ses grands projets en exécution, la nation était tombée dans une anarchie complète. Ce général n'avait que six mille hommes, et les forces qu'on pouvait lui opposer étaient cinq fois plus fortes. Dans sa route à Londres, l'élite des habitants de chaque province accourait sur ses pas, et le priait de vouloir bien être l'instrument qui rendrait à la nation la paix, la tranquillité et la jouis-

(1) Sans doute !

sance de ces franchises qui appartenaient aux Anglais par droit de naissance, et dont ils avaient été privés si longtemps par des circonstances malheureuses, page 352. On attendait surtout de lui la convocation léguée d'un nouveau parlement, page 353. Les excès de la tyrannie et ceux de l'anarchie, le souvenir du passé, la crainte de l'avenir, l'indignation contre les excès du pouvoir militaire, tous ces sentiments réunis avaient rapproché les partis et formé une coalition tacite entre les royalistes et les presbytériens. Ceux-ci convenaient qu'ils avaient été trop loin, et les leçons de l'expérience les réunissaient enfin au reste de l'Angleterre pour désirer un roi, seul remède à tant de maux, pages 333, 353 (1).

Monck n'avait point cependant encore l'intention de répondre au vœu de ses concitoyens, page 353. Ce sera même toujours un problème de savoir à quelle époque il voulut un roi de bonne foi, page 345. Lorsqu'il fut arrivé à Londres, il se félicita, dans son discours au parlement, d'avoir été choisi par la Pro-

(1) En 1659. Quatre ans plus tôt, les royalistes, suivant ce même historien, se trompaient lourdement, lorsqu'ils s'imaginaient que les ennemis du gouvernement étaient les amis du roi. Voyez ci-devant, page 290.

vidence pour la restauration de ce corps, page 354. Il ajouta que c'était au parlement actuel qu'il appartenait de prononcer sur la nécessité d'une nouvelle convocation, et que, s'il se rendait aux vœux de la nation sur ce point important, il suffirait, pour la sûreté publique, d'exclure de la nouvelle assemblée les fanatiques et les royalistes, deux espèces d'hommes faites pour détruire le gouvernement ou la liberté, page 355.

Il servit même le long parlement dans une mesure violente, page 356. Mais, dès qu'il se fut enfin décidé pour une nouvelle convocation, tout le royaume fut transporté de joie. Les royalistes et les presbytériens s'embrassaient et se réunissaient pour maudire leurs tyrans, page 358. Il ne restait à ceux-ci que quelques hommes désespérés, page 353 (1).

Les républicains décidés, et surtout les juges du roi, ne s'oublièrent pas dans cette occasion. Par eux ou par leurs émissaires, ils représentaient aux soldats que tous les actes de bravoure qui les avaient illustrés aux yeux du parlement, seraient des crimes à

(1) En 1660; mais en 1655 *ils craignaient bien plus le rétablissement de la monarchie, qu'ils ne haïssaient le gouvernement établi*, page 209.

ceux des royalistes, dont les vengeances n'auraient point de bornes ; qu'il ne fallait pas croire à toutes les protestations d'oubli et de clémence : que l'exécution du roi, celle de tant de nobles, et l'emprisonnement du reste, étaient des crimes impardonnables aux yeux des royalistes, page 366.

Mais l'accord de tous les partis formait un de ces torrents populaires que rien ne peut arrêter. Les fanatiques mêmes étaient désarmés ; et, suspendus entre le désespoir et l'étonnement, ils laissaient faire ce qu'ils ne pouvaient empêcher, page 363. La nation voulait, *avec une ardeur infinie*, quoique en silence, le rétablissement de la monarchie, *ibid* (1). Les républicains, *qui se trouvaient encore à cette époque maîtres du royaume* (2), voulurent alors parler de *conditions* et rappeler d'anciennes propositions ; mais l'opinion publique réprouvait ces capitulations avec le souverain. L'idée seule de négociations et de délais effrayait des hommes harassés par tant de souffrances. D'ailleurs, l'enthousiasme de la liberté, porté au der-

(1) Mais l'année précédente, LE PEUPLE signait, *sans hésiter*, l'engagement de maintenir la république. Ainsi, il ne faut que 365 jours au plus, pour changer, dans le cœur de ce souverain, *la haine* ou *l'indifférence* en *ardeur infinie.*

(2) Remarquez bien !

nier excès, avait fait place, par un mouvement naturel, à un esprit général de loyauté et de subordination. Après les concessions faites à la nation par le feu roi, la constitution anglaise paraissait suffisamment consolidée, page 364.

Le parlement, dont les fonctions étaient sur le point d'expirer, avait bien fait une loi pour interdire au peuple la faculté d'élire certaines personnes à la prochaine assemblée, page 365 ; car il sentait bien que, dans les circonstances actuelles, convoquer librement la nation, c'était rappeler le roi, page 361. Mais le peuple se moqua de la loi, et nomma les députés qui lui convinrent, page 365.

Telle était la disposition générale des esprits, lorsque...

Cœtera DESIDERANTUR.

POST-SCRIPTUM

La nouvelle édition de cet ouvrage (1) touchait à sa fin, lorsque des Français dignes d'une entière confiance m'ont assuré que le livre du *Développement des vrais principes, etc.*, que j'ai cité dans le chapitre VIII, contient des maximes que le roi n'approuve point.

« Les magistrats, me disent-ils, auteurs du livre en
« question, réduisent nos états généraux à la faculté
« de faire des doléances, et attribuent aux parlements
« le droit exécutif de vérifier les lois, celles même
« qui ont été rendues sur la demande des États;
« c'est-à-dire qu'ils élèvent la magistrature au-dessus
« de la nation. »

J'avoue que je n'ai point aperçu cette erreur monstrueuse dans l'ouvrage des magistrats français (qui n'est plus à ma disposition); elle me paraît même

(1) C'est la troisième en cinq mois, en comptant la contrefaçon française qui vient de paraître. Celle-ci a copié fidèlement les innombrables fautes de la première, et en a ajouté d'autres.

exclue par quelques textes de cet ouvrage, cités aux pages 110 et 111 du mien; et l'on a pu voir, dans la note de la page 116, que le livre dont il s'agit a fait naître des objections d'un tout autre genre.

Si, comme on me l'assure, les auteurs se sont écartés des vrais principes sur les droits légitimes de la nation française, je ne m'étonnerais point que leur travail, plein d'ailleurs d'excellentes choses, eût alarmé le roi; car les personnes mêmes qui n'ont point l'honneur de le connaître, savent, par une foule de témoignages irrécusables, que ces droits sacrés n'ont pas de partisan plus loyal que lui, et qu'on ne pourrait l'offenser plus sensiblement qu'en lui prêtant des systèmes contraires.

Je répète que je n'ai lu le livre du *Développement, etc.*, dans aucune vue systématique. Séparé de mes livres depuis longtemps; obligé d'employer, non ceux que je cherchais, mais ceux que je trouvais; réduit même à citer souvent de mémoire ou sur des notes prises anciennement, j'avais besoin d'un recueil de cette nature pour rassembler mes idées. Il me fut indiqué (je dois le dire) par le mal qu'en disaient les ennemis de la royauté; mais s'il contient des erreurs qui m'ont échappé, je les désavoue sincèrement. Étranger à tous les systèmes, à tous les partis, à toutes les haines, par caractère, par réflexion, par position, je serai assurément très-satisfait de tout lecteur qui me lira avec des intentions aussi pures que celles qui ont dicté mon ouvrage.

Si je voulais, au reste, examiner la nature des différents pouvoirs dont se composait l'ancienne constitution française ; si je voulais remonter à la source des équivoques, et présenter des idées claires sur l'essence, les fonctions, les droits, les griefs et les torts des parlements, je sortirais des bornes d'un *post-scriptum*, même de celles de mon ouvrage, et je ferais d'ailleurs une chose parfaitement inutile. Si la nation française revient à son roi, comme tout ami de l'ordre doit le désirer : et si elle a des assemblées nationales régulières, les pouvoirs quelconques viendront naturellement se ranger à leur place, sans contradiction et sans secousse. Dans toutes les suppositions, les prétentions exagérées des parlements, les discussions et les querelles qu'elles ont fait naître, me paraissent entièrement de l'histoire ancienne.

FIN DES CONSIDÉRATIONS SUR LA FRANCE.

APPENDICES

AUX

CONSIDÉRATIONS SUR LA FRANCE

Nous joignons à ce volume, en forme d'Appendices, quelques extraits de lettres et mémoires de J. de Maistre. Ce sera certainement le meilleur de tous les commentaires.

APPENDICE I

—

EXTRAITS SUR LA FRANCE (1804-1820)

—

CHAPITRE I

29 mai/10 juin 1810.

En acceptant quelques erreurs inévitables et passagères sur de fausses nouvelles, et aussi quelques jugements précipités non moins inévitables dans une position restreinte qui ne permet pas même d'acheter les gazettes, toute ma correspondance a roulé pendant sept ans sur certains principes généraux que je prie Sa Majesté de vouloir bien considérer un instant dans l'abrégé extrêmement succinct que j'ai l'honneur de mettre sous ses yeux :

1º S'il y a quelque chose de malheureusement évident, c'est l'immense base de la révolution actuelle, qui n'a d'autres bornes que le monde.

2º Cette révolution ne peut point finir par un retour à l'ancien état des choses qui paraît impossible, mais par une rectification de l'état où nous sommes tombés; tout comme la révolution immense causée par l'invasion des barbares dans l'empire romain ne finit point par l'expulsion de ces barbares, mais par leur civilisation et leur établissement définitif qui créa l'état féodal de l'Europe.

3º La durée des révolutions étant proportionnée à la masse des éléments mis en fermentation et à la grandeur de l'effet qui doit en résulter, rien malheureusement ne nous annonce la fin de celle que nous voyons, d'autant plus que l'on n'aperçoit en Europe aucun jeune talent capable de s'opposer au torrent. Cet article est important; car l'homme qui n'a pas vaincu à trente ans ne vaincra jamais. Je veux dire qu'il pourra conduire des bataillons avec plus ou moins de succès dans une guerre ordinaire, mais que jamais il ne fera une de ces guerres qui changent la face du monde.

4° Mille et mille raisons historiques, politiques, morales, métaphysiques même, se réunissent pour faire croire que rien ne peut faire reculer la France, et que le repos ne peut être rendu au monde que par elle.

5° Bonaparte n'est qu'un immense zéro, une nullité toute puissante. Rien ne lui résiste ; mais son action est purement destructive, et il ne fait que balayer la place pour les architectes futurs.

(*Correspondance diplomatique.*)

7/19 décembre 1810.

On ne peut douter de l'existence d'une grande et formidable secte qui a juré depuis longtemps le renversement de tous les trônes ; et c'est des princes même dont elle se sert avec une habileté infernale pour les renverser. Voici la marche qui a toujours été invariable et très-efficace. Le christianisme ayant *épousé* la souveraineté en Europe, point de succès si l'on n'amène pas un *divorce* entre ces deux puissances.

Nous ne pouvons pas attaquer directement la souveraineté, qui nous ferait pendre, commençons donc par la religion et faisons-la mépriser; mais la chose n'étant pas possible tant qu'elle est défendue par un sacerdoce riche et influent, il faut avant tout l'avilir et l'appauvrir. Ce sacerdoce prêchant sans relâche l'origine divine de la souveraineté, l'obéissance passive, l'inviolabilité des souverains, etc..., *il est le complice naturel du despotisme.* Comment faire pour le rendre suspect ? Il faut le présenter comme un ennemi, et pour cela citer sans cesse de vieux combats entre les papes et les rois. Il n'aurait pas été difficile de s'apercevoir que le sacerdoce a bien attaqué quelquefois les souverains, mais jamais la souveraineté. Boniface VIII aurait excommunié les Français s'ils avaient voulu se révolter contre leur roi; il ne prétendait agir qu'en vertu d'un droit divin, de manière que l'erreur même soutenait la vérité, en avouant à la face des peuples que nulle puissance humaine n'avait ce droit; mais Voltaire qui usait sa plume à proclamer *les droits sacrés des rois et les attentats des Papes,* écrivait avec la même plume:

> O sagesse du ciel, je te crois très-profonde;
> Mais à quels plats tyrans as-tu livré le monde?

Et dans une prose non moins édifiante: *Les fidèles sujets qui combattent pour ces messieurs-là sont de terribles imbéciles. Gardez-moi ce secret avec les rois et avec les prêtres.*

Le roi très-chrétien a laissé prêcher ces doctrines dans ses propres États pendant un siècle ; il s'en est bien trouvé et il l'a voulu. La première monarchie du monde mise en l'air est tombée par son propre poids, comme je tomberais si le fauteuil qui me soutient venait à s'anéantir sous moi. Au moins si elle avait pu tomber seule ! Mais c'est aujourd'hui qu'on sait ce que c'est que la France : on ne le savait guère lorsqu'elle était possédée par des souverains légitimes, et que les défauts mêmes de ses maîtres tournaient au profit du monde.

Je ne sais, Monsieur le chevalier, si ce point de philosophie et d'histoire a quelque intérêt pour vous, ce qui m'empêche d'entrer dans de plus grands détails : il me suffit de vous assurer que je vois ici tout ce que nous avons vu ailleurs, c'est-à-dire *une force cachée qui trompe la souveraineté, et la contraint de s'égorger de ses propres mains.* De savoir ensuite si cette secte est réellement organisée, si elle forme une société proprement dite qui a ses lois et ses supérieurs; ou si elle résulte seulement de l'accord naturel d'une foule d'hommes qui veulent tous la même chose, c'est sur quoi je n'ai pu me procurer une certitude; mais l'action est incontestable, quoique l'agent ne soit pas entièrement connu : le talent de cette secte pour enchanter les gouvernements est un des plus terribles et des plus extraordinaires phénomènes qu'on ait vus dans le monde.

(Lettres et opuscules.)

1805.

Posons d'abord comme un principe incontestable que toute grande révolution agit toujours plus ou moins sur ceux-mêmes qui lui résistent, et ne permet plus le rétablissement total des anciennes idées. Nous le voyons par la commotion religieuse du seizième siècle qui a opéré une révolution très-sensible, même chez les catholiques. Distinguez d'ailleurs le *principe* de la révolution et ses *conséquences*. Personne assurément n'aime le pillage, les concussions, les violences, les *emprunts forcés*, etc. Mais la liberté, l'égalité, l'esprit de résistance et d'examen ne plaisent que trop à la nature corrompue. Je me rappelle qu'un jour au milieu d'une compagnié choisie, je dis : *Messieurs, tout le monde hait la révolution de haut en bas, mais de bas en haut, j'en doute.* On fut frappé de cet examen de conscience court et pénétrant. En effet un bourgeois trouvera très-impertinent qu'un valet veuille être son égal ; mais si les novateurs viennent lui prouver qu'il est l'égal d'un noble, il ne les trouvera plus si ridicules, je vous en réponds. Le petit nombre de gens sages qui jugent autrement et sainement ne prouve rien et ne signifie rien.

(Mémoires politiques.)

CHAPITRE II

Juillet 1804.

Tout le monde sait qu'il y a des révolutions heureuses et des usurpations très-criminelles dans leur principe, auxquelles cependant il plaît à la Providence d'apposer le sceau de la légitimité par une longue possession. Qui peut douter que Guillaume d'Orange ne fût un très-coupable usurpateur? Et qui peut douter encore que Georges III ne soit un très-légitime souverain? Si la maison de Bourbon est décidément proscrite *(quod abominor),* il est bon que le gouvernement se consolide en France. J'aime bien mieux Bonaparte roi que simple conquérant. Cette farce impériale n'ajoute rien du tout à sa puissance, et tue sans retour ce qu'on appelle proprement la *révolution française,* c'est-à-dire *l'esprit révolutionnaire,* puisque le plus puissant souverain de l'Europe aura autant d'intérêt à étouffer cet esprit qu'il en avait à le soutenir (1) et à l'exalter lorsqu'il en avait besoin pour parvenir à son but. Nous n'avons plus à craindre que des révolutions *tamerlaniques,* c'est-à-dire des conquêtes. Mais à cet égard le titre n'y fait rien, le danger était le même, et plus grand encore ; car le titre légitime (même en apparence) en impose jusqu'à un certain point à celui qui le porte. N'avez-vous pas observé, Madame, que dans la noblesse, qui n'est, par parenthèse, qu'un *prolongement de la souveraineté,* il y a des familles usées au pied de la lettre? La même chose peut arriver dans une famille royale ; il y a même une raison physique sur laquelle on s'obstine à fermer les yeux, et qu'il serait cependant très-bon de connaître puisqu'on peut la prévenir ; mais ce sujet me mènerait trop loin. La maison de Bourbon est-elle arrivée au point de répéter la chute inévitable des Carlovingiens ? Les partisans du *nouvel homme* le disent en France ; mais j'ai de très-bonnes raisons de croire le contraire, et je me complais à le penser ; car c'est la maison à laquelle je suis le plus attaché après celle à laquelle

---

(1) Joseph de Maistre ne prévoyait pas que Napoléon Ier éterniserait quelques-uns des principes de la révolution, en les introduisant dans le Code civil.

je dois tout. Il y a cependant quelque chose à prendre dans toutes ces déclamations de Paris. Les Bourbons français ne sont certainement inférieurs à aucune race régnante; ils ont beaucoup d'esprit et de bonté. Ils ont de plus cette espèce de *considération* qui naît de la grandeur antique, et, enfin, l'utile instruction que donne nécessairement le malheur; mais, quoique je les crois très-capables de *jouir* de la royauté, je ne les crois nullement capables de la *rétablir*.

Il n'y a certainement qu'un usurpateur de génie qui ait la main assez ferme et même assez dure pour exécuter cet ouvrage. Ses crimes même y servent infiniment : il y a deux choses qu'une puissance légitime ne peut exécuter. Qu'aurait fait le roi au milieu de tous ces décombres? Soit qu'il eût voulu transiger avec les préjugés ou les fouler aux pieds, ces préjugés l'auraient de nouveau et irrévocablement détrôné. Laissez faire Napoléon. Laissez le frapper les Français avec sa verge de fer; laissez-le emprisonner, fusiller, déporter tout ce qui lui porte ombrage; laissez-le faire une Majesté et des Altesses impériales, des maréchaux, des sénateurs héréditaires, et bientôt, n'en doutez pas, des chevaliers de l'ordre; laissez-le graver des fleurs de lis sur son écusson vide, **etc.**, **etc.**

Alors, Madame, comment voulez-vous que le peuple, tout sot qu'il est, n'ait pas l'esprit de se dire : « Il est donc vrai qu'une grande nation ne peut être gouvernée en république ! Il est donc vrai qu'il faut nécessairement tomber sous un sceptre quelconque et obéir à celui-ci ou à celui-là ! Il est donc vrai que l'égalité est une chimère ! » Des idées aussi simples se présenteront à tous les esprits ; mais je vous le répète, jamais le roi n'aurait pu le faire entrer dans les têtes ; il n'y aurait eu qu'un cri : *Le voilà qui revient avec ses ducs, ses cordons, etc. Quelle nécessité de rétablir des distinctions odieuses,* etc. Aujourd'hui les Français voient ce qu'il en est, et il ne faut pas autant d'esprit qu'ils en ont pour être parfaitement convertis. L'esprit de l'armée surtout ne peut être mis en question que par des hommes qui n'ont nulle connaissance. — Je reprends donc mon terrible dilemne : — Ou la maison de Bourbon est *usée* et condamnée par un de ces jugements de la Providence dont il est impossible de rendre raison, et, dans ce cas, il est bon qu'une nouvelle race commence une succession légitime, celle-ci ou celle-là, n'importe à l'univers ; — ou cette famille auguste doit reprendre sa place, et gère de Bonaparte, qui hâtera sa propre chute et rétablira toutes les bases de la monarchie sans qu'il en coûte la moindre défaveur au prince légitime. Je ne sais pas ce qui arrivera, mais je sais bien que ceux qui disent : *C'est fini!* n'y entendent rien. Au contraire, le couronnement de Bonaparte augmente la chance en faveur du roi. Ce prince a malheureusement de très-grands préjugés contre lui. Il y a longtemps que je les ai combattus, suivant mes forces, d'une manière qui m'a valu de sa part une très-honorable approbation que je n'attendais nullement ; mais passons :

Je dis que *chaque mouvement de haine envers l'usurpateur se tourne en amour pour le prétendant.* C'est ainsi, je l'espère, que se formera l'opinion dont le roi légitime a besoin.

. . . .

Si cette lettre était un livre, et si je pouvais m'enfoncer dans une certaine métaphysique que je me suis faite, peut-être que je vous ferais partager les mêmes opinions ; mais prenons la voie la plus courte de l'expérience. La politique est comme la physique. Il n'y en a qu'une de bonne : c'est l'expérimentale. Je dis donc ouvrez l'histoire, et montrez-moi un simple particulier qui soit monté subitement au rang suprême, et qui ait commencé une dynastie royale : cela ne s'est jamais vu, donc je suis fondé à croire que la chose est impossible; autrement, comment serait-il possible que, parmi les chances infinies des événements politiques, celle-là ne se fût jamais présentée ? Charlemagne était Pépin, c'est-à-dire ce qu'il y avait de plus grand dans l'Europe. Il touchait au trône et la force seule des choses l'y avait pour ainsi dire placé. Hugues Capet, qui remplaça à son tour les Carlovingiens, était duc de Paris, premier pair de France, fils de Hugues le Grand, et son origine se perdait dans les siècles. Les Stuarts furent renversés par un autre prince, et leur sang même ne quitta pas le trône, puisque Anne était Stuart; enfin, ces familles étaient, pour ainsi dire, *mûres pour la royauté*.

Mais voyez Cromwell, qui était dans le cas de Bonaparte, sa race n'a pas tenu. « C'est parce que son fils ne voulut pas régner, » disent les bonnes gens.— *O bella !* — Est-ce qu'il n'y a pas une cause à tout ? Mais je dis que ces familles ne tiennent pas, et c'est tout ce que je puis dire ; je me crois donc bien fondé à croire que la commission de Bonaparte est de rétablir la monarchie, et d'ouvrir tous les yeux en irritant également les royalistes et les jacobins, après quoi il disparaîtra, lui ou sa race; quant à l'époque, il serait téméraire de conjecturer; tout homme sage doit dire : « *Nescio diem neque horam.* » Mais à voir la manière dont les choses vont, il est bien permis de faire des suppositions favorables.

(Lettres et Opuscules.)

29 mai/10 juin 1805.

Personne n'a compris encore comment il faut traiter avec Bonaparte. On ne l'aborde qu'avec précaution et terreur, et cependant on ne peut le vaincre que par l'audace.

Votre Majesté verra qu'après avoir laissé perdre les moments les plus heureux, on l'attaquera enfin mal à propos, après lui avoir laissé prendre tous ses avantages. Surtout on doit dire : « On se bat pour les Bourbons et contre Bonaparte, et on ne touchera point aux confins de Lunéville. » Les Français entendent le français. Je ne vois point l'homme qui serait nécessaire pour renverser Napoléon. S'il existait, la conscience universelle le nommerait; tout le monde dirait: « Le voilà ! » Au surplus, il est bien possible qu'une femmelette l'expédie lorsqu'il aura parfaitement reconstruit la monarchie française ; car sur cet article on doit lui rendre justice, il est unique, et jamais Sa Majesté Très-Chrétienne n'aurait pu faire ce qu'il a fait. Une voix intérieure me dit que la chose ira ainsi.

(Mémoires politiques.)

1808.

La lettre de Napoléon au prince des Asturies est une pièce diabolique et qui a ceci de particulier que le poison résulte de la publicité, car si l'on suppose qu'un courrier ait porté la lettre au prince, et qu'elle soit demeurée confidentielle, je ne crois pas que Louis XIV eût pu écrire mieux. Mais du moment où la pièce est livrée à l'impression, la plus pure raison se change en atrocité. Le passage sur la reine est écrit (puisqu'il devait voir le grand jour), avec la griffe de Satan.

Malheureuse Espagne! Là et ailleurs c'est une terrible chose qu'une femme! Mais la proscription est générale, et la révolution universelle. Je le répète : la France s'empare de l'Europe et l'Europe s'empare du monde. Choiseul, d'Aranda, Pombal, Tanucci, Kaunitz même. Frédéric II et Joseph II, agissant noblement par eux-mêmes, et tous aidés par une foule de complices visibles et invisibles, avaient mis toutes les monarchies d'Europe plus ou moins hors de leurs bases. Une secousse est arrivée, tout a croulé. L'homme de la destinée s'empare des nations vacantes, les réunit dans sa main de fer et les fait marcher vers son but.

(Mémoires politiques.)

9/21 avril 1812.

Je suis oppressé en voyant l'ensemble des choses. — Tout homme sensé doit excuser un souverain qui refuse de dire : *je suis moins qu'un autre.* Cependant il y a entre les maisons souveraines la même coordination qu'entre les maisons nobles. Toutes sont nobles, mais plus ou moins; les autres sont toutes souveraines, mais plus ou moins. Je n'entends parler que de cette dignité, de cette noblesse, de cette *majesté*, en un mot, qui résulte de sa souveraineté; car la souveraineté elle-même, strictement dite, n'est susceptible ni de plus ni de moins. La chose de part ni d'autre ne dépend point de la richesse, ni de la puissance; car le Roi (1) est plus noble que l'empereur de Russie; cependant ils ne sont pas tout à fait égaux sur la mappemonde. Si le chef de la sublime maison d'Autriche, si le successeur de quarante-deux empereurs n'a pas cru qu'il y avait quelqu'un de plus grand que lui, encore une fois qui pourrait s'en étonner? Rien n'était plus vrai cependant, et non-seulement la maison de France passait tout, mais par un de ces liens impérieux auxquels les hommes n'entendent rien, de son sort dépendait celui de toutes les maisons royales du continent. Mille fois dans ma vie j'ai songé à cette lettre d'un pape à je ne sais quel mérovingien du VIIe siècle : *Vous qui êtes autant élevé au-dessus des autres princes que ceux-ci sont élevés au-dessus des particuliers*, etc. Alors cepen-

---

(1) Le roi de Sardaigne.

dant la France n'était pas ce qu'elle est ; à quoi tient cette opinion constante ? Ce n'est pas à la maison régnante, puisque la France obéissait alors à une autre dynastie ; le climat de France ne vaut pas mieux que celui de l'Italie ou d'Espagne ; il n'y a ni plus de génie, ni plus de goût, ni plus de science qu'ailleurs ; il y a même plus de légèreté et de folie ; les princes de cette maison, quoique infiniment respectables comme les autres, n'ont cependant rien qui puisse humilier ceux-ci. A quoi donc tient cette suprématie ? Il en est de même de la langue : il n'y a pas de petit grimaud de collége en Allemagne ou en Italie qui n'ait pas fait sa petite dissertation sur la *pauvreté de la langue française;* c'est comme si l'on écrivait sur la faiblesse d'un levier qui arrache des chênes. Cependant il n'est pas aisé de dire ce que c'est que cette supériorité ; la puissance seule ne suffit pas pour expliquer la chose. Mais j'ai peur de disserter. J'en reviens à dire que la chute de la maison de Bourbon est le plus terrible événement de l'histoire moderne, et que les souverains eux-mêmes, je le dis avec le respect qui leur est dû, ne l'ont que très-peu senti. Celui qui peut voir de sang-froid l'une des plus grandes et des plus respectables puissances du monde enveloppée dans le filet général est bien sot ou bien insensible.

(Correspondance diplomatique.)

6/18 septembre 1813.

Il faudrait être bien aveugle pour ne pas apercevoir dans ces messieurs (les Français qui sont à Saint-Pétersbourg) non pas seulement une parfaite accoutumance au régime actuel, mais un véritable sentiment d'admiration pour Napoléon et une véritable crainte de retour. Un Piémontais m'a dit, dans un moment de confiance : « Nous sommes compromis ; on se souvient comment les Autrichiens nous traitèrent pendant le moment où ils furent maîtres. — Qu'est-ce donc que vous dites, lui ai-je répondu ; est-ce que vous croyez que le Roi, qui est un père, traite ses enfants comme ils ont été traités par des étrangers ? Il récompensera tous les services et oubliera toutes les offenses ; il ne croira d'ailleurs à aucune offense, excepté les crimes, etc., etc.

Personne peut-être n'a été plus à même que moi de faire des observations directes ou indirectes sur l'esprit français. Jamais je n'ai pu découvrir un seul signe de révolte contre Bonaparte. « *Il est trop ambitieux* (ou *ambitionnaire*, comme disait un soldat); s'il veut que nous nous battions, *il faut bien qu'il nous nourrisse.* » Voilà ce que j'ai pu connaître de plus fort; mais jamais un mot ni un geste contre sa souveraineté. L'impression que cet homme fait sur les esprits est inconcevable. En sortant de Moscou, il dit aux soldats, de la manière la plus paternelle : *Soldats! j'ai besoin de votre sang; je suis votre souverain, vous ne pouvez me le refuser. — Vive l'empereur! Vive l'empereur!* Et l'on battait des mains. Plus loin on disait : « *Qu'a-t-il dit? qu'a-t-il dit?* » Et à mesure que la charmante apostrophe circulait, les régiments battaient des mains en criant : *Vive l'empereur!* I., qui était présent, m'a fait peur en me disant : « *Lorsque je le voyais passer devant le front, mon cœur battait comme lorsqu'on a couru de toutes ses forces, et mon front se couvrait de sueur, quoiqu'il fît très-froid.* » Plus d'une fois le même jeune homme aura folâtré devant les batteries.

C'est une singulière chose, Monsieur le chevalier, que la politique! Dans la théorie comme dans la pratique, ce qui paraît démontré est presque toujours ce qui est faux. Si jamais il n'y avait eu de gouvernement, celui qui opinerait pour la monarchie héréditaire contre l'élective passerait pour un fou ; néanmoins le premier gouvernement est le plus stable et le plus naturel à l'homme, et l'autre est le plus mauvais. La pratique est tout aussi trompeuse. L'émigration paraissait, dans le principe, et le signe le moins équivoque de la fidélité et le plus grand moyen de salut pour le souverain : cependant elle lui a porté le coup le plus sensible, en créant contre lui dans l'intérieur une opposition formidable qui n'existerait pas si personne n'avait remué. Si la maison de Bourbon doit périr *(Quod Deus avertat!*) elle périra par cette arme.

(Correspondance diplomatique.)

CHAPITRE III

6/18 juillet 1814.

Je ne finirai point sans faire observer à Votre Excellence qu'on se tromperait infiniment, si l'on croyait que Louis XVIII est remonté sur le trône de ses ancêtres. Il est seulement remonté sur le trône de Bonaparte, et c'est déjà un grand honneur pour l'humanité : mais nous sommes bien loin du repos. La révolution fut d'abord démocratique, puis oligarchique, puis tyrannique : aujourd'hui elle est royale, mais toujours elle va son train. L'art du prince est de régner sur elle et de l'étouffer doucement *en l'embrassant :*

la contredire de front ou l'insulter serait s'exposer à la ranimer et à se perdre du même coup.

(Correspondance diplomatique.)

18/30 novembre 1814.

Au moment où le roi Louis XVIII rentra dans sa capitale, on regarda ici comme certain que nous allions être jetés dans les épines d'une constitution, et véritablement toutes les apparences favorisaient cette opinion ; sur le champ je tâchai de parer le coup par une note aussi forte et aussi raisonnée qu'il me fut possible ; je la remis ici pour être transmise à Sa Majesté impériale, et en même temps j'eus l'honneur de soumettre à Sa Majesté les idées dont il me parut qu'elle pouvait faire usage pour se tirer de ce pas sans inconvénient. Je voudrais bien savoir encore si tout cela est parvenu, car je vois qu'on m'a escamoté plusieurs paquets. D'ailleurs, quoique le danger soit passé, je ne sais trop s'il est passé pleinement et pour toujours : l'esprit du siècle est terrible, et ce sera un grand miracle s'il n'entreprend et n'obtient rien.

Les espérances que nous avons dans ce moment m'engagent à vous présenter les lignes suivantes :

Chaque nation a son caractère particulier qui se mêle à son gouvernement et le modifie. On croit que le même nom exprime le même gouvernement ; c'est une erreur grossière et souvent terrible.

La France était une monarchie, le Piémont était une monarchie ; on aurait cependant fait extravaguer les deux nations si l'on avait entrepris de gouverner chacune d'elles avec les principes de l'autre. J'en dis autant de Genève et de Gênes, de Venise et de Berne, etc.

(Correspondance diplomatique.)

27 juillet/18 août 1815.

On ne peut s'empêcher d'admirer, dans tout ce qui se passe, la prévision de la justice invisible. La France s'est rendue coupable par sa révolte et par son orgueil effréné ; elle s'est livrée à l'excès de la servitude et de l'avilissement ; elle est venue insulter tous les souverains et toutes les nations dans leurs capitales : les souverains et leurs nations en corps s'emparent deux fois de suite de sa capitale ; Bonaparte avait particulièrement foulé et insulté la Prusse : c'est la Prusse qui lui a donné le coup de grâce ; il était allé à Berlin prendre l'épée et le chapeau de Frédéric II, et il les avait brutalement envoyés à Paris : les Prussiens lui prennent son chapeau et son épée à Jemmapes, et les envoient justement à Berlin ; enfin, cette maudite famille voulait s'emparer de tous les trônes, et toute la famille est dispersée comme prisonnière parmi toutes les nations de l'Europe, etc. — Cette sorte d'*appuntino* est véritablement singulière.

Les actes du nouveau Congrès et ce qui arrivera en France sont lettres closes pour nous. J'ai un grand paradoxe dans l'esprit, Monsieur le comte, et tout paradoxe n'est pas une erreur ; c'est que dans ce moment *le plus grand soin des princes doit être de se garder de l'esprit révolutionnaire.* Je prie Votre Excellence de ne pas rire. L'esprit révolutionnaire *s'habille* en esprit *philosophique*, et sous ce masque il est très-séduisant. Comme, dans le commencement de la révolution, des nobles du premier ordre, pour se distinguer par le mépris des préjugés, se laissèrent entraîner par des scélérats ou par des fous qui les perdirent ou les déshonorèrent, il serait très-possible, très-aisé même, dans ce moment, que les meilleurs souverains fussent séduits par la gloire apparente de dominer ces préjugés que l'opinion commune attache à leur haute qualité, et de se montrer au monde comme des princes philosophes, c'est-à-dire comme des princes dupes d'une secte terrible qui ne leur applaudit que pour les perdre.

Pourquoi cacherais-je à Votre Excellence que je suis extrêmement alarmé d'un certain penchant vers les idées et même vers les hommes révolutionnaires ? Qui sait si le roi de France n'est pas plus influencé par M. tel ou tel, que je ne puis l'être moi-même, qui ne suis cependant qu'un atome, par le roi de France ? Je ne vois pas que les crimes les plus infâmes, l'apostasie la plus odieuse inspirent cette sorte de *ribrezzo* qui serait néanmoins bien naturel. *Il faut dissimuler,* dira-t-on, *de peur de tout perdre;* fort bien, puisqu'il n'y a plus rien à dissimuler, je crois que le nouveau Congrès devrait particulièrement s'occuper des moyens d'éteindre l'esprit révolutionnaire. Faites valoir ces idées de votre côté, Monsieur le comte, vous rendrez un grand service au monde. Le problème qu'on agite de tout côté est celui-ci : *Trouver les moyens de rétablir l'ordre en touchant le moins possible aux révolutionnaires et à leurs actes,* tandis que le problème, au contraire, devait être celui-ci : *Trouver les moyens d'écraser les révolutionnaires et leurs actes, autant qu'il est possible, sans exposer les souverainetés légitimes.*

Si le parti révolutionnaire se tire d'ici sain et sauf, sans avoir rien perdu de tout le fruit de la révolution, la partie de la souveraineté est perdue. A Dieu ne plaise que je m'oppose à ce qu'on perfectionne les gouvernements ; mais si les souverains veulent faire quelques concessions utiles à leurs peuples, qu'ils les accordent à la raison éclairée et morale de leurs sujets fidèles, et non à l'impunité et aux vues ambitieuses des coupables. Je ne sais, au reste, à quoi nous mène cette manie constitutionnelle : on *fourre* de tout côté le gouvernement anglais, qui n'est bon que chez lui. La nation la plus imposée est celle qui s'impose elle-même. La monarchie européenne (c'est-à-dire chrétienne) va toute seule ; l'ignorance seule peut la défigurer, et il s'agit bien moins de la corriger que de la faire comprendre.

(Correspondance diplomatique.)

24 août/5 septembre 1815.

L'immense faveur accordée par une immensité d'hommes à ce personnage fameux (1), les partisans qu'il a laissés, les espérances qu'il entretient, la chute de Sa Majesté Très-Chrétienne dans l'opinion, les idées révolutionnaires vivantes et visibles de tout côté, l'immoralité générale, et tant d'autres circonstances inutiles à rappeler, combinées avec la rage de la France et le mécontentement extrême de tant d'autres peuples, m'inspirent encore le plus grand effroi pour l'avenir.

(Correspondance diplomatique.)

14/26 septembre 1815.

La France est morte dans ce moment. Toute la question se réduit à savoir si elle ressuscitera. Il serait imprudent de disserter sur le temps futur. Tout ce qu'on peut dire, c'est qu'on ne voit malheureusement

(1) Napoléon.

aucune chance de tranquillité pour l'avenir. La justice, de sa nature, produit la paix, comme l'injustice, de sa nature, produit la guerre. Pourquoi l'homme satisfait se battrait-il, quand même il le pourrait? et pourquoi l'homme injurié ne se battrait-il pas, s'il en a le pouvoir? la probabilité du repos doit donc être estimée infailliblement par le nombre des contents et des mécontents. Bonaparte est tombé, mais ses maximes sont vivantes. On ne saurait répondre de rien.

Quand je songe que le résultat des plus grands efforts militaires et politiques est la ruine définitive et absolue de l'innocence ou de la simple faiblesse, d'un côté; et de l'autre, le triomphe, l'absolution générale, l'enrichissement sanctionné des plus vils brigands, des traîtres les plus scandaleux qui aient jamais déshonoré la terre, quand je pense à ce qu'on a fait et à ce qu'on pouvait faire, j'ai envie de pleurer comme une femme.

Mais peut-être que je me presse trop de me désespérer. Il y a des choses qui ne peuvent se faire subitement. La justice *boîte*, à ce que disent les anciens; mais à la fin elle arrive. Déjà j'apprends, toujours par les gazettes, que Sa Majesté a mis la main sur certains biens *sacrés*, suivant le nouveau dictionnaire ; en tout il ne s'agit que de commencer. Quand les rois seront bien assis et que certains conseils auront pu arriver, j'espère que nous aurons beau jeu.

(Correspondance diplomatique.)

CHAPITRE IV

26 octobre/7 novembre 1815.

On parle beaucoup ici de la convention religieuse signée à Paris, le 14/26 du mois dernier, entre Leurs Majestés les empereurs de Russie et d'Autriche, et Sa Majesté le roi de Prusse. Par cette convention à jamais célèbre, les trois souverains se reconnaissent comme frères et comme chefs des trois grandes familles chrétiennes qui n'en font qu'une. Votre Excellence apprendra avec le plus grand étonnement (si elle ne l'a déjà appris) qu'on y lit en toutes lettres : *Jésus-Christ notre Seigneur et notre Sauveur, Verbe éternel, splendeur du Père, trésor d'amour.* La pièce n'est pas encore imprimée, mais elle a été lue à Gatschina, devant toute la société de Sa Majesté l'impératrice mère, qui l'a reçue de son auguste fils. J'ai demandé à l'un des auditeurs si la convention contient quelque chose de dispositif; par exemple, si les souverains se promettent de donner main-forte à la religion, etc. Point du tout. La pièce est purement ce que nous appelons dans les tribunaux *déclaratoire*. C'est une espèce de profession de foi, qui n'est contre-signée d'ailleurs (ce qui est remarquable) par aucun ministre. Le rédacteur, comme je m'en crois sûr, n'est pas moins que l'empereur de Russie, qui écrit, comme vous savez, avec autant de facilité que d'élégance; du moins il a signé le dernier, ce qui paraît prouver que c'est lui qui a tenu la plume, quand il n'y aurait pas une preuve encore plus décisive.

Des expressions empruntées des symboles, de la liturgie, des mystiques même, et transportées *toutes chaudes* dans la diplomatie, ne manqueront pas de faire éclater de rire toute la *religieuse* Europe. Mais pendant que certaines personnes rient, d'autres peuvent penser et écrire.

Une grande révolution religieuse est inévitable en Europe, et déjà même elle est fort avancée : c'est ce que n'ignore aucun des hommes qui s'occupent de certaines recherches. La déclaration dont j'ai l'honneur de vous parler est une phase de cette révolution ; bientôt, sans doute, elle deviendra inutile, mais, dans ce moment, elle ne l'est pas : elle est, au contraire, très-significative et produira un grand effet. Il faut que Sa Majesté prenne bien garde que l'èsprit qui l'a dictée n'est ni catholique, ni grec, ni protestant ; c'est un esprit particulier que j'etudie depuis trente ans, mais dont le portrait tiendrait trop de place. Il me suffira de dire qu'il est aussi bon dans les communions séparées que mauvais chez nous. C'est lui qui doit fondre les métaux, ensuite on jettera la statue. Je n'ai rien à dire sur l'à-propos des expressions, à leur place et dans ce moment.

Ce fut l'intérêt de la souveraineté mal entendu qui fit la révolution du xvi° siècle ; on nia les dogmes de l'Église pour lui voler ses biens. Aujourd'hui ce même intérêt bien entendu produira une révolution contraire. Il faudrait que les souverains protestants eussent perdu le sens pour ne pas apercevoir l'insigne folie qu'ils font, de soutenir une religion qui pose en maxime le jugement particulier et la souveraineté du peuple, contre une autre religion qui soutient (indépendamment des preuves dont elle est environnée), *que contre notre légitime souverain, fût-il même un Néron, nous n'avons d'autre droit que celui de nous laisser couper la tête en lui disant respectueusement la vérité.*

. . . .
. . . .
. . . .
. . . .
. . . .
. . . .
. . . .

En attendant d'autres événements, Votre Excellence peut tenir pour certain que l'épouvantable révolution dont nous venons d'être les témoins n'est que la préface d'une autre.

(Correspondance diplomatique.)

20 janvier/2 février 1816.

Votre Excellence m'a fait tout le plaisir possible en m'apprenant que j'avais rencontré les idées de Sa Majesté sur la fameuse convention chrétienne de Paris, et puisque le Roi me fait l'honneur de désirer de plus amples détails sur ce point, voici ce que je dois ajouter.

Votre Excellence a beaucoup ouï-parler *d'illuminés*, mais qu'elle prenne bien garde qu'il n'y a pas de mot dont on abuse davantage : on s'est accoutumé à ranger sous ce mot tous les gens qui professent des doctrines secrètes, de sorte qu'on était venu à donner le même nom aux disciples de Weisshaupt en Bavière, qui avaient pour but l'extinction générale du christianisme et de la monarchie, et aux disciples de saint Martin, qui sont des chrétiens exaltés.

Pour fixer ses idées, il suffit que Votre Excellence sache qu'il existe maintenant en Europe une innombrable quantité d'hommes qui ont imaginé que le christianisme recèle des mystères ineffables inaccessibles à l'homme, et c'est ce que les Allemands appellent le *christianisme transcendental*.

Ils croient que le christianisme était dans son origine une véritable initiation, mais que les prêtres laissèrent bientôt échapper ces divins secrets, de manière qu'il n'y a plus dans ce moment de véritable sacerdoce. La haine ou le mépris de toute hiérarchie est un caractère général de tous ces illuminés, au point que saint Martin, avec toute la piété dont ses livres sont remplis, est cependant mort sans appeler un prêtre.

Ils croient à la préexistence des âmes et à la fin des peines de l'enfer, deux dogmes fameux d'Origène. Je n'en dirai pas davantage à Votre Excellence, ceci n'étant point une dissertation ; je me borne a lui dire que je me suis si fort pénétré des livres et des discours de ces hommes-là, qu'il ne leur est pas possible de placer dans un écrit quelconque une syllable que je ne reconnaisse.

C'est cet illuminisme qui a dicté la convention de Paris, et surtout les phrases extraordinaires de l'article Ier qui ont retenti dans toute l'Europe. Quelqu'un observait l'autre jour en riant qu'on avait fait tort au Saint-Esprit en ne l'y nommant pas, et que c'était un passe-droit. Mais il ne s'agit pas de rire : les illuminés de ce genre pullulent à Saint-Pétersbourg et à Moscou ; j'en connais un nombre infini, et il ne faut pas croire que tout ce qu'ils disent et écrivent soit mauvais. Ils ont au contraire des idées très-saines, et, ce qui étonnera peut-être Votre Excellence, ils se rapprochent infiniment de nous de deux manières. D'abord leur propre clergé n'a plus d'influence sur leur esprit, ils le méprisent profondément et, par conséquent, ils ne l'écoutent plus : s'ils ne croient pas le nôtre légitime, au moins ils ne le méprisent point et même ils ont été jusqu'à convenir que nos prêtres avaient mieux retenu l'esprit primitif. En second lieu, les mystiques catholiques ayant beaucoup d'analogie avec les idées que les illuminés se forment du culte intérieur, ceux-ci se sont jetés tête baissée dans cette classe d'auteurs : ils ne lisent que sainte Thérèse, saint François de Sales, Fénelon, Madame Guyon, etc., etc. Or, il est impossible qu'ils se pénètrent de pareils écrits sans se rapprocher notablement de nous, et j'ai su qu'un grand ennemi de la religion catholique disait ici il y a peu de temps : *Ce qui me fâche c'est que tout cet illuminisme finira par le catholicisme.*

Si, d'un côté, ils nous touchent par les mystiques, de l'autre ils se rapprochent des chrétiens relâchés, ou pour mieux dire, des déistes allemands qui ont inventé ou ramené la distinction de la *religiosité* et *de la religion :* par la première, ils entendent certains dogmes fondamentaux qui font l'essence de la religion, et par la seconde, les dogmes particuliers de chaque communion qui n'ont rien d'essentiel. La première est l'homme, et la seconde est son habit, dont vous seriez bien le maître de changer, Monsieur le comte, sans cesser d'être le comte de Vallaise.

Je suis parfaitement informé des machines que ces gens-là ont fait jouer pour s'approcher de l'auguste auteur de la convention et pour s'emparer de son esprit : les femmes y sont entrées comme elles entrent partout.

Votre Excellence a observé que la convention n'a point de titre ; j'ajoute qu'elle ne peut point en avoir, et voici pourquoi : c'est que tous les grands et excellents personnages qui l'ont souscrite ne connaissent pas dans toute leur étendue les vues de ceux qui l'ont dictée, et que ceux-ci se gardaient bien de vouloir s'expliquer clairement.

Si l'esprit qui a produit cette pièce extraordinaire avait parlé clair, nous lirions en tête : Convention par laquelle tels et tels princes déclarent que tous les chrétiens ne sont qu'une famille professant la même religion, et que les différentes dénominations qui les distinguent ne signifient rien.

Méditez bien la pièce, Monsieur le comte, et vous sentirez que si elle n'a point ce sens-là, elle n'en a point.

(Correspondance diplomatique.)

CHAPITRE V

16/28 mai 1816.

Les nouvelles de la France sont inquiétantes. Toujours ce pays agitera l'Europe en bien ou en mal. Qui sait ce que nous verrons encore! Les Anglais font bien mal de tant parler de Bonaparte et de le tenir, pour ainsi dire, présent à tous les yeux : on expose son buste dans les dîners d'apparat; on sait ce qu'il fait, ce qu'il dit, les impertinences qu'il se permet, les progrès qu'il fait dans la langue anglaise, etc., tandis qu'il faudrait le faire oublier parfaitement.

La révolution n'est pas finie, Monsieur le comte; les principes révolutionnaires sont montés bien haut.

On croit que les peuples peuvent faire des princes, et les princes eux-mêmes croient pouvoir en faire d'autres sans femmes : voilà deux opinions terribles qu'il faut déraciner. La première, qui est la souveraineté du peuple, a malheureusement de grandes apparences de vérité en sa faveur : Cependant ce n'est pas une erreur, c'est une bêtise ; la seconde est peut-être encore plus dangereuse. Il est bien à désirer qu'on en revienne aux anciennes idées, suivant lesquelles, pour faire un prince, il faut qu'un prince et une princesse viennent dans l'église promettre de nous en donner un. Toute autre manufacture doit être fermée et déclarée nulle. Mais si de notre côté nous prêchons les bons principes, les droits irrévocables de la légitimité et le droit sacré de la succession, il faut que les princes, de leur côté, prennent garde à eux et prêtent l'oreille aux penseurs qui savent un peu comment le monde va. Ils jouent maintenant un jeu à perdre toutes les familles souveraines d'Europe l'une après l'autre. C'est sur quoi j'aurai probablement l'honneur d'adresser quelques idées à Votre Excellence par une autre voie. Je passe à une considération d'un genre bien différent. — Si un prince, dit-on, laisse dire que tel autre prince n'est pas fait pour régner, comment sait-il que ses peuples ne tiennent pas les mêmes discours sur lui-même dans le même moment? *Le prince le plus fait pour régner, c'est celui qui règne et qui a droit de régner.* Jamais il ne faut s'écarter de cette maxime. L'esprit des peuples est fort gâté sur ce point; mais il faut dire aussi que les cabinets y ont contribué, en ce qu'ils n'ont plus peur de certaines idées qui auraient révolté nos grands-pères.

(Correspondance diplomatique.)

13/25 octobre 1816.

Turin aura sans doute été rempli, ainsi que tout le reste de l'Europe, des derniers événements de Paris. Il y a longtemps que j'ai pris mon parti sur la *Charte*. Elle fait beaucoup d'honneur au roi, mais très-peu à la France; le premier, obligé de transiger avec les préjugés et l'effervescence du moment, a présenté très-habilement à son peuple un amalgame qui s'accorde aussi bien qu'il est possible avec les idées courantes; mais les Français, en allant *gueuser* une constitution chez les Anglais, sans savoir ni vouloir tirer parti des éléments qui sont chez eux, se déclarent à la fois vils et ignorants. Cependant, Monsieur le comte, si je siégeais dans l'une des deux Chambres, je défendrais à outrance la dernière syllabe de cette guenille de *Charte,* parce qu'il n'y a pas d'autre moyen de sauver la France que de marcher avec le Roi, autrement l'État va ressembler à une voiture dont les chevaux tireraient en sens opposés. Ceci ne m'empêche point de voir que c'est une grande question de décider si le Roi ne se trompe point ; je tiens seulement qu'il faut le soutenir, quand même il se tromperait : car, de ce que la constitution ne peut durer, il ne s'ensuit nullement qu'il ne faille pas la défendre aujourd'hui. Je suis, au reste, trèsporté à croire que le Roi lui-même a trop d'esprit pour croire à la permanence de cette bulle de savon.

Il est vrai aussi que ceux qu'on appelle *ultra-royalistes* ont parlé de restitution forcée des biens nationaux, ils se sont donné un tort. Je crois en mon âme et conscience que la souveraineté européenne, victorieuse de la France, avait le droit et le pouvoir de juger Bonaparte et d'arracher la racine révolutionnaire en détruisant les fortunes révolutionnaires ; dès qu'elle ne l'a pas fait, chaque souverain particulier a droit aussi de songer à lui et de ne pas se compromettre. Le temps, qui est le père des miracles, comme dit un proverbe asiatique, amènera des réflexions aux spoliateurs et des consolations aux spoliés.

(Correspondance diplomatique.)

CHAPITRE VI

3 mars 1819.

L'état présent de l'Europe fait horreur, et celui de la France en particulier est inconcevable. La peinture que vous me faites d'un seul département convient en plus ou en moins à tous les autres. *La révolution est debout* sans doute, et non-seulement elle est debout, mais elle marche, elle court, elle rue. — Rangez-vous, Messieurs et Mesdames. La seule différence que j'aperçois entre cette époque et celle du grand Robespierre, c'est qu'alors les têtes tombaient et qu'aujourd'hui elles tournent. D'ailleurs, il ne faut désespérer de rien et s'attendre à tout avec des esprits tels que nous les connaissons. J'ai peine à croire que l'état actuel ne finisse pas de quelque manière extraordinaire et peut-être sanglante.

. . . .

Il est infiniment probable que les Français nous donneront encore une tragédie ; mais que ce spectacle ait ou n'ait pas lieu, voici ce qui est certain, mon cher chevalier. L'esprit religieux, qui n'est pas du tout éteint en France, fera un effort proportionné à la compression qu'il éprouve, suivant la nature de *tous les fluides élastiques*. Il soulèvera des montagnes, il fera des miracles. Le souverain pontife et le sacerdoce français s'embrasseront, et, dans cet embrassement sacré, ils étoufferont les maximes gallicanes. Alors le clergé français commencera une ère nouvelle, et reconstruira la France, — et la France prêchera la religion à l'Europe, — et jamais on n'aura rien vu d'égal à cette propagande ; — et si l'émancipation des catholiques est prononcée en Angleterre, ce qui est possible et même probable, et que la religion parle en Europe français et anglais, souvenez-vous bien de ce que je vous dis, mon très-cher auditeur, il n'y a rien que vous ne puissiez attendre. — Et si l'on vous disait que, dans le courant du siècle on dira la messe à Saint-Pierre de Genève et à Sainte-Sophie de Constantinople, il faudrait dire : Pourquoi pas?

Cet oracle est plus sûr que celui de Calchas.

(Lettres et Opuscules. Lettre au chevalier d'Olry.)

28 mai 1819.

L'impatience nous est bien naturelle puisque nous souffrons; cependant il faut avoir assez de philosophie pour dompter les premiers mouvements. Les minutes des empires sont des années de l'homme : nous donc qui ne vivons que quatre-vingts minutes, dont il faut donner encore dix à l'enfantillage et dix au radotage, dès qu'une grande calamité dure vingt minutes, par exemple, nous disons : *c'est fini !* Les esprits célestes, qui entendent ces belles exclamations, rient *comme des fous.* Or vous, Madame (1), qui êtes aussi un esprit, malgré votre enveloppe grossière qui n'a jamais déplu à personne, vous permettrez bien, je pense, que je vous propose une petite expérience : Faites-vous prêter

(1) Mme la duchesse des Cars.

le volume du *Moniteur* où se trouve le discours de Robespierre prononcé par ce digne homme le jour où fut prononcée la renonciation au culte. Reportez-vous, par la pensée, dans ce moment et dans ce lieu où l'on croit entendre parler l'enfer, et supposez qu'un véritable esprit vienne vous dire à l'oreille : Ma cousine, sachez que dans huit ou neuf minutes, un cardinal fera son entrée publique à Paris, comme nonce *a latere*. — Si vous ne lui aviez pas ri au nez c'eût été uniquement par respect pour les anges ; et cependant, Madame la duchesse, rien n'était plus vrai. Un esprit qui viendrait vous dire aujourd'hui ce qui se passera dans vingt minutes, vous étonnerait encore davantage ; je ne le verrai pas ; mais vous le verrez, et vous aurez la bonté de vous rappeler alors le prophète Allobroge. Pour revenir à nos moutons, la France se rétablira parfaitement ; elle sera refaite, comme elle a été faite, par le clergé et la noblesse ; il faut que les grands principes tombent sur le peuple de haut en bas, comme la pluie.

(Lettres et opuscules.)

APPENDICE II

Quelques idées de Donozo Cortez sur le Parlementarisme.

Dieu a imposé aux mondes une loi souveraine, en vertu de laquelle l'unité et la diversité, qui se trouvent en Dieu lui-même, doivent nécessairement d'une manière ou d'une autre, se trouver en toutes choses : et c'est pourquoi l'ensemble de toutes choses porte le nom d'Univers, mot qui, décomposé, veut dire l'unité et la diversité réunies en un. Dans la société, l'unité se manifeste par le pouvoir, la diversité par les hiérarchies : et le pouvoir et les hiérarchies, comme l'unité et la variété qu'ils représentent, sont inviolables et sacrés, parce que leur existence est à la fois l'accomplissement de la loi de Dieu et la garantie de la liberté du peuple.

La monarchie héréditaire, telle qu'elle a existé aux époques qui séparent la monarchie féodale de la monarchie absolue, est le type le plus parfait, le plus achevé du pouvoir politique et des hiérarchies sociales. Le pouvoir était un, perpétuel et limité, parce qu'il rencontrait partout une résistance matérielle dans une hiérarchie organisée. Il y avait alors aussi des assemblées, mais elles n'étaient pas un pouvoir. Quand la monarchie, sans être encore absolue, eut déjà acquis une grande force, elles furent une digue et rien de plus ; aux jours de l'ébranlement des trônes, elles devinrent un champ de bataille. Ceux qui ont voulu voir dans les assemblées de cette époque l'origine des gouvernements parlementaires ignorent ce que c'est que le gouvernement parlementaire et quelle en est l'origine. Je le leur dirai tout à l'heure.

A cette monarchie, que je n'hésite pas à appeler le plus parfait de tous les gouvernements possibles, succéda dans l'ordre des temps la monarchie absolue. L'avénement de celle-ci coïncida avec deux grands faits : la restauration du paganisme littéraire et l'insurrection religieuse, la Renaissance et la réforme. La civilisation moderne ne pouvait venir au monde sous de plus tristes auspices. Si on l'examine bien, cette civilisation n'est autre chose, dans l'ordre religieux, moral et politique, qu'une décadence progressive et continue.

La monarchie absolue eut cela de bon, qu'elle conserva l'unité et la perpétuité du pouvoir; et cela de mauvais, qu'elle supprima ou rendit impuissantes les résistances et les hiérarchies. Les lois de Dieu furent ainsi violées; un pouvoir sans limites est un pouvoir essentiellement anti-chrétien, qui outrage tout à la fois la majesté de Dieu et la dignité de l'homme. Un pouvoir sans limites ne pense jamais être ni un ministère ni un service; et le pouvoir politique, sous l'empire de la civilisation chrétienne, n'est pas autre chose. D'un autre côté, un pouvoir sans limites fait tomber rois et sujets dans l'idolâtrie : le sujet adore le roi, le roi s'adore lui-même.

Dans les ruines monumentales de l'Égypte, il n'est pas rare de trouver réunies deux statues représentant un seul et même personnage; et toujours ces statues sont dans l'attitude l'une de celui qui rend, l'autre de celui qui reçoit le culte de l'adoration : ce qui signifie que Ramsès roi adore Ramsès dieu. Ces deux statues, si les hommes de notre époque avaient le génie symbolique des Égyptiens, pourraient symboliser nos monarchies absolues. Qu'espérer d'une civilisation qui, ayant encore sous la main la monarchie chrétienne, commence par restaurer la monarchie des Pharaons !

Le parlementarisme tire son origine d'une réaction contre la monarchie absolue; et je ne connais pas dans l'histoire de réaction plus funeste. La monarchie absolue, qui est la négation de la monarchie chrétienne dans une de ses conditions fondamentales, est pourtant l'affirmation de cette même monarchie dans deux de ses conditions essentielles, tandis que le parlementarisme la nie dans son essence et dans toutes ses conditions. Il la nie dans son *unité* qu'il brise en trois par la division des pouvoirs; il la nie dans sa *perpétuité*, en la fondant sur un contrat : comment le pouvoir pourrait-il être inamissible, si le fondement sur lequel il repose est de sa nature changeant et variable ? Il la nie dans sa *limitation*, en plaçant le pouvoir dans une trinité politique qui tantôt ne peut exercer son action et tantôt l'exerce despotiquement : ou, par suite de la maladie organique dont elle est atteinte, l'antagonisme des trois membres qui la composent la réduit à l'impuissance ; ou, ses divisions cessant, son pouvoir devient une tyrannie, car alors elle ne rencontre autour d'elle et elle ne reconnaît en dehors d'elle-même aucune force qui puisse légitimement lui opposer la moindre résistance.

Il est donc évident que le parlementarisme nie la monarchie chrétienne dans toutes les conditions de son *unité* ; j'ajoute qu'il la nie également dans toutes les conditions de sa *variété* par la suppression des hiérarchies sociales. Cette suppression, en premier lieu, est un fait : aussitôt que le parlementarisme prévaut quelque part, toutes les corporations et toutes les hiérarchies disparaissent, sans laisser d'elles ni trace ni souvenir. En second lieu c'est un principe : suivant la théorie parlementaire, entre le roi et les assemblées délibérantes on ne doit admettre d'autre influence que celle des ministres, ses ambassadeurs ; et entre le Parlement et le peuple, que celle du corps électoral, agrégation arbitraire et confuse, qui se forme à un signal convenu, se disperse à un autre signal, et dont les membres gisent épars jusqu'à ce que la voix qui leur ordonne de se réunir retentisse de nouveau.

J'ai besoin de le répéter : je ne conçois pas de négation plus radicale, plus absolue, plus complète de la loi qui impose l'unité et la variété à toutes choses, et leurs conditions spéciales à ce qui est divers et à ce qui est un; de même que je ne conçois pas d'affirmation plus belle et plus forte de cette loi et de ces conditions que celle du Moyen-Age, lorsque inspiré par le génie catholique, il trouva la monarchie chrétienne au terme de sa laborieuse carrière.

L'on voit par là quelle est l'erreur de ceux qui, comparant le parlementarisme avec le socialisme, nous disent que le dernier est une négation extrême et le premier une négation mitigée. La différence entre l'un et l'autre n'est pas dans le degré de la négation, puisque l'un et l'autre nient totalement et radicalement ; elle consiste en ce que le parlementarisme renferme sa négation dans les sphères politiques, tandis que le socialisme la porte dans les sphères sociales.

A ne considérer que les apparences et les formes, on peut trouver au parlementarisme de nos jours des antécédents et des modèles dans tous les temps et dans tous les pays. Il en a, par exemple, en Angleterre, où tout se gouverne par deux chambres, agissant de concert avec la couronne ; il en a, dans le passé, chez toutes les nations de l'Europe, où le clergé, la noblesse et les villes étaient appelés à délibérer sur les intérêts publics. Mais si, laissant de côté les apparences et les formes, nous allons droit au cœur de la question, si nous insistons pour que ces formes, identiques entre elles, nous révèlent l'esprit qui s'y cache et qui les anime, nous reconnaîtrons que le parlementarisme tel qu'il a prévalu depuis quelques années sur le continent est quelque chose de tout à fait nouveau dans le monde, et qu'il est impossible de lui trouver ni précédent ni modèle dans l'histoire.

Pour commencer par la constitution britannique, en étudiant, non pas uniquement son organisation extérieure, mais encore et surtout son organisme intérieur, tel qu'il était avant les dernières réformes, il nous sera aisé de reconnaître que la division des pouvoirs n'y avait aucune réalité, et ne fut jamais qu'une vaine apparence. La couronne n'était pas un pouvoir, ni même une partie constitutive du pouvoir; elle était le symbole et l'image de la nation, qui en couronnant le roi, se couronnait elle-même : être roi, ce n'était en ce pays ni régner ni gouverner; c'était purement et simplement recevoir des hommages. Cette attitude passive de la couronne exclut de soi l'idée du pouvoir et l'idée du gouvernement, qui sont de tout point incompatibles avec l'idée d'une perpétuelle inaction et d'un perpétuel repos. La Chambre des communes n'était, et par sa composition et par son esprit, que la sœur cadette de la Chambre des pairs. Sa voix n'était pas une voix, c'était un écho. La Chambre des pairs, sous ce titre modeste, était le vrai, l'unique pouvoir de l'État. L'Angleterre n'était pas une monarchie, c'était une aristocratie; et cette aristocratie était un pouvoir *un, perpétuel* et *limité :* un, parce qu'il résidait en une personne morale, animée d'un seul et même esprit; perpétuel, parce que cette personne morale était une classe, dotée par la législation des moyens nécessaires pour assurer la perpétuité de son existence ; limité, parce que la constitution, les traditions et les mœurs, l'obligeaient à se conformer dans la pratique à la modestie de son titre.

La nation anglaise a donc toujours reconnu, dans la pratique de sa constitution, les conditions essentielles, et par conséquent divines du pouvoir public, conditions qui implicitement ou explicitement sont niées par ce qui porte sur le continent le nom de *gouvernement parlementaire.* Les réformes faites à la

Constitution anglaise dans ces derniers temps, sont une vraie révolution, grosse de catastrophes. La Providence, qui se plaît à confondre la sagesse des sages et la prudence des prudents, a permis que l'Angleterre fût conquise par le parlementarisme, dans le moment même où elle tenait pour certain qu'elle nous avait conquis par ses institutions. Cette conquête de l'Angleterre par l'esprit continental sera le plus grand objet des méditations des générations futures et des historiens à venir ; à moins que, par un effort gigantesque du bon sens, qui a toujours prévalu chez cette belle et puissante race, elle ne parvienne à expulser de son territoire l'hôte redoutable qui s'y est glissé.

Quant aux assemblées qu'on vit au Moyen-Age, sous des noms divers, mais toujours dans le même but, réunies pour délibérer sur les affaires publiques, il est impossible de trouver dans leur physionomie originale et pittoresque aucun des traits qui forment celle de nos assemblées délibérantes.

Dans le Moyen-Age, considéré au point de vue qui nous occupe, il faut distinguer deux périodes historiques : la première, qui est la plus longue, est celle du développement vigoureux, spontané, mais désordonné et confus, des grandes forces sociales; la seconde est celle où ces forces se subordonnent les unes aux autres, et où prévalent définitivement dans la société les notions de la hiérarchie, de la règle, de la justice et du droit. La première pose et circonscrit un grand problème, qu'elle tente en vain de résoudre ; mais une fois qu'elle l'a nettement posé et déterminé, la seconde s'ouvre et le résout. Ce problème était celui-ci : « Trouver le moyen de faire sortir le droit de la force, de transfigurer la force en autorité légitime. » Voilà à quelle grande et unique fin tendent les gigantesques efforts de la société en ces temps si pleins de troubles.

Pour comprendre quelles difficultés offrait la solution d'un tel problème et contre quels écueils on était exposé à échouer en la cherchant, il faut se rappeler combien de forces diverses coexistaient à cette époque et avec quelle ardeur elles aspiraient toutes à la domination. De là tant d'alliances fondées sur les intérêts, et éphémères comme eux; tant d'invasions dévastatrices, tant de déprédations sanglantes, tant de guerres sans résultat et sans terme, et l'inquiétude universelle, les soudaines alternatives d'espérance ou de terreur qui agitaient toutes les âmes, laissant les hommes de toutes les conditions et toutes choses dans un état permanent d'incertitude et d'instabilité. Le trône n'est pas assez haut pour dominer le château féodéal; et, tandis que le château féodal se revêt de fer pour résister au trône, il voit au pied de sa colline l'humble municipe se préparer à le combattre lui-même et à s'émanciper. Il y avait deux moyens de sortir de cette situation : vaincre ou transiger, combattre ou s'entendre. Les combats, en général, ne terminant rien et demeurant stériles, on eut instinctivement recours aux transactions. Les assemblées ne furent que des moyens de transactions; de même que les guerres civiles ne furent que des moyens d'arriver à un résultat par la victoire. Mais il est écrit que l'homme fait toujours le contraire de ce qu'il veut faire : les assemblées, moyen de transaction, amenèrent souvent la guerre, et souvent les guerres civiles, commencées et poursuivies dans le but d'obtenir la victoire, continuèrent les transactions.

Si maintenant nous comparons le caractère, l'esprit et le but des assemblées de ce temps-là avec le caractère, l'esprit, le but des assemblées que nous avons vues de nos jours, nous reconnaîtrons que celles-ci, non-seulement diffèrent de celles d'autrefois sous tous les rapports, mais encore qu'elles sont absolument tout le contraire. Les premières apparaissent à une époque où la société cherche partout un pouvoir et ne le trouve pas : on ne réunit des assemblées que pour tenter ce nouveau moyen de trouver ce pouvoir si vainement cherché. De nos jours, c'est l'inverse : la société est gouvernée par un pouvoir antérieurement organisé et constitué, et les représentants du peuple ne se réunissent que pour en finir avec lui par une transformation qui doit le détruire. Au milieu du désordre universel, le Moyen-Age se porte, par une tendance constamment infructueuse, il est vrai, mais irrésistible, et comme obéissant à la loi de gravitation, vers la constitution chrétienne du pouvoir, terme de toutes les tendances légitimes, centre de toutes les gravitations sociales, au milieu de l'ordre universel et de l'universelle harmonie, on a vu les sociétés modernes, comme atteintes tout à coup d'une secrète inquiétude, d'un mal obscur dans ses causes, mystérieux dans son essence, satanique dans ses résultats, fuir le repos comme l'homme fuit l'ennui, et, s'abandonnant à la merci de toutes les forces centrifuges, chercher je ne sais quel centre dans je ne sais quels abîmes. Cela vient de ce que le Moyen-Age, même au milieu de la confusion de toutes choses, était dominé par le principe catholique; tandis que les sociétés modernes, même au milieu de l'ordre matériel, sont dominées par l'esprit révolutionnaire. C'était le principe catholique qui, au Moyen-Age, tirait le bien du mal; c'est l'esprit révolutionnaire qui, de nos jours, tire le mal du bien. Au principe catholique, ces temps obscurs dûrent toutes leurs tendances salutaires; nous devons à l'esprit révolutionnaire toutes nos tendances destructives. L'un et l'autre principe domine d'une manière absolue la grande époque qui lui est soumise : au Moyen-Age, il eût été aussi impossible de réunir une assemblée qui, par quelque côté, ne fût pas catholique, qu'il est de nos jours impossible de réunir une assemblée qui, par quelque côté, ne soit pas révolutionnaire.

. . . .

Le parlementarisme, en supprimant les hiérarchies, qui sont la forme naturelle, et par conséquent divine, de ce qui est *divers*, et en ôtant au pouvoir son indivisibilité, qui est la condition divine, naturelle et nécessaire de ce qui est *un*, se met en insurrection ouverte contre Dieu, en tant que créateur, législateur et conservateur des sociétés humaines. Dans cet état d'insurrection permanente, il est obligé de résoudre le grand problème, le problème absolument insoluble que voici : « Trouver le moyen de changer par les propres efforts de l'homme la nature intrinsèque des choses, de telle sorte qu'elles puissent s'assujettir et s'assujettissent en effet à l'empire des conceptions humaines, et qu'elles puissent se soustraire et qu'elles soient soustraites en effet à l'empire des lois générales ordinaires établies de Dieu. » Une telle entreprise est tout simplement le renouvellement, dans l'ordre politique et social, de la guerre des Titans ; elle aura la même issue et amènera pour ceux qui la tentent la même catastrophe ; en vain entasseront-ils, pour escalader le ciel, montagne sur montagne, Ossa sur Pélion, Pélion sur Ossa ; la foudre frappera leurs fronts, avant que leurs mains impies atteignent les célestes hauteurs.

J'ai dit que le problème est grand et qu'il est insoluble. Sa grandeur explique la magnifique explosion de forces intellectuelles qu'on remarque toujours dans les gouvernements parlementaires. L'homme y sent instinctivement qu'il est seul, et que, pour ne pas succomber, il lui faut faire des prodiges : pour mener à fin son entreprise, il est nécessaire qu'il soit en même temps Dieu et homme ; Dieu, pour changer les choses et leurs lois ; homme, pour appliquer les nouvelles lois aux nouvelles choses. C'est une loi du monde moral que la division engendre la discorde et que la discorde prépare la guerre. Le parlementarisme bouleversera le monde moral, et ses conditions et ses lois ; il établira la division, et élèvera sur ce fondement les tabernacles de la paix, au moyen d'une loi que Dieu avait oubliée, et qui s'appelle la loi de l'équilibre ; en même temps la discorde perdra son nom et sa nature, elle s'appellera la vie, et, sous la main des modernes thaumaturges, elle se transformera en mouvement ordonné et en agitation salutaire. La suppression des hiérarchies sociales entraîne avec soi, selon l'ordre établi de Dieu, l'égalité ou dans une commune anarchie ou dans une commune servitude. Désormais il en sera tout autrement ; au lieu de tirer le semblable du semblable, l'analogue de l'analogue, l'identique de l'identique, l'homme à présent tirera le contraire du contraire. En vertu de cette loi nouvelle, de l'égalité qui cherche un même niveau, il tirera la liberté qui, n'étant qu'inégalité et privilége, cherche des niveaux différents. Dieu avait voulu que les hommes pussent à leur choix être libres ou être égaux ; l'homme concevra quelque chose de plus beau, et, corrigeant l'œuvre imparfaite de Dieu, il fera ses frères, du même coup, égaux et libres.

Si la grandeur du problème à résoudre explique l'essor grandiose des intelligences dans les gouvernements parlementaires, ce même essor explique beaucoup d'autres phénomènes. Sous l'empire du parlementarisme, le talent, instrument appliqué à la solution du grand problème, est tout et le reste n'est rien. De là cette idolâtrie du talent où les nations tombent les unes après les autres. Devant cette idolâtrie, il est naturel que tous aspirent au talent pour être adorés : d'où un épouvantable désordre dans les vocations individuelles. Tous se jettent dans le même chemin et tous veulent passer les premiers dans ce chemin qu'ils suivent tous.

Dans cet état des choses, et sous l'empire d'aspirations et d'impulsions pareilles, voici ce qui arrive infailliblement. Toutes les choses humaines perdent subitement leur aplomb et leur équilibre. Autant les intelligences s'élèvent, autant les caractères s'abaissent : signe infaillible de décadence. Nul ne peut dire, au milieu de l'ébranlement général, de la dissolution universelle, si c'est la guerre ou la paix qui règne dans le monde. D'un côté, il y a trop d'agitation et trop d'inquiétude pour que cet état de choses mérite le beau nom de paix; d'un autre côté, on ne peut distinguer nulle part cet appareil belliqueux, ces tumultes ordonnés, ces grands mouvements et ces grandes évolutions de gens armés qu'entraîne la guerre. Le monde est comme sur les limites de ces deux grandes choses : la paix et la guerre. Il n'est pas en paix, les esprits sont en lutte; il n'est pas en guerre, les bras sont tranquilles; il est dans un état permanent de discorde et de dispute, paix indigne des hommes, vraie guerre de femmes. Pour être la paix il lui manque ce que la paix a d'enviable et d'auguste, l'inaltérable quiétude des esprits, et pour être la guerre, il lui manque ce que la guerre a de fécond et d'expiatoire, le sang. Le parlementarisme, en transportant la guerre du champ de bataille à la tribune, et des bras aux esprits, l'a retirée du théâtre où elle exalte et fortifie, pour l'introduire là où elle affaiblit et énerve. Dieu donna toujours l'empire aux races guerrières, et toujours il condamna à la servitude les peuples disputeurs.

La grandeur du problème explique donc, d'un côté,

le développement anormal de l'intelligence humaine, et, de l'autre, les conséquences désastreuses qu'entraîne ce que ce développement a d'anormal et de gigantesque ; de même, l'impossibilité de le résoudre explique la fin misérable où tout cela conduit nécessairement.

Dans cette lutte de l'homme contre Dieu, l'homme ne pouvait pas être vainqueur, et Dieu ne pouvait pas être vaincu ; Dieu, par respect pour la liberté de l'homme, lui a accordé le combat, il lui a refusé la victoire. Il est écrit que tout empire divisé périra et le parlementarisme, qui divise les esprits et les jette dans le trouble et l'inquiétude ; qui réduit en poussière toutes les hiérarchies ; qui partage le pouvoir en trois pouvoirs, et la société en cent partis ; qui est la division en tout et partout, dans les hautes, dans les moyennes et dans les basses régions, dans le pouvoir, dans la société et dans l'homme, ne peut pas, n'a jamais pu et ne pourra jamais se soustraire à l'empire de cette loi inexorablement souveraine.

(*Le Moyen-Age et le Parlementarisme III.*)

En relisant les *Considérations*, nous avons eu la pensée de mettre en regard des appréciations si justes et si prophétiques de J. de Maistre, les réflexions qu'inspiraient à Burke les mêmes événements. Pour ne pas être entraînés trop loin, nous n'en citerons que quelques fragments : ils donneront peut-être au lecteur la pensée de parcourir les *Réflexions sur la Révolution française* de ce grand homme d'État.

Aujourd'hui, que les fameux principes de 89 ont donné leur fruit, on peut encore mieux les juger qu'à la fin du siècle dernier. On ne lira pas sans intérêt le verdict qu'en portent trois personnages considérables d'Angleterre, lord Denbigh, pair d'Angleterre, lord Montagu et M. Munro Butler Johnstone, tous deux membres du Parlement anglais (1).

(1) Ces lettres ont été publiées par le journal le *Monde*.

APPENDICE III

—

BURKE. — Réflexions sur la Révolution française.

—

Cet ouvrage, dû à la plume d'un des hommes d'État les plus justement estimés de l'Angleterre, fut écrit quelques années avant les *Considérations*.

Le lecteur qui se donnera le plaisir de le parcourir sera frappé de voir les mêmes événements inspirer à deux hommes célèbres, séparés d'ailleurs par tant de différences de nationalité, d'éducation et de religion, des conclusions identiques.

Burke s'étend surtout sur deux points : la folie de la Révolution en rompant avec toutes les traditions de la France, en lui faisant une constitution qui ne repose ni sur les coutumes, ni sur les idées, ni sur les mœurs, ni sur les besoins réels de la nation ; et l'inanité d'un plan d'où l'on a exclu l'idée religieuse.

« Un État, dit-il, est chose essentiellement traditionnelle, qui ne vit que par la transmission régulière de droits héréditaires, des divers intérêts, du rang, des lois et des institutions. Une chose qui ne vit que de traditions, ne peut pas être refaite à neuf par l'homme ; aussi bien cet essai de créer une société nouvelle sera-t-il la mort de la nation. L'homme ne peut pas plus créer un État qu'il ne peut nier une plante. »

Ailleurs, il fait ressortir l'immense différence de la révolution anglaise de 1688 avec la révolution française.

« La révolution de 1688 était, par sa nature, par son but, par ses tendances, entièrement différente de la révolution française. — C'était une révolution conservatrice.

« Ce fut une folie chez les révolutionnaires français de détruire leur constitution au lieu d'en réparer les brèches, cette constitution des trois états qui subsistait encore, bien que très-dilapidée depuis Richelieu.

« Votre constitution subsistait. — L'exercice en avait « été suspendu ; mais l'organisme était là. — C'était

« un magnifique monument, ravagé par le temps, si
« vous voulez ; mais les fondations des murs étaient
« intacts. »

———

Un des principes que Burke a le mieux mis en lumière, c'est la nécessité d'une religion sociale comme base constitutive d'un État.

« Ce principe, dit-il, a pénétré tout le système
« politique du peuple anglais. Il ne considère pas la
« hiérarchie ecclésiastique comme une partie acces-
« soire de l'État, mais comme une partie intégrante ;
« non comme une convenance, mais comme une
« nécessité. L'Église et l'État sont dans son esprit
« choses inséparables par essence. L'Église est la
« base même de la Constitution, avec laquelle elle est
« indissolublement liée. Notre éducation publique est
« organisée de manière à confirmer le peuple dans
« cette idée. On peut dire qu'elle est tout entière
« entre les mains du clergé depuis l'enfance jusqu'à la
« maturité.

« C'est en vertu de ces principes que le peuple
« anglais n'a pas cru devoir abandonner le soin de

« cet intérêt, le plus vital de tous, à des mains aux-
« quelles il n'aurait confié aucun des grands services
« du pays, à l'initiative précaire des contributions
« individuelles. Il n'a jamais souffert et il ne souffrira
« jamais que le revenu de l'Église soit converti en pen-
« sions, dépendant du Trésor, et soumis aux vicis-
« situdes du temps, pour être un jour suspendu et
« confisqué par la rapacité des politiques.... Je vous
« assure qu'il n'y a pas dans ce pays un homme public
« dont vous tiendriez à citer le nom, pas un, dis-je,
« à quelque parti qu'il appartienne, qui ne réprouve ce
« procédé infâme, perfide et cruel par lequel l'Assem-
« blée nationale a confisqué les biens qu'elle devait
« défendre avant tout. »

(Réflexions sur la Révolution française.)

APPENDICE IV

—

Lettres de lord DENBIGH, pair d'Angleterre, et de lord Robert MONTAGU, membre de la Chambre des Communes, à M. LE PLAY, sur la situation de la France en 1871.

—

LETTRE DE LORD DENBIGH

PAIR D'ANGLETERRE.

(Newnham Paddox, Lutterworth,
30 avril 1873.)

Monsieur,

Je réponds au désir que vous m'avez exprimé ; et je viens vous faire connaître quelques-unes de mes impressions sur la France à ce moment si critique.

La France me paraît dans le même état qu'était le monde à la veille du Déluge. On rit, on s'amuse, on ne s'aperçoit pas de l'abîme qui est prêt à tout engloutir. La société danse sur un volcan! Les puissances gouvernementales se passent du bon Dieu, car elles se croient toutes-puissantes. Voilà la première faute. On ne reconnaît pas Dieu comme le maître et le régent de l'univers, avec l'aide duquel on peut tout faire, sans lequel on ne peut rien faire de bon.

La France républicaine affiche partout, même sur les églises, ces mots : Liberté, Égalité, Fraternité.

Qu'est-ce que la liberté comme l'enseignent maintenant les apôtres de la liberté? Selon ces esprits déréglés, c'est la permission de faire tout ce que l'on veut, hors de servir Dieu. Mais quand les enseignements de Dieu ne sont pas notre charte et quand la foi n'est pas notre boussole, où en sommes-nous? Nous sommes en proie à la licence; il y a confusion générale, corruption universelle. Le gouvernement demande une armée. Il s'occupe de manœuvres, de fusils et de munitions. Il oublie la morale de l'armée, sans laquelle les armes, non-seulement ne valent rien, mais deviennent nuisibles. Qui n'aurait cru pourtant que les fautes et les revers de l'armée française dans la dernière guerre auraient ouvert les yeux à ceux qui croient que le matériel suffit pour la victoire et que la religion n'y va pour rien?

L'égalité! si cela voulait dire simplement l'égalité devant la loi (avec cette condition pourtant que les plus hauts placés seraient les plus responsables), on pourrait l'accepter. Mais si, au contraire, cela veut dire destruction de la hiérarchie sociale que Dieu lui-même a créée et consacrée dès la création de l'homme; si cela veut dire porter atteinte à toute autorité, à toute obéissance, c'est à la fois un crime et une sottise.

Pour la régénération de la France, il faut substituer au mot liberté la religion, au mot égalité l'obéissance. Alors la fraternité, la seule vraie fraternité qui puisse valoir, la fraternité chrétienne, prendra sa place, et la charité et la paix domineront et aboliront toutes les jalousies et toutes les guerres.

Ce sont les jalousies, les méfiances qui existent maintenant dans l'ordre social qui enfantent les grèves. Pourquoi existent-elles? Parce que chacun pense seulement à soi, parce que l'on n'entretient pas le sentiment du devoir envers son prochain. Voilà ce qui se montre malheureusement partout; et mon pays lui-même se gâte peu à peu, parce que les maîtres oublient leurs devoirs envers leurs ouvriers ; les ouvriers commencent à perdre confiance dans la justice de ceux qui les emploient. Cependant nous avons encore en Angleterre un avantage que vous avez perdu.

Quand un maître chrétien, bienveillant et sensé, qui emploie des ouvriers, a réussi à former un atelier rural ou manufacturier où la confiance mutuelle est établie, il peut le léguer à *quiconque il veut* pour assurer l'intégrité de cet atelier et conserver l'esprit de famille qui doit inspirer tout établissement bon et heureux. Chez vous, ce n'est pas ainsi. A la mort du maître, s'il est père de famille, tout doit être dissous, annulé, jeté aux quatre vents.

Il faut changer tout cela si vous voulez sauver votre race ; il faut abolir votre funeste loi de succession et restaurer la *Liberté testamentaire*.

Voilà, en peu de mots, quelques-unes de mes pensées. Veuillez les agréer avec toutes leurs fautes de style et de langage. Veuillez agréer aussi l'expression de ma reconnaissance et de ma très-haute considération.

DENBIGH.

LETTRE DE LORD ROBERT MONTAGU

MEMBRE DE LA CHAMBRE DES COMMUNES (1).

Folkestone, 21 février 1873.

Cher Monsieur Le Play,

A la réception de la lettre où vous me demandez la ligne de conduite que devrait adopter chaque Français, j'ai ressenti la même impression que j'éprouverais si le docteur Bence Jones me consultait sur le traitement qu'il convient d'administrer à un malade. Je savais que notre correspondance m'apporterait des enseignements; mais je ne me flattais pas qu'elle me fournît l'occasion d'enseigner les autres.

(1) Cette lettre a été publiée par le journal le *Monde.*

Lorsque je vins à Paris, en décembre dernier, quelqu'un me demanda si j'y étais venu pour assister à des fêtes ou pour aller au théâtre. Je répondis : « Je « suis venu pour savoir si les Prussiens reviendront. » Alors mon interlocuteur me débita une longue tirade sur l'armement, les soldats et la résolution de chaque Français « d'avoir une revanche ». Quand il s'arrêta enfin, je lui dis : « Je pense qu'il vous serait pos- « sible de l'avoir, cette revanche. — Comment donc ? « — En devenant meilleurs chrétiens que vos vain- « queurs. Vous attribuez, » continuai-je, « les malheurs « de la France aux défaillances des hommes de guerre, « à la division des partis, aux préjugés de la nation « et aux sophismes des lettrés. Je le concède volon- « tiers. Mais quel est le remède à ces maux ? Il ne « peut se trouver que dans la loi de Dieu, qui, ré- « primant les erreurs et les passions, rappelle les « hommes à leurs devoirs et rétablit parmi eux l'har- « monie. »

Au milieu du dix-septième siècle, les Français appréciaient plus sainement qu'ils ne le font aujourd'hui la vraie cause de la prospérité et de la décadence des nations. L'anecdote suivante m'en fournit la preuve.

A la prise de Dunkerque, pendant que les Français entraient dans la forteresse, tandis que les nôtres se retiraient, un officier anglais dit : « Nous reviendrons bientôt. — *Vous reviendrez,* répondit un officier français, *si nos péchés surpassent un jour les vôtres.* »

A vous très-fidèlement,

MONTAGU.

EXTRAIT

D'UNE

LETTRE DE M. H.-A. MUNRO BUTLER JOHNSTONE

A M. F. LE PLAY (1)

Londres, 1ᵉʳ mai 1876.

. . . .
. . . .
. . . .

Pour vous répondre, je suis amené à dire d'abord ce que c'est qu'une « constitution ».

Selon le précepte de Montesquieu, inscrit dans la

---

(1) Cette lettre a été publiée par le journal le *Monde*.

Déclaration de 1791 (Art. 16) : « Toute société dans « laquelle la séparation des pouvoirs n'est pas déter- « minée, n'a pas de constitution. » S'il en est ainsi, la France depuis 1791 n'a pas eu de constitution, bien qu'on ait appelé de ce nom les dix-neuf chartes qui se sont succédé depuis lors. Hormis le premier Empire, où les pouvoirs ont été autrement confondus il y a eu le régime parlementaire, décoré de différents noms, Monarchie constitutionnelle, République, Présidence, bien que toujours le même en réalité. Maintenant qu'est-ce que le régime parlementaire ?

Le régime parlementaire est la confusion organisée de ces fonctions législatives, exécutives et judiciaires, dont la séparation, d'après le texte cité ci-dessus, est le principe essentiel de tout bon gouvernement. J'essaierai de démontrer que tous les maux qui affligent aujourd'hui la France et l'Europe remontent à cette confusion. C'est la séparation dont je parle qui constitue le frein et contre-frein de la machine gouvernementale, favorise la liberté, conjure le despotisme, garantit la légalité et rend l'usurpation impossible. C'est cette confusion, au contraire, qui rompt toute espèce de frein, donne la toute-puissance à une majorité d'un jour, substitue la force à la loi, encourage les factions et aboutit en dernier lieu au despotisme.

En effet, le gouvernement, c'est-à-dire le pouvoir exécutif, au lieu d'être un corps indépendant de la législature, nommé par le Souverain et contrôlé par l'assemblée élective (ce qui est l'essence du gouvernement monarchique), n'est rien qu'un comité issu du sein même de la législature, soutenu par le parti qui y domine, s'inspirant alors de ses passions et de ses intérêts, obligé par conséquent de les flatter et de les servir.

La législature ayant usurpé les fonctions exécutives, le parti dominant a la main sur les fonctionnaires, et les renouvelle à chaque fluctuation électorale, en se préoccupant bien plus de leur couleur politique que de leurs aptitudes et de leurs qualités. Il néglige par conséquent l'intérêt du pays, qui souffre singulièrement de cette instabilité.

L'intolérance des partis est, en somme, inhérente au régime même de toute assemblée populaire : il en a été ainsi depuis le commencement du monde ; mais c'est de nos jours seulement que ces passions ont obtenu libre carrière et disposent des destinées des peuples.

C'est surtout dans les affaires étrangères que se montrent les conséquences et les vices du régime parlementaire ; car c'est ici que l'action du cabinet, ou plutôt d'un ou deux hommes dans le cabinet, est le plus libre. Aucun frein ne les arrête. Le champ reste ouvert aux intrigues les plus criminelles et aux ambitions les plus désordonnées. Peut-on dès lors s'étonner qu'avec un tel système, adopté sous des noms différents, l'Europe soit un camp armé et que ses peuples succombent sous le poids de taxes sans exemple dans l'histoire du monde ?

Si l'on va au fond de toutes les constitutions, on s'assure que le vrai contraste n'est pas entre le régime parlementaire et le régime absolu ou despotique. Tous deux ont mille points de contact et sont de nature identique. L'arbitraire et l'absolutisme d'un cabinet et d'une majorité diffèrent en très-peu de chose de l'arbitraire et de l'absolutisme d'un despote. Le vrai contraste, dis-je, c'est entre l'arbitraire d'un côté et la légalité de l'autre, entre tout gouvernement où le contrôle n'est qu'une vaine apparence et ceux où le contrôle s'exerce réellement, où l'abitraire est conjuré suivant les voies légales rendues accessibles à chaque citoyen.

Le gouvernement de cabinet (l'expression logique du régime parlementaire) a été importé en Europe par l'Angleterre, et, comme la tunique de Nessus, il ronge tous les peuples qui ont accepté le fatal cadeau. Tel est le cas pour les grandes nations, comme la France et l'Espagne, et pour les petits États, comme la Grèce et la Roumanie.

L'Europe voyant l'Angleterre florissante, et apprenant d'ailleurs par Montesquieu et les écrivains du dernier siècle qu'elle devait sa prospérité à sa constitution, voulut suivre un exemple aussi parfait. Malheureusement, comme cela arrive si souvent pour les imitations, elle copia les vices plutôt que les vertus de la constitution anglaise, et ne comprit pas l'esprit historique du modèle qu'elle adoptait. Il n'y avait là rien d'étonnant; car la même confusion d'idées et les mêmes erreurs sont aussi communes en Angleterre que sur le Continent.

Cependant la constitution américaine était là pour montrer à l'Europe ce que la constitution anglaise était réellement aux jours de la plus grande prospérité du pays. Non pas que la constitution américaine en soit une imitation exacte, mais c'en est une *traduction* aussi littérale que le comportaient les conditions différentes de la société dans les États-Unis; de sorte que, par un procédé rétroactif, on peut discerner quels étaient alors les vrais éléments de la constitution anglaise. De plus, en étudiant ce travail de traduction, nous pouvons avoir une utile leçon, quant à la façon intelligente dont les institutions d'une nation peuvent être adaptées aux besoins d'une autre.

Il me semble donc utile de définir ce qu'étaient ces traditions de la constitution anglaise, au moment de l'exode des « pères pèlerins », et de montrer ensuite comment ces derniers les ont traduites dans la constitution américaine.

L'Angleterre jouissait autrefois en réalité de la séparation des pouvoirs législatif et exécutif. Le roi nommait ses ministres, et lui-même inspirait leurs arrêtés, après avoir consulté son conseil privé (1). Les membres de ce conseil étaient « les instruments de la

(1) En France, le roi était également tenu de consulter son conseil. On lit dans la *Chronique d'Hermingfort* (p. 43), à propos d'une dispute entre Philippe le Bel et Edmond, duc de Cornouailles, au sujet de l'Aquitaine en 1294 : « Au bout de quarante jours, quand il « (Philippe) fut interrogé sur cette affaire par le duc Edmond, il « répondit sur-le-champ qu'il appartenait à son conseil de donner « des ordres (de retraite), et que l'affaire avait été jugée par douze « Pairs; et que sans leur avis lui ne pouvait rappeler ses troupes. » — Voir Pièce IV.

prérogative », selon la vieille formule anglaise. Le roi les nommait à son avénement au trône. Ils étaient inamovibles. Leur nombre était restreint. Leur fonction était délibérative et non exécutive. Ils inscrivaient leurs avis dans le grand livre du conseil, *ils étaient responsables devant la loi pour ce qu'ils conseillaient au roi.* C'était une vraie responsabilité et non l'illusoire responsabilité, dite responsabilité ministérielle, telle qu'on la comprend de nos jours. « Sans responsa-« bilité réelle, » disait notre grand Burke, tout ce « qui a de la valeur dans la constitution anglaise ne « vaudrait rien. » Les ministres étaient alors, de fait comme de nom, les serviteurs du roi, et non pas ses maîtres comme dans le système parlementaire. Le roi gouvernait et régnait; mais cela, sous la sanction de la légalité.

D'un autre côté, le contrôle résidait dans les cours de justice et dans le parlement. Les fonctions essentielles de ce dernier étaient de voter les subsides, de présenter les griefs, et au besoin de mettre les ministres en accusation.

Les provinces aussi jouissaient d'une existence réelle. La vie se répandait dans toutes les parties du corps politique, tandis qu'aujourd'hui, il y a atrophie dans les membres et congestion à la tête. Les assemblées provinciales, véritables pépinières d'hommes d'État, veillaient sur les besoins de leurs provinces respectives et y entretenaient la vie politique.

On peut affirmer que la constitution anglaise, au temps de sa plus grande puissance, n'a jamais agi arbitrairement. L'arbitraire et l'absolutisme étaient abhorrés par l'esprit de cette constitution. Le souverain absolu, « l'État c'est moi, » n'y avait ni place ni existence. Le roi ne pouvait prendre aucune résolution, et ne s'avisait jamais d'en prendre aucune, excepté avec et par l'avis de son conseil. « Le roi en « son conseil » était la formule historique du pouvoir exécutif des souverains anglais. La même loi qui leur accordait de grandes prérogatives, leur défendait d'en user autrement que par la voie légale, c'est-à-dire par le canal du conseil privé. C'est là ce qui donnait de la dignité à la couronne et de la permanence à ses décisions. Aussi les grandes traditions de la royauté anglaise, et par conséquent de la nation elle-même, peuvent-elles être trouvées dans l'histoire du conseil privé.

Ce conseil acquit sous les Tudors une prépondérance salutaire. Annulé sous Charles I*er*, il fut rétabli, au lendemain de la révolution de 1649, par Charles II en exil, comme instrument de propagande et d'action monarchique; sous l'habile direction de lord Clarendon, il prépara la restauration de la monarchie de 1660. Devenu à son tour gênant et importun pour un souverain qui suivait trop fidèlement les leçons de désordre moral données par Louis XIV, le conseil privé ne reparût un moment que sur les louables instances de sir William Temple, qui fit du rétablissement de cette institution la condition de son entrée au pouvoir.

L'acte de *Settlement,* qui fut rendu par Guillaume III, en 1701, pour régler la succession de la couronne, consacre ce rétablissement dans les termes suivants : « Toutes les matières et toutes les choses qui, d'après « les lois et les coutumes de ce pays, sont du ressort « du conseil privé, y seront traitées ; et toutes les « décisions qui y seraient arrêtées, seront signées « par tous les membres du conseil privé qui auront « consenti aux dites décisions et qui les auront « conseillées (1). »

Mais la faction dominante au sein du parlement ne tarda pas à obtenir, sous la reine Anne, en 1705,

---

(1) 12 et 13 : *Guillaume III.* C. 2. A.-D. 1701.

l'abrogation de cette mesure, qui gênait l'omnipotence parlementaire (1).

Depuis lors, la constitution anglaise a été complétement dénaturée, et la monarchie traditionnelle convertie en régime parlementaire. L'avénement de la maison de Hanovre, dont le premier roi ne comprenait pas la langue anglaise, et se déchargeait volontiers sur son ministre des prérogatives de la couronne, compléta le changement.

Quand Jefferson et ses collaborateurs se mirent à l'œuvre pour rédiger la constitution de leur pays, ces saines traditions de la monarchie anglaise, quoique commençant à s'altérer sur certains points, n'étaient pas encore complétement perdues. Ce sont elles qui inspirèrent les fondateurs de la constitution des États-Unis, et je vais montrer comment ils surent en faire l'application.

Des deux éléments de la constitution anglaise (l'élément royal et permanent, l'élément démocratique, temporaire et électif), le premier était interdit aux « pères pèlerins » par la jeunesse de leur nation et

---

(1) « La clause précitée, » celle qui est rappelée dans le texte, « est et sera, par ces présentes, annulée, révoquée et comme non « avenue. » (4° Anne. chap. 8, section 24.)

l'absence d'une dynastie ; mais ils s'éloignèrent le moins possible de la forme sous laquelle la royauté leur était représentée dans la personne du gouverneur. Ils séparèrent totalement le pouvoir exécutif du pouvoir législatif, et rendirent le premier indépendant du second, quoique contrôlé par lui. Le président élu, comme le roi d'Angleterre d'autrefois, pouvait nommer ses propres ministres, même s'ils avaient des opinions politiques en contradiction avec celles de la majorité de l'assemblée.

Ce n'est pas tout ; ce n'est pas même ce qu'ils firent de plus important. La royauté était, comme nous venons de le dire, l'élément permanent dans la constitution anglaise. Que substituer à cette permanence, qu'un président élu pour quatre ans ne pouvait évidemment pas remplacer? C'est ici qu'éclate la sagesse des fondateurs de la constitution américaine.

A la place du conseil privé, ils créèrent deux institutions destinées à le suppléer : le sénat et la suprême cour.

Quelques écrivains ont regardé le sénat comme répondant uniquement à la chambre des pairs; mais, bien que ceci puisse être vrai pour ce qui est de sa capacité législative, le sénat ressemble plutôt au conseil privé dans ses fonctions quasi exécutives, et plus particulièrement en ce qui regarde les affaires étrangères. Les anciennes fonctions judiciaires du conseil privé (et chez nous ces fonctions ont été aujourd'hui réduites à une cour de dernière instance pour certains cas déterminés) sont représentées par la suprême cour des États-Unis, qui a pour mission de faire respecter la constitution, c'est-à-dire « la loi suprême du pays (1). »

Ces deux institutions donnent à la constitution américaine sa principale valeur. Avec l'organisation municipale et locale que les fondateurs empruntèrent aux coutumes anglo-saxonnes de la mère patrie, et qui, corruption à part, a maintenu la vie politique dans les États-Unis, le sénat et la suprême cour sont les bases d'une constitution qui aura bientôt un siècle de date, et qui a préservé de la dissolution une société purement démocratique. Ni l'une ni l'autre de ces deux

---

(1) Art. 6ᵉ de la constitution du 17 septembre 1787. Cette constitution comprend implicitement la Coutume, ou la loi commune. (Common Law.) Voir notamment aux amendements qui en font partie intégrante et ont même vigueur que les articles primitifs, l'article 7 qui vise expressément la loi commune, et l'art. 9, ainsi conçu : « L'énumération faite dans cette Constitution de certains droits ne « pourra être interprétée de manière à exclure ou à affaiblir d'autres « droits conservés par le peuple. »

institutions ne se retrouve investie des mêmes pouvoirs dans aucune autre société. Ce sont elles qui, à vrai dire, caractérisent essentiellement la constitution des États-Unis. Ses fondateurs étaient si convaincus de l'importance du contrôle, surtout en matière d'affaires étrangères, qu'ils ne donnèrent pas de larges pouvoirs à la suprême cour et au sénat dans ces affaires, mais qu'ils créèrent, en outre, au sein du sénat et de l'assemblée, des comités permanents de contrôle et d'enquête. Comparez les actes d'une constitution entourée de cette triple sauvegarde avec les actions sans contrôle d'un cabinet sous le régime parlementaire!

Il y a un autre point très-important à considérer dans la constitution des États-Unis : c'est le poids tout différent attaché aux décisions du sénat *élu à deux degrés* et à celle de la chambre des députés *élue directement au premier degré.* A plusieurs reprises, la guerre eût été déclarée contre l'Angleterre, la France, l'Espagne et le monde en général, si les décisions passionnées de l'assemblée n'avaient pas été subordonnées à une sanction donnée par la sagesse supérieure du sénat. Un membre de l'assemblée populaire n'a pas nécessairement de droit formel au respect du public; il en est autrement des membres du sénat.

L'élection directe dépend de mille considérations, pour la plupart indépendantes de la capacité du représentant à remplir le poste qu'il sollicite. Au contraire, l'élection par une assemblée inaccessible aux mêmes influences que les votes populaires offre des garanties spéciales de sagesse et de discernement. Voilà sur quoi l'on peut compter *a priori*; et c'est, en effet, ce que confirme l'exemple des États-Unis.

Un autre principe, étroitement lié à celui-ci, et dont l'Amérique fournit aussi la démonstration, c'est le rôle important que doit jouer la province dans une nation bien organisée. L'État doit être l'assemblage harmonieux des groupes naturels de la société, et non un ensemble incohérent formé d'éléments pulvérisés; c'est le contre-pied de la pensée que les révolutionnaires expriment dans leur formule : « L'État est un et indivisible. » S'il s'agissait seulement d'affirmer l'unité nationale vis-à-vis des autres nations, cette formule ne serait qu'un lieu commun; mais entendue avec le sens qu'y attachent ses auteurs ou ses adeptes, elle énonce un principe directement opposé à celui qui peut seul assurer à un peuple la légalité, la durée et la vie. Les révolutionnaires français voulurent anéantir toute opposition locale à la réalisation de leurs théories.

Ils souhaitèrent que la France n'eût qu'une tête, afin de pouvoir la plier plus docilement sous leur joug ; et ils étaient logiques dans leur conception. Mais les faits se sont chargés d'en démontrer le danger et l'erreur ; car si la vie des provinces n'avait pas été étouffée, les dix-neuf constitutions successives et les alternatives de despotisme, par lesquelles la France a passé, eussent été impossibles.

Comme confirmation de ce qui précède, je me permettrai d'appeler votre attention sur l'exemple que nous fournit l'histoire des Pays-Bas.

Avant d'avoir été captivés et séduits par l'exemple de la révolution française, les Hollandais jouissaient de l'autonomie provinciale la plus étendue qu'on puisse concevoir. La richesse, la prospérité, le bien-être et le commerce de ces provinces sont décrits par sir William Temple en 1670, après deux ans de séjour comme ambassadeur (1). Il parle du prodigieux développement de leurs richesses, de leur commerce et de leur population. Il vante leurs villes fortifiées, leurs armées et le courage de leurs habitants. Leur revenu permanent suffisait à tous leurs besoins et leur permettait de soutenir la guerre contre la France. Selon

(1) Sir William Temple's works, I, p. 58.

l'éminent observateur, « les Pays-Bas sont arrivés à
« un tel degré de grandeur, qu'ils sont enviés par les
« uns, craints par les autres et admirés par tous. »
Et ces avantages, le diplomate anglais les fait remonter sans hésitation aux anciennes lois et coutumes du pays.

Ces lois et coutumes ont depuis longtemps disparu, et, avec elles, leurs conséquences.

Comparez la puissance des Pays-Bas, qui tenaient tête à la France comme à la maison d'Autriche, à l'époque de sa plus grande puissance, et dont les flottes menaçaient l'Angleterre en naviguant victorieusement sur la Tamise même ; comparez, dis-je, cette grandeur à la position actuelle du royaume centralisé de la Hollande !

Je poserai en principe, sans admettre d'exception, qu'une fois l'unité et la souveraineté nationales garanties, on ne saurait donner aux provinces d'un empire trop de vie et de contrôle sur leurs propres affaires ; et je voudrais opposer cette liberté provinciale à la maxime démocratique de la centralisation gouvernementale.

Après cette revue rapide des institutions fondamentales et des principes sans lesquels une nation ne peut espérer la stabilité et la paix, je puis maintenant essayer de définir, pour en chercher ensuite le remède, les maux qui affligent aujourd'hui la France et l'Europe.

1. L'accroissement progressif des taxes, qui menace d'étouffer la vie industrielle des nations, dans lesquelles un système de crédit artificiel et compliqué place l'industrie particulièrement sous le coup de crises soudaines et désastreuses.

2. La charge de la conscription, qui écrase les finances et tarit les sources de la population. Alberoni et Montesquieu disaient déjà que « toutes les nations « de l'Europe doivent succomber sous le fardeau de « leur établissement militaire »; et cependant qu'était-ce alors en comparaison de ce que nous voyons aujourd'hui !

3. Le poids de l'administration, la minutieuse intervention du gouvernement et de la bureaucratie dans les affaires de la vie privée, qui entrave la vie libre, l'initiative et l'intelligence des populations, et, par ses règlements multiples, rend suspect ou odieux le principe même de l'autorité dont ils émanent.

4. Le mauvais maniement des affaires qui échappent à l'autorité de la loi, et par lesquelles les pays sont plongés dans des guerres sans cause et sans examen, sous le vain prétexte de raison d'État, mots qui

couvrent la duplicité de l'intrigue ou les crimes de l'ambition.

Remarquez que ces quatre fléaux datent de la révolution. Une chose également digne de remarque, c'est qu'en Angleterre chaque réforme parlementaire a été marquée par un accroissement successif de taxes et de dépenses.

Pour ces quatre maladies mortelles des sociétés modernes, le seul remède réside dans l'établissement d'une constitution légale où le contrôle soit réel et la responsabilité effective. Soyons-en bien sûrs : *c'est seulement par la vraie légalité qu'on pourra combattre la révolution dans l'esprit du peuple.*

Si la France qui, de la constitution de l'Angleterre, a imité ce qu'elle a de plus défectueux, voulait en imiter aussi ce qu'elle a d'admirable, corriger et améliorer ce qui s'y est dénaturé, les deux nations réagiraient l'une sur l'autre à leur mutuel perfectionnement.

Puisque j'ai été sévère pour les altérations modernes de la constitution anglaise, il me sera permis de rappeler quelques traits excellents de nos institutions :

1º Nous n'avons pas de juges d'instruction. — 2º Nous

n'avons pas de police armée. — 3° Nous n'avons pas de passe-ports. — 4° Nous n'avons pas d'octroi. — 5° Nous n'avons pas de conscription. — 6° Nous n'avons pas une administration de préfets et de sous-préfets, avec son attirail gouvernemental et bureaucratique. — 7° Nous avons la liberté testamentaire. — 8° Nous avons la liberté de l'instruction. — 9° Nous avons l'indépendance des autorités spirituelles. — 10° Nous avons surtout le respect de la loi et de la justice. Celle-ci est distincte de la magistrature, et sa suprématie apparaît à chacun de nous comme la garantie même de nos droits et de nos libertés personnelles et nationales.

Telles sont les qualités des institutions anglaises; c'est sur ces qualités et non sur notre constitution politique plus ou moins pervertie que l'attention de l'Europe pourrait utilement être appelée.

C'est peut-être surtout dans ce dernier élément, le respect de la loi, que réside la stabilité des institutions anglaises. Ce sentiment survivra-t-il à la dégradation moderne des idées sur la loi, due à la multiple fabrication des règlements parlementaires appelés *lois?* L'avenir le dira. C'est une règle générale que le respect pour les lois est en raison inverse de leur nombre, et ce n'est bien sûr pas le pays le mieux gouverné qui a le plus de lois. *Plurimæ leges, pessima respublica.* Toutefois, en Angleterre nos traditions restent encore vivaces en ce qui concerne le respect et l'affection dont nous entourons l'institution sacrée de la justice.

En France on se plaint de l'affaiblissement du respect pour la loi et la justice ; comment pourrait-il en être autrement, quand la fausse conception de la loi l'assimile à la décision d'une majorité accidentelle dans une assemblée politique, indépendamment de tout contrôle supérieur, et quand la justice se confond avec la magistrature ? Votre institution du « juge d'instruction » paraît à un Anglais une anomalie choquante. Les expressions dont vous vous servez usuellement semblent sanctionner cette assimilation erronée : un juge est appelé par vous un magistrat ; vous dites que la « justice informe ; » comme si la justice devait faire autre chose que juger.

Je signalais, en commençant cette lettre, la confusion entre le pouvoir exécutif et le pouvoir législatif ; je la retrouve encore entre les fonctions exécutives et les fonctions judiciaires !

En Angleterre, à l'époque de nos meilleures traditions, tout tournait sur la loi, comme sur l'axe même de la société, la responsabilité des ministres aussi bien que les droits de l'individu. La légalité n'était pas seulement le couronnement, mais la base de la constitution. Comme dit sir Francis Palgrave, « la constitution n'est qu'un cadre pour les douze « juges. » Selon un ancien auteur, « la constitution « d'Angleterre trône dans le palais de la justice. » Ce n'étaient pas là de vaines phrases ; c'était l'expression d'une profonde vérité. Le remède au mauvais gouvernement pouvait être cherché *devant la moindre cour de justice (the Leets court) par le plus humble sujet.*

Tel est le sens d'un régime de légalité opposé au régime de l'arbitraire, qui, sous le nom de régime parlementaire, gouvernement de cabinet, régime constitutionnel, république ou autre, afflige les nations depuis un siècle et menace les bases mêmes de la société européenne. Je répéterai que c'est avec les seules armes de la légalité qu'on réussira à combattre la révolution, c'est-à-dire l'usurpation et le désordre.

On conjurerait de même la plupart des guerres internationales et des maux qu'elles déchaînent sur le monde. Napoléon, à Sainte-Hélène, a, dit-on, déclaré qu'il faudrait abolir les armées permanentes et les ambassades permanentes, parce que les premières n'étaient nécessaires qu'à cause des secondes. Quoi qu'on pense de cette déclaration, on peut prévoir que si la légalité venait à remplacer l'arbitraire et l'intrigue, les ambassades deviendraient moins opportunes. Les affaires internationales qui ne pouvaient être conclues par les chancelleries, étaient autrefois décidées au moyen de simples envoyés temporaires. Quant aux armées permanentes, les nations comme la France, l'Angleterre, l'Espagne, les États-Unis, que la Providence a douées du pouvoir maritime, *si elles savaient seulement s'en servir,* n'auraient pas besoin de se courber sous le joug affaiblissant de la conscription militaire. Mais pour traiter convenablement ce sujet, un volume entier serait nécessaire (1).

Désirant montrer à l'œuvre le régime de la légalité dans les rapports internationaux, j'emprunterai au passé l'exemple de Rome et au présent celui de plusieurs nations modernes. A Rome, aucune guerre ne pouvait être déclarée sans un décret judiciaire du collège des Féciaux. Il en est de même en

---

(1) Voir à ce sujet : *La Force navale supprimée par les puissances maritimes,* par M. Urquhart.

Turquie, où un *Fetva* (jugement du tribunal des *Ulémas*) est obligatoire. J'ai déjà dit plus haut les services que la suprême cour des États-Unis avait rendus à la paix et l'obstacle qu'elle opposait aux guerres injustes ou passionnées. En Angleterre, autrefois par le fait et aujourd'hui encore par la loi, ce n'est qu'après délibération et examen en conseil privé que la Couronne peut déclarer la guerre. Si cette pratique avait été conservée, je doute qu'aucune des guerres de notre temps, surtout celles de Chine, d'Afghanistan, de Crimée et d'Abyssinie, eût pu avoir lieu. Chacune d'elles a été le résultat de l'arbitraire dans le gouvernement et du secret dans le cabinet (1). De même peut-on affirmer que les guerres qui ont confondu toute la politique européenne et renversé l'équilibre du pouvoir auraient été impossibles, si la nécessité avait existé, pour les hommes d'État qui les avaient entreprises, de consulter un tribunal judiciaire avant de s'y engager. La guerre, quand elle n'est pas le résultat d'une décision judiciaire décrétant, pour une cause juste, la confiscation et la mort contre un ennemi, n'est rien que l'assassinat sur une

(1) Voir : *Les quatre Guerres de la révolution et la suppression du Conseil privé*, par M. Urquhart.

grande échelle, et la violation du cinquième commandement de Dieu : *Non occides*.

En effet, c'est toujours au Décalogue qu'il faut recourir pour y trouver le guide et le frein des actions humaines et des lois écrites. Ces lois n'ont de valeur que si elles découlent de la loi suprême; elles sont, pour ainsi dire, des règlements sociaux destinés à la mettre en pratique.

Cette vérité fondamentale inspire en fait la législation anglaise, bien qu'elle trouve, même en Angleterre, des contradicteurs qui, comme Hobbes et Blackstone, affirment que le pouvoir législatif du parlement est sans limite. Au contraire, d'éminents penseurs, tels que les lords Stowell, Coke et Hobart, ainsi que le grand Edmond Burke, refusent d'accorder un champ illimité à ce pouvoir. Si l'on concède ce que demandent les ultra-parlementaires, il est évident que la force primera le droit, que la majorité pourra impunément devenir oppressive, et que toute garantie contre la volonté populaire du moment sera anéantie (1).

---

(1) Je lisais l'autre jour dans un journal de Genève, à propos de la persécution des catholiques, cette phrase : « Il ne s'agit pas de droit, « mais de majorité : nous ferons ce que nous voudrons. »

Voici comment Cicéron flétrit de pareilles théories :
« C'est une sottise de croire que toutes les choses
« qui sont citées dans les lois et les institutions des
« peuples doivent être par cela seul réputées justes...
« Car si les vraies lois étaient composées de ce que
« le peuple ordonne, de ce que les princes décrètent,
« et de ce que les juges prononcent, il serait légal
« de commettre le vol et l'adultère, et de porter le
« faux témoignage lorsque de tels actes seraient
« approuvés par le suffrage et les votes des Assem-
« blées. » (*De Legibus*, lib. I, p. 15 et 16.)

Il semble que l'autorité suprême de quelques lois fondamentales, indiscutables, est une condition *sine qua non* de la durée de toute constitution; et, sans parler des Mèdes et des Perses, je ne crois pas qu'on puisse trouver dans l'histoire un seul exemple d'un peuple stable et prospère qui ait proclamé et pratiqué le pouvoir illimité de changer ses lois.

Les fondateurs de la constitution américaine, pour se garantir contre les bouleversements de leurs lois, établirent la suprême cour, ayant, entre autres, pour fonction d'examiner les nouveaux règlements, de vérifier leur accord avec certaines lois fondamentales de la constitution, et de les rejeter si cette condition n'était pas remplie.

En Angleterre, nos coutumes, nos traditions et nos vieux usages, enclavés dans le « Common Law, » nous ont fourni ces lois fondamentales ; et anciennement les règlements parlementaires n'étaient qu'une déclaration de ces coutumes et usages. Ce ne fut qu'à une date relativement récente que le parlement revendiqua le pouvoir de faire de nouvelles lois, comme plus tard encore la suprématie de ces dernières.

Malgré les prétentions modernes, les hautes cours de justice en Angleterre ont énergiquement maintenu l'existence de limites au pouvoir législatif du parlement. En principe, aucune loi nationale ne saurait violer le droit des gens ; et quand il y a conflit, la suprématie doit rester à ce dernier (1).

Saint-Germain, le dernier grand légiste catholique en Angleterre, déclare que tout statut contraire à la loi de Dieu, ou à la loi de la nature, est nul *ipso facto* (2).

Lord Coke, presque dans les mêmes termes que

---

(1) Heatfield : V. Chitton. Barbuits Case; Triquet : V. Batt; Viveash : V. Becker, *the Le Louio.*

(2) *Doctor and Student.* Dialogue I, chap. II et XVI, p. 7-15.

Saint-Germain, affirme la suprématie de la tradition sur les statuts, comme la base de cette doctrine. Son langage est très-énergique : « Dans plusieurs cas, « dit-il, la loi commune contrôlera les actes du par- « lement et quelquefois les frappera de nullité com- « plète. Car, quand un acte du parlement est contre « le droit commun et la raison, ou bien répugnant « ou impossible à accomplir, la loi commune le « contrôlera et déclarera cet acte nul (1). »

Cette proposition fut chaleureusement préconisée par le lord chief justice d'Angleterre, sous le règne de Guillaume III : « Si un acte du parlement ordonne « que la même personne soit à la fois juge et partie, « cet acte est nul. Un acte du parlement ne peut pas « faire le mal, bien qu'il puisse faire plusieurs choses « passablement bizarres ! Il ne peut pas sanctionner « l'adultère (2). »

« Un acte du parlement, » dit lord Hobart sur le même sujet, « peut être nul dès son origine comme « un acte contre l'équité naturelle, car : « Jura naturæ « sunt immutabilia ; sunt *leges legum* (3). »

---

(1) Bonham's case, 8. Report., p. 118.
(2) City of London, V. Wood, 12. modern report, p. 687.
(3) Hobart, Report, p. 87.

C'est justement pour que des *leges legum* soient reconnues dans toute saine constitution, et pour qu'un contrôle s'exerce sur les nouvelles lois, qu'une suprême cour me paraît si importante, et que j'ai rendu hommage à celle des États-Unis.

Avant de terminer cette lettre, je vous demande la permission, Monsieur, de résumer brièvement les principales conclusions sur lesquelles, dans l'état actuel de la France et de l'Europe, il me paraît opportun d'insister :

1° La séparation complète des fonctions qui se rapportent à la justice, à la législation et à l'administration.

2° La répartition du pouvoir exécutif entre le roi qui ordonne, assisté de son conseil, et les ministres qui exécutent, sous leur responsabilité, les lois et les décisions royales ; chaque membre du conseil tenu de signer son avis est également responsable.

3° L'attribution du pouvoir législatif à une assemblée nationale, ayant pour fonctions spéciales de voter les subsides et de contrôler le pouvoir exécutif.

4° Le maintien ou le rétablissement des assemblées provinciales et des assemblées communales, investies, chacune dans leur sphère respective, du soin de régler leurs propres affaires, et notamment leurs intérêts financiers.

Les membres des assemblées des communes sont élus au premier degré par les pères de famille, selon l'ancien suffrage du droit canonique (1) et de la coutume universelle; les membres des assemblées provinciales sont élus au second degré par les assemblées des communes, et élisent à leur tour les membres de l'assemblée législative.

5° **La subordination des lois votées par le parlement à cette double condition :** qu'elles seront acceptées par les deux tiers au moins des assemblées provinciales, et qu'elles ne seront pas déclarées, par la haute cour de justice, contraires à la loi suprême.

6° Une forte organisation de la justice, entourée de respect et d'affection.

Les cours inférieures jugent sans déplacement, sans délais, et presque sans frais; elles recrutent leur personnel non rétribué parmi les notabilités locales désignées par l'opinion publique au choix du souverain.

(1) *Les Principes du droit électoral, d'après le droit pontifical et les anciennes coutumes,* par M. Defourny, curé de Beaumont-en-Argonne (Bar-le-Duc, 1874).

Une haute cour, puissante et respectée, oppose une digue solide à l'arbitraire, tant au dedans qu'au dehors ; elle conjure l'oppression intérieure des majorités, l'oubli ou la violation de la loi suprême, et du droit des gens; elle contribue, en un mot, à la paix internationale et à la légalité, sans laquelle un gouvernement ne peut se soutenir et durer : *Non, nisi justitia, et summa justitia, potest stare respublica.*

Tels sont, Monsieur, les principes essentiels, qui me semblent établis par l'étude des plus saines traditions du passé et des meilleurs modèles du présent, c'est-à-dire par la méthode même des Unions de la paix sociale. Puissent les études inspirées par cette méthode dissiper les ténèbres qui nous envahissent et conjurer les dangers qui menacent non-seulement votre chère patrie, mais encore, quoique à un degré moindre, l'Europe tout entière.

Recevez, Monsieur, je vous prie, l'expression de mon respectueux dévouement.

H.-A. MUNRO BUTLER JOHNSTONE.

EXTRAIT

DU

PRINCIPE CONSTITUTIF

DE LA SOCIÉTÉ

PAR LE Vᵗᵉ DE BONALD

EXTRAIT

DU

PRINCIPE CONSTITUTIF

DE LA SOCIÉTÉ

Du Pouvoir public ou politique.

La première condition du pouvoir est d'être *un*; et le pouvoir n'est entre les hommes un si grand sujet de division que parce qu'il ne peut pas être un objet de partage. C'est la tunique sans couture qui ne peut être divisée et se tire au sort, et *toujours entre les soldats*.

Le pouvoir doit donc être *un*, et il est, comme nous le verrons, toujours *un*, malgré des apparences contraires; car la politique a, comme l'astronomie, ses mouvements réels et ses mouvemens apparens.

Les fonctions du pouvoir peuvent être multiples, suivant que son action s'applique à divers objets ; mais son essence est d'être *un;* car deux pouvoirs répondroient à deux sociétés, et de là vient que, partout où le pouvoir est divisé, il se forme des partis qui sont plusieurs sociétés dans le même État ; et le grand maître en morale ne nous dit-il pas : « Que tout pouvoir divisé en lui-même sera désolé ? »

Le pouvoir est essentiellement *indépendant;* car un pouvoir *dépendant* de quelque autre n'est plus un pouvoir.

Summum esse, dit Hobbes, *et aliis subjici, contradictoria sunt.*

« Être le premier et le plus haut, et être soumis
« à quelque autre, implique contradiction. »

« Il faut, dit le célèbre Kant, que celui qui devra
« limiter le pouvoir ait un pouvoir plus grand ou du
« moins égal à celui qui est limité ; mais alors c'est
« le dernier et non le premier qui a l'autorité suprême,
« ce qui implique contradiction. »

Le pouvoir public ne peut être *indépendant*, sans être *propriétaire* dans le sol ; car, sans propriétés territoriales, il n'y a pas d'indépendance politique, puisque toute autre richesse, immobilière ou commerciale, dépend des hommes et des événemens.

Le pouvoir est *définitif,* car un pouvoir qui ne peut *définitivement* exiger l'obéissance n'est pas *indépendant*, n'est pas le *pouvoir*, puisqu'il y a un pouvoir plus grand que lui, celui de lui désobéir.

C'est ce pouvoir définitif que des hommes ignorans ou perfides ont voulu rendre odieux en l'appelant *absolu,* et le confondant avec le pouvoir arbitraire, qui est le moins indépendant, le moins définitif, le moins absolu de tous les pouvoirs, puisque sa volonté est sans règle et son action sans direction, et qu'il est le jouet de ses propres violences, en attendant d'être la victime de ceux qu'il opprime.

Il est bon d'observer que l'Académie française, dans les premières éditions de son *Dictionnaire*, avait fait *absolu* synonyme *d'arbitraire ;* dans les dernières, elle les a distingués, et depuis que la langue politique a été mieux faite, il n'est permis qu'à des ignorans en grammaire comme en politique, ou à des factieux, de les confondre. Un philosophe qui fait autorité aujourd'hui pour beaucoup de gens, M. Victor Cousin, a dit, dans ses *Fragments philosophiques,* page 153 : « *Le contraire de l'arbitraire,* logiquement et gram- « maticalement parlant, C'EST L'ABSOLU. »

Bossuet définit le pouvoir absolu ou définitif : « ce

« lui où un seul agit, mais par des lois fondamen-
« tales contre lesquelles tout ce qu'on fait est nul de
« soi. » Et la plus fondamentale de ces lois est que
le pouvoir n'agira pas sans conseil ou sans remon-
trances qui sont tôt ou tard écoutées. Montesquieu
définit le pouvoir arbitraire : « celui où un seul entraîne
« tout par sa volonté ou par ses caprices »; mais il
avoue lui-même qu'il n'y a pas de pouvoir, pour si
absolu qu'il soit, qui ne soit borné par quelque endroit. Ce pouvoir, qui entraîne tout s'il n'est pas,
comme en Turquie, borné par la religion, est entraîné
lui-même par des révoltes de prétoriens et de janis-
saires.

Ce n'est pas le pouvoir absolu qui pèse sur les
peuples : c'est l'obéissance absolue. Le pouvoir est la
théorie, et l'obéissance l'application. L'un est une
abstraction dont les peuples ne s'occupent même pas,
l'autre est un fait; et je ne crains pas de soutenir
que jamais le pouvoir absolu de nos rois n'auroit
osé demander aux peuples ce qu'en a obtenu le pouvoir constitutionnel du monarque **armé** de deux
chambres.

La religion chrétienne et les mœurs qu'elle avoit
formées étoient **un** frein doux et puissant aux abus

ou aux erreurs du pouvoir (cette réflexion est de Montesquieu), et ce n'est que dans le pays où l'on a prétendu la reformer que l'on a vu surgir, dans la personne de Henri VIII, le pouvoir le plus arbitraire, le plus cruel et le plus insensé dont le monde eût entendu parler depuis les Commode et les Héliogabale.

Le pouvoir partout est *définitif*, ou il n'est pas un pouvoir. Ainsi, dans l'ordre domestique, le pouvoir du père sur ses enfans, du maître sur ses serviteurs, du chef d'atelier sur ses ouvriers; ainsi, dans l'état politique, les arrêts des cours de justice, les ordres des chefs militaires, les décrets des assemblees législatives, sont chacun dans leur sphère des pouvoirs définitifs ou absolus, et plus absolus si le pouvoir est collectif; et, si tous ces pouvoirs ne pouvoient pas exiger l'obéissance, toute société domestique ou politique, même toute association d'intérêts, seroit impossible.

Le pouvoir est essentiellement *actif*, puisqu'en lui réside la volonté générale, principe de toute action politique.

Le pouvoir doit être *perpétuel*; car la mort ou la suspension du pouvoir seroit la fin de la société puisqu'une société sans pouvoir n'est plus une société. Aussi, les rois *ne meurent pas* dans nos monarchies héréditaires.

Le pouvoir, par conséquent, doit être continuellement et *réellement présent* à la société, pour en régler le mouvement et en diriger l'action ; car, comme la société ne peut exister sans pouvoir, l'absence du pouvoir législateur et régulateur livre la société au désordre, et finit par l'usurpation, qui ramène une société, mais *négative;* c'est-à-dire, qu'au lieu de *pouvoir*, de *ministre*, de *sujets*, il y a un *despote*, des *satellites* et des *esclaves*.

Des publicistes ont, dans ce siècle, distingué deux autres pouvoirs, le pouvoir exécutif, et le pouvoir judiciaire. L'essence du pouvoir est d'être législateur, et celui-là ne se délègue pas ; mais son action administrative, son action judiciaire, sont des fonctions qu'il délègue en s'en réservant la suprême direction ; ceux à qui il les délègue ne sont pas des *pouvoirs*, mais des *autorités*, puisqu'ils ont besoin d'être *autorisés* à les remplir.

Comme nous avons dit que le pouvoir étoit volonté et action, vouloir et faire, *velle et facere*, ces deux attributs du pouvoir répondent aux deux parties, *in-*

telligence et organes, dont l'homme est composé. A l'intelligence appartient la volonté, aux organes appartient l'exécution ou l'action.

Le pouvoir a donc deux fonctions éminentes : celle de *juger* tout ce qui peut éclairer sa volonté, celle de *combattre* tout ce qui peut faire obstacle à son action.

Dans les sociétés primitives, ces deux fonctions du pouvoir de *juger* et de *combattre* étoient remplies par les rois eux-mêmes plus littéralement que dans nos sociétés populeuses, où les rois ont été obligés de les déléguer.

Les premiers rois jugeoient eux-mêmes les différends qui s'élevoient entre leurs sujets, et combattoient toujours à la tête de leurs armées; et, plus d'une fois, le combat singulier de deux rois a décidé du sort de deux nations.

Aujourd'hui, les rois *jugent* en donnant des lois, en instituant des juges, et *combattent* par leurs généraux et leurs armées.

Ces deux fonctions, de *juger* et de *combattre,* se retrouvent partout où il y a un commencement de société, et jusque dans les peuplades sauvages, où les vieillards rendent la justice et les jeunes prennent les armes ; et déjà, chez les Germains, ces derniers étoient distingués en chefs, *duces*, ou compagnons du prince, *comites*, d'où nous sont venus les titres modernes de ducs et de comtes.

Tous les caractères que nous avons assignés au pouvoir domestique conviennent donc aussi au pouvoir public. Ils sont les mêmes pour le pouvoir divin, en qui résident, mais dans un dégré infini, l'unité, l'indépendance, la force, l'activité, la perpétuité, etc.

Caractère du ministère de la société publique.

Le pouvoir domestique agit pour la production et la conservation de ses *sujets*, qui sont ses enfans, par le *moyen* ou le *ministère* de la mère (expression absolument identique, sauf toutefois que *moyen* peut se dire de tous les êtres, même des êtres physiques, au lieu que *ministère* ne peut se dire que des êtres intelligens.

Ainsi, le pouvoir public agit pour la production et la conservation de ses sujets par le *moyen* et le *ministère* de ses agens, noblesse, magistrats, guerriers, fonctionnaires, etc., qui maintiennent l'ordre dans l'État, le défendent contre l'étranger, protégent les familles, jugent et apaisent leurs différends, et contribuent ainsi à accroître et à conserver la population.

Qu'on ne s'étonne pas de ce rapprochement entre la société domestique et la société publique ; car, de même que sans le père et la mère il n'y auroit pas de famille et de sujets dans la société domestique, ainsi nous avons vu que, sans pouvoir public et sans ministres, il n'y auroit pas de société, par conséquent pas de sujets ; mais une foule sans conseil et sans direction qui ne pourroit que se détruire elle-même, si elle n'étoit pas détruite par des causes étrangères.

Le ministère, que, considéré en corps ou en *ordre*, on appeloit dans l'Europe chrétienne la noblesse, a suivi en France toutes les phases du pouvoir ; viager tant que le pouvoir lui-même a été viager et que la succession héréditaire n'a pas été réglée, et de là vient qu'on n'aperçoit pas de noblesse proprement dite sous les premières races de nos rois: plus fixe à mesure que la succession héréditaire au pouvoir a été plus régulière et mieux affermie; héréditaire enfin quand le pouvoir est devenu définitivement héréditaire, parce que, ainsi que nous l'avons dit, le ministère doit être partout *homogène* au pouvoir.

« Dans les gouvernements grossiers des sociétés « primitives, » dit M. de Condorcet, dont la philosophie ne rejettera pas l'autorité, « on trouve « *presque générale* l'hérédité des chefs et des rois, « ainsi que la prérogative *usurpée* par d'autres chefs « inférieurs de partager seuls l'autorité politique, « d'exercer les fonctions du gouvernement et de la « magistrature. »

C'est là l'origine de la noblesse; et ce que Condorcet appelle *usurpation* étoit un besoin ou plutôt une nécessité de la société où les rois ou chefs ne pouvoient tout seuls gouverner, c'est-à-dire *juger* et *combattre*. L'origine de la féodalité n'a pas été particulière à nos climats; mais elle se trouve presque sur tout le globe aux mêmes époques, partout la propriété ou l'usufruit de la propriété donné à condition de défendre l'État, et sous l'obligation du service militaire.

Le pouvoir, avons-nous dit, doit être *un*, parce

que a volonté est simple et ne peut être divisée; mais, comme son action peut-être appliquée à un grand nombre d'objets, ses agens ou ministres son *plusieurs*, et les sujets, *tous*.

Le ministre doit être indépendant du sujet ; mais dépendant du pouvoir, et même plus dépendant que le sujet, puisqu'il est *sujet* lui-même, et de plus *subalterne* et soumis à des devoirs spéciaux; et c'est avec raison que Terrasson a dit, « que la subordina-« tion étoit plus marquée dans les premiers rangs « que dans les derniers. »

Le ministre doit donc être, comme le pouvoir, propriétaire dans le sol; car sans propriété territoriale il n'y a pas d'indépendance politique.

Le pouvoir, avons-nous dit, doit être *définitif* ou absolu, et il l'est même toujours et partout, et plus absolu s'il est collectif. Son action exercée par ses ministres doit donc être définitive; et les arrêts des cours de justice rendus de par le pouvoir de l'État, et les commandemens des chefs militaires donnés en son nom, et revêtus de son autorité, doivent être obéis.

Le pouvoir est essentiellement actif, les ministres seront à la fois actifs et passifs; passifs à l'égard du pouvoir dont ils prennent les ordres, actifs à l'égard des sujets auxquels ils les transmettent : ils ne sont pas *pouvoir*, ils sont *autorité* ; ils reçoivent du pouvoir pour transmettre au sujet, ils sont intermédiaires, moyens, *medius* entre l'un et l'autre, et ils doivent être homogènes ou de même nature que le pouvoir et le sujet, pour que le pouvoir puisse agir sur eux et qu'ils puissent agir sur le sujet : ils participent donc du pouvoir et du sujet, et c'est de cette participation réelle au pouvoir royal qu'est venu l'usage des *couronnes* que la noblesse portoit dans ses armoiries.

Les fonctions essentielles du pouvoir sont, avons-nous dit, de *juger* et de *combattre*. Les fonctions subordonnées des ministres ou agens répondent à ces deux fonctions du pouvoir. Au ministre appartient le *conseil* pour éclairer le jugement du pouvoir, et le *service* pour seconder son action : ces deux fonctions, *conseil* et *service*, ont été long-temps remplies en France par les mêmes personnes ; depuis, et à cause de la multiplicité des affaires, elles ont été divisées ; le conseil ou la remontrance appartenoit à la noblesse sénatoriale ou à la magistrature ; le *service*, à la noblesse militaire ; et cependant l'ancienne pairie, siégeant dans la cour souveraine et remplissant de hauts emplois militaires, représentoit l'ancien temps, et avoit retenu ces deux fonctions.

Je répéterai ici, comme une vérité du premier ordre et comme la preuve que tout ce qui existoit dans nos sociétés de noble obéissance et de véritable liberté nous venoit de *la religion chrétienne*, que les mots *servir* et *service*, employés pour désigner les plus hautes fonctions, celles qui ont commandement, ont passé de l'Évangile dans toutes les langues des peuples chrétiens ; le divin législateur dit à ses disciples qui se disputoient les premières places : « Que le plus grand d'entre vous ne « soit que le serviteur des autres. » Et c'est pour obéir à cette noble et touchante leçon que le premier pouvoir de la chrétienté s'intitule SERVITEUR DES SERVITEURS DE DIEU, et c'est son plus beau titre.

Du Sujet dans la société publique.

Comme tout se fait dans la société publique pour l'utilité des sujets, ils n'y ont proprement rien à faire.

C'est pour eux, en effet, que le pouvoir fait des lois, que les magistrats jugent, que les guerriers combattent, que les prêtres instruisent, etc., etc. Les sujets n'ont de pouvoir et de fonctions que dans la société domestique, petit État où ils sont rois, où ils sont ministres ; et leur devoir comme leur intérêt est d'y maintenir l'ordre et la paix, de veiller sur leurs familles, d'en accroître la considération par leurs vertus, et la fortune par leur travail ; et c'est d'eux que l'on pourroit dire avec vérité :

O fortunatos nimium, sua si bona nôrint!

Les sujets, dans la convocation générale de tous les ordres de l'État, appelée *États-généraux*, avoient pris la dénomination de *tiers-état*, mot que les ignorans ont cru une injure, ce qui étoit synonyme de *troisième ordre de* l'État.

« Qu'est-ce que le tiers-état? » demandoit l'abbé Sieyès aux premiers jours de la révolution. Il répondit, je pense, que c'étoit la partie de la nation la plus nombreuse, la plus forte, la plus laborieuse, la plus industrieuse, et sans doute la plus éclairée en politique, puisqu'elle comprenoit les avocats, les médecins, les fabricans et les négocians. Avec d'autres principes politiques et plus de jugement, il auroit répondu que le tiers-état étoit la partie de la nation qui, n'étant pas encore sortie de l'état domestique de société, par lequel ont commencé plus tôt ou plus tard toutes les familles, même les familles royales (1), travailloit pour arriver à l'état public, et prendre rang parmi les familles dévouées au service politique, tendance naturelle, car toute famille tend et doit tendre à s'élever.

Cette ambition honorable, la monarchie, où tout alloit régulièrement et sans secousse (car la nature, dit Leibnitz, ne fait jamais de sauts), l'avoit inspirée aux familles, et même souvent elles y parvenoient trop tôt et avant d'avoir acquis une fortune qui leur permît de servir l'État, comme le dit Montesquieu, avec le revenu ou même le capital de leur bien.

La démocratie, où tout va par sauts et par bonds, a soufflé cette ambition dans le cœur de tous les individus, et a mis à découvert, pour le malheur du plus grand nombre, ce résultat inévitable dans une société populeuse, que, sur tant d'admissibles, il ne peut y avoir que très-peu d'admis.

(1) Comme l'a dit Coulanges :

« L'un a dételé le matin,
« L'autre l'après-dinée. »

Cependant la monarchie n'excluoit aucun individu même des plus hauts emplois. « La constitution du « royaume de France est si excellente, dit le président « Hénaut, d'après un ancien auteur, qu'elle n'a jamais « exclu et n'excluera jamais tes citoyens nés dans le « plus bas étage, des dignités les plus relevées (1). » Mais, si les exemples de ces élévations étoient rares, c'est que les hommes nés pour s'élever ainsi et franchir de si grands intervalles, sont encore plus rares que les exemples. La révolution, cependant, en a fourni un grand nombre, mais Mme de Staël remarque que c'est presque uniquement dans la carrière militaire, et elle en donne une raison, que je m'abstiens de répéter.

Un des plus grands maux qu'ait fait à l'État et à la famille la révolution, a été d'inspirer l'ambition des places et des honneurs, disons mieux, la fureur de sortir de leur condition, à une foule d'individus,

---

(1) « Du sein de ce *tiers-état*, si avili, si opprimé, si méprisé, « dit-on, sont sorties, dans l'espace d'un siècle, quinze familles hono- « rées de la pairie (ancienne) à laquelle n'ont point été élevées tant « d'autres familles dont l'antique éclat remonte aux premiers temps « de la monarchie, et qui ont mêlé leur sang avec celui de nos rois : » *Du Gouvernement, des mœurs et des conditions en France avant la révolution;* par M. Sénac de Meillan, ancien intendant de Valenciennes.

heureux jusque-là dans la vie privée, tourmentés aujourd'hui par des désirs, que la loi d'admissibilité générale ne leur donne ni les moyens ni l'occasion de satisfaire, et d'avoir ainsi encombré toutes les carrières de médiocrités mécontentes, inutiles à leurs familles, à charge à l'État, qui ne peut cependant laisser sans moyens de subsistance ce nombre immense de jeunes gens à qui l'éducation des arts et des lettres qu'ils ont reçue, et presque toujours aux frais du public, ne permet plus de reprendre les travaux utiles et lucratifs de la maison paternelle. Aujourd'hui que les particuliers ne sont plus assez riches ou assez généreux pour payer les chefs-d'œuvre des arts, l'État, pour faire vivre les artistes, commande des tableaux aux uns, des modèles en plâtres aux autres, des projets de monumens d'architecture qu'on n'exécutera jamais, et se ruine ainsi pour faire éclore des talens malgré la nature, comme on fait venir en serre chaude des fruits qui n'ont ni couleur, ni saveur. Les écoles ont tué ces études solitaires qui fait le génie, et qui le font à leur tour.

Sans doute, pour en revenir au *tiers-état*, l'État est plus que la famille, et la profession de magistrat ou de guerrier, plus honorable que celle d'artisan, même d'avocat ou de médecin, parce qu'il y a plus de dignité à servir le public que le particulier. Mais le tiers-état en corps, ou, comme l'on disoit alors, l'*ordre* du tiers-état, dans la convocation des trois sociétés, la société religieuse, la société politique, la société domestique, qui composent l'État tout entier, étoit autant élevé en dignité politique que chacun des deux autres *ordres*, et son consentement étoit aussi nécessaire que le leur pour former les résolutions de l'assemblée des États généraux.

Il faut même remarquer que le premier corps (je ne dis pas le premier ordre) de l'État politique, la magistrature souveraine, et la première dignité du royaume, celle de chancelier, appartenoient au tiers-état, quoique ceux qui en étoient revêtus pussent, de leurs personnes, appartenir aux autres *ordres*

Les partisans vaniteux d'une égalité chimérique se sont offensés de quelques distinctions d'étiquette et de costume entre les *ordres*; ils n'ont pas compris que, si l'égalité personnelle consiste à être *actuellement* aussi fort d'esprit et de corps que tout autre, l'égalité politique ne peut être qu'*éventuelle*, c'est-à-dire qu'elle consiste à *pouvoir*, selon ses dispositions naturelles ou acquises, être dans l'État autant que tout autre ; et que la liberté politique dont on fait tant de bruit, n'est autre chose que la liberté pleine et entière de se servir, pour parvenir, de toutes ses facultés. Il n'y a pas d'autres libertés publiques, et les sujétions, et les contraintes du jury et de la conscription, et même la licence de la presse, fussent-elles des nécessités, ne sont pas des libertés.

Il faut, en terminant ce chapitre, remarquer qu'autrefois, en France, si la noblesse appartenoit à la constitution comme ministère du pouvoir royal, l'administration appartenoit au tiers-état ; et c'est là que la partie démocratique de l'État est bien placée. Quand la monarchie pure est dans la constitution, la démocratie peut et doit être dans l'administration : et en France les municipalités, les assemblées provinciales, même les pays d'États avec leurs *comtes* et leurs *barons*, étoient et faisoient de la démocratie, mais sans danger, contenue qu'elle étoit par la force de la constitution. Si, au contraire, il y a de la démocratie dans la constitution, il faut placer la monarchie dans l'administration ; car il y auroit trop de démocratie, si elle étoit à la fois dans l'une et dans l'autre. De là est venue la grande autorité des maires dans toutes les révolutions. Aujourd'hui, qu'il y a de la démocratie dans notre constitution, la force des choses a placé la monarchie dans l'administration, et cette *concentration* administrative, dont on se plaint depuis long-temps avec plus de chaleur que de raison, n'est pas autre chose que le *monarchisme* de l'administration. Il est possible que le positif de cette administration monarchique pesât sur le particulier, bien plus que ne le feroient les principes théoriques de la constitution dont il ne s'occupe guère ; mais l'État ne résisteroit pas à la double action d'une législation démocratique et d'une administration populaire, si toutefois cette combinaison, qui nulle part n'a existé, pouvoit jamais se réaliser. Jamais, en France, l'administration n'a été plus despotique que lorsque la constitution a été, sous la Convention, plus démocratique.

De l'Aristocratie

Dans la monarchie royale, nous avons vu les trois personnes sociales parfaitement distinctes les unes des autres ; dans la démocratie, nous les avons trouvées confondues en une seule ; dans l'aristocratie, nous en trouverons deux, les ministres et les sujets, la noblesse et le peuple.

L'aristocratie se rapproche donc davantage de la monarchie ; elle participe même de sa force de conservation et de stabilité, et elle est, à proprement parler, une monarchie *acéphale*, ou sans chef ; et c'est pour conserver une image plus complète de la monarchie, qu'elle se donne un chef sous le nom de doge, de président, quelquefois de roi, comme en Pologne, qui n'a que les vains honneurs de la souveraineté, et n'est que le premier sujet de cette aristocratie, ou plutôt son premier esclave.

Il faut remarquer que cette classe de citoyens qui exerce exclusivement et collectivement le pouvoir, réunie en un corps presque partout appelé sénat, perd le nom politique de noblesse pour prendre celui de *patriciat ;* et, pour faire sentir en deux mots cette distinction, la noblesse sert le pouvoir, le patriciat l'exerce, et, devenu roi, nomme des ministres, ou secrétaires d'État, pour les différentes parties de l'administration

Ce qui rapproche le plus l'aristocratie de la monarchie royale, est l'hérédité, que le patriciat a gardée pour lui et n'a pas accordée à son chef, de peur d'en faire un roi.

Mais, si l'aristocratie, pouvoir plus concentré, participe de la stabilité de la monarchie, en sa qualité de pouvoir collectif, elle participe aussi des vices de la démocratie, dont elle ne se préserve que par la plus sévère surveillance. Plus forte et plus tranquille que la démocratie, elle l'est moins que la monarchie, et réunit plutôt les inconvéniens des deux gouvernemens que leurs avantages.

C'est l'hérédité du pouvoir, qui fait la différence de l'ancienne aristocratie noble de Venise à l'aristocratie bourgeoise de Genève, entre lesquelles J. J. Rousseau n'en voit aucune, et certes avec quelque raison : car, si l'aristocratie proprement dite est une démocratie de nobles, on peut dire que la démocratie est une aristocratie de bourgeois. Au reste, cette hérédité, qui n'existe pas de droit à Genève, y existe de fait, ou à peu près, puisque le pouvoir tend à s'y concentrer dans un certain nombre de familles, et que les enfans des membres du gouvernement de Genève ne retombent pas plus que ne le faisoient ceux des patriciens de Venise, dans la condition du peuple. Aussi, les appellations d'honneur sont les mêmes dans les deux pays, et les aristocrates de Genève sont *magnifiques seigneurs*, comme ceux de Venise. S'il y avoit un livre d'or à Venise, où étoient inscrits les seuls nobles Vénitiens, et si même les nobles de *terre ferme* étoient exclus des plus hauts emplois, il y avoit à Genève, et dans d'autre républiques de la Suisse, des distinctions entre les *natifs*, les *naturels*, les bourgeois, les paysans, etc., et conséquemment des priviléges et des exclusions, et tous ces gouvernemens s'appeloient, les uns comme les autres, république, et l'étoient en effet.

Venise puissante étoit tranquille, parce que, ainsi que nous l'avons dit, sa constitution la rapprochoit davantage de la monarchie, et que le pouvoir y étoit reconnu comme la propriété héréditaire des anciennes familles fondatrices de cet État; et Genève, malgré l'exiguité de son territoire, étoit continuellement agitée, parce que la nature de ce gouvernement appelant au pouvoir, en général, tous les citoyens, ceux qui en en étaient exclus s'offensoient avec raison de l'inconséquence et de la dureté des lois qui avoient concentré le pouvoir dans un certain nombre de familles qui n'y avoient pas plus de droit que les autres.

Du Gouvernement représentatif.

Le gouvernement appelé *représentatif*, on ne sait trop pourquoi, est regardé comme le dernier terme des progrès politiques de l'esprit humain, et des découvertes qu'il a pu faire dans la science de la société.

Si nous l'examinons d'après les principes que nous avons appliqués aux autres formes de gouvernement, nous y voyons, au moins de nom, les trois personnes sociales, mais confondues ensemble, et, dans le fait, réduites à une seule, le *pouvoir*; car le roi y est pouvoir, la noblesse, ou plutôt le *patriciat*, y est pouvoir, les *sujets* y sont *pouvoir* par représentation. Il sont donc tous pouvoir législatif, le premier pouvoir et même le seul, puisque les autorités nommées pouvoir exécutif et pouvoir judiciaire ne sont que des fonctions du pouvoir législatif et l'exécution de ses volontés.

La Charte a conservé l'ancienne noblesse; mais cette noblesse, sans fonctions politiques, n'est, à côté de la pairie ou du *patriciat*, que ce qu'étoient à côté du sénat les chevaliers romains, qui n'eurent jamais de place bien marquée ni de fonctions spéciales dans l'État.

Le type du gouvernement représentatif est en Angleterre. Il y a été formé sans dessein combiné d'avance par les chances variées des événemens, les troubles civils, les guerres étrangères, l'audace et la puissance des barons, la foiblesse où les violences de quelques souverains, et surtout par la nécessité continuelle où se trouvoient les rois d'Angleterre, perpétuellement en guerre avec la France, l'Écosse ou l'Irlande, de demander à leurs peuples, pour la soutenir, des subsides qu'ils n'osoient pas toujours imposer d'autorité; et c'est un des avantages pour les rois, ou des inconvéniens pour les peuples, de cette forme de gouvernement, si toutefois il y a avantage pour les rois dans ce qui est inconvénient pour les peuples.

Ce gouvernement mixte n'est proprement ni monarchie, ni aristocratie, ni démocratie ; mais il tient de tous les trois. Il en a eu, en Angleterre, selon les temps, les biens et les maux, et il a successivement passé par toutes les violences du despotisme, toute l'insolence de l'aristocratie, toute la turbulence et les orages de la démocratie. La réforme religieuse du quinzième siècle y prit aisément racine ; elle y trouva ses principes, et ne contribua pas peu à les affermir.

En 1688, le gouvernement prit une forme plus déterminée : le roi gagna en respects extérieurs et le peuple en licence, ce que l'un et l'autre perdirent en pouvoir réel. Ce changement se fit au profit de l'*aristocratie* qui craignit que la tendance des derniers Stuarts au catholicisme, ou même la profession ouverte qu'en faisoit Jacques II, ne remît en question la légitimité de possession des biens de l'Église, dont les grandes familles s'étoient emparées. Le peuple ne fut pour rien dans cette révolution, tout entière, faite contre lui ou sans lui, et qui n'a pas encore porté ses fruits.

« Que les Anglais, dit M. de Montesquieu, conservent
« soigneusement leurs institutions ; car, s'ils venoient
« à les perdre, ils seroient le peuple le plus esclave
« de la terre. » Ce publiciste ne s'est pas aperçu

qu'il ruine et dément, par cette seule observation, tout ce qu'il a dit à l'éloge de la constitution anglaise; car, pour les États comme pour les hommes, la constitution la plus forte n'est pas celle qui empêche les maladies, ce qui n'est pas plus possible en politique qu'en hygiène; mais celle qui opère le plus tôt et le plus complétement le rétablissement.

Ce gouvernement composé plaît aux beaux-esprits, parce qu'il faut beaucoup d'art pour diriger la course de ce char au milieu des précipices dont la route est semée, parce qu'on y parle beaucoup, et que l'on y écrit encore davantage. Il plaît au commerce et à l'industrie, dont il favorise, et quelquefois outre mesure, le développement; il plaît à l'ambition, qui trouve, dans ses fréquentes révolutions d'administration, des chances inespérées de succès. Aussi, lorsque le règne du bel-esprit eut commencé en France, et que l'égalité de représentation, et bientôt la supériorité de force et d'influence, eut été donnée, dans l'assemblée constituante, à la partie de la nation exclusivement occupée de commerce et d'industrie, la France, après plusieurs essais tous plus malheureux les uns que les autres, passa du despotisme militaire de Bonaparte sous cette forme de gouvernement qui réalisoit bien des projets, calmoit beaucoup de craintes, et tranquillisoit beaucoup d'intérêts.

La constitution anglaise avoit été le produit des évènemens; celle de France fut une imitation à *priori*, plus raisonnée que raisonnable, de celle d'Angleterre, dont quelques écrivains avoient fait après coup la théorie, comme on a fait des poétiques sur des poèmes. On s'expose à de grandes méprises lorsqu'on cherche la raison de ce qui n'en a pas d'autre que le hasard des évènemens et le résultat irrégulier des passions humaines.

Le roi, dans cette forme de gouvernement, n'a comme pouvoir législatif, de plus que les deux autres, que le droit de faire faire des propositions de lois par ses secrétaires d'État; car c'est plutôt comme pouvoir exécutif et administrateur suprême, qu'il a reçu de la Charte le droit de nommer des ministres, de faire la paix et la guerre, et de publier des ordonnances, quand les circonstances le demandent.

Le roi ne peut donc que voter sur le vote des chambres; c'est-à-dire, sanctionner ou rejeter leurs résolutions, comme les chambres elles-mêmes peuvent accepter ou rejeter les propositions faites au nom du roi, après en avoir délibéré, et même ces propositions, comme tous les actes législatifs, quoique signés du roi lui-même, n'auroient aucun effet et ne seroient pas prises en considération, si elles n'étoient contre-signées et comme *endossées* par un des secrétaires d'État.

Le pouvoir n'est donc *un* que par fiction, puisqu'il est divisé en *trois*. Il n'est pas indépendant dans les mains du roi, puisque le roi est pensionné, et non suffisamment propriétaire. Mais, à la place de ce que la loi lui refuse, elle lui confère un privilége qui sembloit réservé à la Divinité : celui de ne pouboir faillir; et il est naturel, en effet, que ne pouvant tout seul rien faire lui-même dans la législation, il ne puisse pas mal faire. Tout le mal, s'il y en a, se fait par les ministres secrétaires d'État, et ils en font beaucoup, s'il faut en croire les journaux démocratiques, qui les attaquent sur tout et à propos de tout! Cette guerre perpétuelle entre ces journaux et les secrétaires d'État, premiers agens de l'autorité, qu'on appelle exclusivement ministres, tient ceux-ci dans un état de vigilance continuelle sur leurs actes; mais elle peut aussi les retenir dans un état d'inertie et de timidité, ou même leur arracher des concessions funestes à l'État. Des hommes d'un grand caractère pourroient, il est vrai, se mettre au-dessus de ces pusillanimités et de ces complaisances ; mais ils courroient le risque d'être accusés par une chambre et jugés par l'autre. La force de leur caractère ne serviroit qu'à rendre leur retraite plus honorable, et ce n'est pas tout à fait à la monarchie représentative ou constitutionnelle que convient cette observation de J. J. Rousseau : « Quand, par quelque heureux hasard, « un de ces hommes nés pour gouverner prend le « timon des affaires dans une monarchie presque « abîmée, on est tout surpris des ressources qu'il « trouve, et cela fait époque. » Le passage suivant, de M. de Montesquieu auroit beaucoup mieux convenu à des temps par lesquels nous avons passé, et qui, il faut l'espérer, ne reviendront plus. « Quel état, « demande-t-il, que ce système de tyrannie produit « par des gens qui n'avoient obtenu le pouvoir poli- « tique que *par la connoissance des affaires civiles,* « et qui, dans les circonstances de ces temps-là, « avoient besoin au dedans de la lâcheté des citoyens, « pour qu'ils se laissassent gouverner, et de leur cou- « rage au dehors pour les défendre ? »

Les révolutions ministérielles seront, je crois, plus fréquentes en France qu'en Angleterre, à cause de l'inconstance de notre humeur et de la précipitation de nos jugemens; d'ailleurs, nous comprenons beaucoup moins bien que les Anglais le gouvernement représentatif ; plus indépendans qu'aucun autre peuple, dans les habitudes ordinaires de la vie, et indépendans jusqu'à l'originalité, les Anglais ne portent pas cette indépendance dans les discussions parlementaires; ils pensent que l'opinion de chacun doit céder à l'opinion de ceux avec qui il combat, et qu'un gouvernement fondé sur des majorités de nombre seroit impossible si chacun vouloit, sous prétexte d'indépendance d'opinion, se frayer une route particulière. Les destitutions fréquentes qui sont la suite des révolutions ministérielles, font ressembler les gouvernemens populaires aux gouvernemens despotiques avec lesquels ils ont déjà assez d'autres rapports; mais, si quelques-uns ont à s'en plaindre, d'autres, en plus grand nombre, s'en accommodent, et tout se compense. Il n'y a, dans tous ces changemens et toutes ces révolutions, de perte que pour la tranquillité publique, chose en général dont on s'occupe fort peu dans ces sortes de gouvernemens. « Un « gouvernement libre, dit Montesquieu, est toujours « agité. » « Quand vous voyez un État tranquille, dit

« J J. Rousseau, soyez assuré que la liberté n'y est
« pas. » Ces philosophes ont cru que l'homme et la
société étoient faits pour vivre dans le trouble et
l'agitation; et, si telle est leur destinée, les gouvernemens représentatifs sont, sans contredit, ceux qui
conviennent le mieux à la nature de l'homme et à
celle de la société.

En effet, le gouvernement représentatif est une lutte
permanente et continuelle entre deux ennemis irrécon-
ciliables : la monarchie et la démocratie, la nature
et l'art; et l'opposition entre ces deux antagonistes
y est nécessaire, parce qu'elle y est naturelle.

Cette lutte existe en Angleterre comme en France;
mais en Angleterre la monarchie est défendue par une
aristocratie plus nombreuse et plus puissante, soit
par ses relations avec la chambre des communes dont
elle nomme, avec la couronne, ou fait nommer une
grande partie des membres, et où elle fait entrer
ses fils, ses frères, ses parens, ses amis, ses
obligés ; soit par son influence sur le peuple des cam-
pagnes, à cause de ses immenses propriétés et de
leur nature féodale : la religion anglicane, qui a retenu la hiérarchie épiscopale et conservé de grandes
propriétés, appuie aussi la monarchie ; mais, comme

elle est presbytérienne dans ses dogmes, et que les Méthodistes, Calvinistes rigides, et mille autres sectes, penchent vers la démocratie, le gouvernement royal qui voit le danger, appelle dans ce moment, à son secours les catholiques, et abroge les lois barbares portées contre eux.

La monarchie, en France, ne trouve pas tout à fait le même appui dans sa pairie nouvellement formée, encore sans esprit de corps, sans influence sur le choix des députés, et à qui les confiscations révolutionnaires sur les grands propriétaires n'ont pas permis encore d'acquérir la consistance que donnent de grandes richesses anciennement possédées. Mais la monarchie trouve un secours dans la religion catholique, essentiellement monarchique. Aussi, la démocratie fait tous ses efforts pour ruiner l'influence du catholicisme et nous jeter dans le protestantisme, au hasard de renouveler parmi nous les scènes sanglantes et les affreux désordres dont il a été la cause et l'occasion.

L'Angleterre trouve encore une ressource contre la turbulence accoutumée de la démocratie et sa lutte éternelle contre la monarchie, dans les habitudes un peu nomades des Anglais et ce goût de voyager qui leur fait quitter leur pays pour vivre en d'autres climats, et surtout dans les nombreuses occupations que leur donne un commerce maritime qui les disperse dans les quatre parties du monde. La classe intermédiaire étant aussi beaucoup plus riche qu'elle ne l'est en France, voit avec moins de jalousie le pouvoir, la fortune, les faveurs de la cour entre les mains de l'aristocratie, et y a beaucoup plus de respect, au moins extérieur, pour les classes supérieures.

Le Français est plus sédentaire, et parce qu'il est du double plus nombreux que le peuple anglais; il est généralement moins distrait par le commerce, et il a aussi plus de cette vivacité d'impressions et d'émotions, qui fait qu'il s'occupe de politique avec plus de danger pour l'État et pour son propre bonheur.

La magistrature, ou plutôt les magistrats qui n'ont jamais fait corps en Angleterre, ni rivalisé de pouvoir avec le gouvernement, n'ont point de cet esprit de corps ou de ces souvenirs qui puissent les détourner de prêter au gouvernement, dans les questions judiciaires qui l'intéressent, l'appui le plus franc et le plus sûr. Nous ne sommes pas tout à fait dans la même position, et il est à remarquer que le parti qui a le plus hautement déclamé contre *l'absolutisme* de l'ancienne magistrature, qui a détruit les parlemens et envoyé leurs membres à l'échafaud, flattent aujourd'hui ceux qui les remplacent, et leur rendroit volontiers le pouvoir absolu s'ils vouloient s'en servir contre le gouvernement ; et, comme les magistrats sont hommes, il est à craindre que la magistrature ne se laisse prendre quelquefois à cet appât...

Le gouvernement représentatif a des effets différens dans un État insulaire et dans un État continental. Il est, comme tout gouvernement où le peuple a part au pouvoir, pointilleux et querelleur de sa nature, « puisqu'il faut, a dit Montesquieu, qu'il ait « toujours quelque chose à redouter ». Un État insulaire, isolé de tous les autres, défendu par la mer, surtout quand il en est le maître, ne prend aux querelles du continent, que la part qu'il veut bien y prendre. Mais un État continental entouré de voisins puissans, armés, quelquefois jaloux, ne peut se refuser à la guerre, surtout lorsqu'il la provoque, et le gouvernement représentatif est provocateur de sa nature, ou par ses armes ou par ses doctrines ; et voulût-il rester en paix, il suffiroit de l'éloquence véhémente d'un orateur de tribune pour le pousser à la guerre. Si jamais notre belle France étoit entamée, elle le seroit de ce côté; elle seroit conquérante jusqu'à ce qu'elle fût conquise; car c'est par là que finissent tous les États conquérans, et nous en avons fait la triste expérience.

Mais en même temps que ce gouvernement est plus guerrier, ou plutôt plus guerroyant, il est moins militaire; aussi toutes les républiques modernes ont confié le soin de leur défense à des troupes étrangères, qu'elles ne redoutoient pas comme les nationales, dans lesquelles la république craignoit de trouver un compétiteur. C'est ce que la France sans doute ne fera jamais; mais l'esprit militaire s'y est affoibli, et des écrivains, militaires de profession, en ont fait la remarque; il s'y est affoibli, parce que les classes les plus élevées appelées à la pairie, aimeront mieux, à la longue, gouverner l'État que le servir, et déjà, dans les familles patriciennes, les aînés n'embrassent plus la profession des armes, les puînés entrent de préférence dans les carrières civiles, et en tout le civil prend le pas sur le militaire, qui occupoit autrefois dans la nation le premier rang. Dans un État insulaire, la partie la plus militaire de la nation sert sur mer, et ce service, qui se confond avec la navigation commerciale, est dans la nature de ce gouvernement, et les habitudes ou les intérêts de ces peuples, et n'expose pas l'État au danger de l'usurpation.

L'oppression seroit plus pesante et plus générale de la part d'un gouvernement collectif, que de la part du monarque même le plus absolu. Le monarque ne peut opprimer que ses courtisans, parce qu'il ne connoit personne au delà de sa cour; le gouvernement collectif peut opprimer avec la force et les passions de tous ses membres : et comme ceux-ci, en parvenant au pouvoir, ont laissé dans le monde des ennemis, des jaloux, des concurrens; ils peuvent employer cette force à satisfaire des vengeances ou des animosités personnelles.

Nous avons comparé la société politique à la société domestique, et le pouvoir public à la paternité. En suivant jusqu'au bout cette comparaison, on pourroit regarder le gouvernement représentatif comme une sorte de polygamie politique, qui réunit deux sociétés sous un même pouvoir, de même que la polygamie domestique réunit plusieurs familles sous un même père; et la comparaison est d'autant plus juste qu'il n'y a pas beaucoup plus d'union entre les deux sociétés monarchique et populaire, qu'entre les familles nées de mères différentes (1).

Observations générales.

Si, avant de passer à la société religieuse, nous jetons un coup-d'œil sur l'ensemble de la société civile dont nous venons d'analyser les différentes formes et les divers accidens, nous trouverons que toute la

(1) Nous avons parlé à propos des États-généraux du clergé et de la noblesse. Qu'il nous soit permis d'opposer aux ignorants *détracteurs* de ces deux classes de citoyens, le sentiment d'un véritable homme d'État, de Buonaparte, rapporté par un homme dont ils ne récuseront pas l'autorité : « Dans la campagne de France, » dit le général Foy dans son *Histoire de la guerre de la péninsule*, tom. I, pag. 169, « aux premiers mois de 1814, Napoléon parloit à Troyes en Champagne « avec un de ses généraux de l'état des choses; les ennemis, disoit « celui-ci, sont trop nombreux, nous ne pouvons en venir à bout avec « nos soldats, qui tombent chaque jour et qu'on ne remplace pas. Il faut « que la France se lève....... Eh ! comment voulez-vous que la France « se lève, interrompit avec vivacité Napoléon ; il n'y a pas de clergé, « il n'y a pas de noblesse, et j'ai tué la liberté. » Napoléon croyoit donc à l'utilité politique de ces deux ordres, non-seulement pour affermir la liberté, mais pour la défense de l'État, où ils formoient l'esprit public, de toutes les défenses la plus sûre.

constitution de cette société, soit domestique, soit publique, consiste dans la distinction ou la confusion des personnes sociales, et dans leur existence héréditaire ou viagère, fixe ou amovible.

Je dis la constitution, et non l'administration, choses qu'on confond aujourd'hui plus que jamais ; car toutes les constitutions modernes et d'invention humaine ne sont que des formes plus ou moins heureuses d'administration, qui diffèrent de la constitution, ainsi que nous l'avons déjà dit, comme le régime diffère du tempérament. Ainsi, pour ne nous occuper que de la constitution, dans la société domestique se trouve les trois personnes *pouvoir, ministre, sujet,* parfaitement distinctes.

La famille est monogame ou polygame.

La société publique peut être aussi monocratique ou polycratique, c'est-à-dire monarchique ou populaire.

Dans la monarchie royale, le plus parfait des gouvernemens, parce qu'il est plus naturel, et qu'il essemble le plus à la famille, son élément, les trois personnes sont parfaitement distinctes, et le pouvoir et le ministre sont héréditaires, propriétaires, inamovibles, et par conséquent homogènes avec le pouvoir.

Dans la monarchie despotique, comme dans la monarchie élective, les trois personnes sont distinctes, mais non homogènes entre elles, puisque dans la première, le pouvoir est héréditaire et le ministère amovible, à la volonté du pouvoir, comme en Turquie et en Perse ; et que dans l'autre, le pouvoir est viager ; et la noblesse ou le ministère héréditaire, comme autrefois en Pologne.

Dans la monarchie représentative ou constitutionnelle, il y a distinction même héréditaire de personnes et confusion de fonctions, puisque les trois personnes ont part au pouvoir, mais en corps de sénat ou de peuple.

Les États populaires ou polycratiques sont démocratiques ou aristocratiques et portent tous deux le nom de république.

Dans la démocratie proprement dite, il y a confusion de personnes, ou plutôt, il n'y en a qu'une, le peuple souverain, alternativement pouvoir, ministre, sujet ; et il n'y a ni hérédité, ni fixité, mais une mobilité perpétuelle, et c'est ce qui en fait le plus orageux et par conséquent le plus imparfait des gouvernemens.

Dans l'aristocratie proprement dite ou héréditaire, il n'y a que deux personnes dont l'une exerce hérédilairement le pouvoir sur l'autre ; c'est, comme nous l'avons déjà dit, une monarchie *acéphale* ou sans chef, et comme elle se rapproche davantage de la monarchie, elle participe aussi de sa stabilité.

Ici, je m'adresse aux esprits vraiment philosophiques, et je leur demande d'accorder une sérieuse attention à ce qui me reste à dire sur les personnes sociales.

Nous retrouvons le type et la preuve de leur existence distincte et de leurs différentes natures à la fois aux deux extrêmes de nos esprits, si je peux ainsi parler, et dans les conceptions les plus élevées de notre raison et dans les règles les plus familières, et les plus usuelles de notre langage.

Ainsi, pour commencer par ce qui nous est le plus familier, les trois pronoms personnels *je*, *tu*, *il*, base de toutes les langues, ne sont que l'expression des trois personnes sociales et de leurs différens rapports.

Je, première personne, *celle qui parle*, qui commande, désigne le pouvoir; d'où vient que l'expression *ego* est, dans les livres saints, particulièrement affectée à l'Être suprême, et il est si bien reconnu que ce mot est l'expression de la supériorité, qu'il est contraire aux bienséances de le répéter trop souvent en parlant de soi; et dire sans cesse *je fais*, *je dis*, *etc.*, est un ridicule, si ce n'est un tort, et l'on a fait de *ego* le substantif et l'adjectif du vice d'*égoïsme*, d'*égoïste*.

La seconde personne, *celle à qui l'on parle*, l'on commande, s'exprime par *tu*, terme de commandement du pouvoir au ministre, du père à son fils, de l'époux à sa femme, du maître à ses serviteurs, et nous en trouvons encore la preuve dans les règles de la civilité entre personnes bien nées qui ne permettent rien, dans les relations de société, qui sente la supériorité; de là vient qu'on doit s'abstenir de *tutoyer* en public qui que ce soit.

La révolution, qui a introduit le mépris de toutes les bienséances, sous le prétexte d'égalité, a fait une mode du *tutoiement* des pères et mères par leur enfans, en même temps qu'elle supprimoit, comme contraire à l'égalité, le mot de domestique. Les pères ont permis ce tutoiement enfantin et contre nature, parce qu'ils se sont crus plus aimés de leurs enfants, et les mères parce qu'elles se sont crues plus jeunes.

Enfin, la troisième personne, *celle de qui on parle* sujet de l'entretien politique du pouvoir et du ministre, parce qu'elle est l'objet de leurs fonctions et que tout se rapporte à elle, s'exprime par *il*, et cet *il* désigne si bien l'infériorité, qu'il devient terme de mépris, si on se le permet en parlant d'une personne présente. *Je, tu, il*, langage de la société domestique, de la société dont le pouvoir dit : moi ; ***nous vous, eux***, langage de la société publique, de la société dont le pouvoir dit : nous. Le particulier dit *je*, le roi ou le public dit *nous* (1).

Ils seroient bien peu philosophes ceux qui regarderoient un rapprochement si frappant comme trop familier et trop vulgaire pour servir de preuves à de si hautes vérités.

Mais on peut offrir aux esprits méditatifs des considérations d'un autre genre, et après avoir cherché une preuve familière de l'existence et de la nature des personnes sociales dans la constitution de tout langage et ses règles fondamentales, nous en trouverons une d'un genre plus élevé dans la constitution même de l'univers, et dans les conceptions les plus hautes auxquelles notre raison puisse atteindre.

Il faut avant tout établir ou rappeler deux propositions dont la certitude ne peut être contestée, et

---

(1) Le pouvoir en Espagne signe *moi le roi* ; mais aussi le pouvoir y est plus constitué ou mieux défendu par les mœurs que par les lois.

CONSIDÉRATION

qui sont comme le fondement de la science de l'homme intelligent.

1º C'est que nos idées sont l'expression ou la représentation des objets, et les mots dont nous nous servons, l'expression de nos idées.

2º Qu'il n'y a point d'idée reçue qui ne soit l'expression d'un objet, ni de mot compris qui ne soit l'expression d'une idée.

C'est ce qu'à voulu dire Fontenelle dans cette proposition : « qu'une vérité *nommée* est une vérité *connue*. »

Cela posé, je dis que les trois idées générales de *pouvoir*, de *ministre*, de *sujet*, correspondent une à une, avec une parfaite analogie, aux trois idées plus générales encore de *cause*, de *moyen* et d'*effet*, idées les plus absolument générales que la raison puisse concevoir, et qui sont exprimées par les termes les plus absolument généraux que la langue puisse fournir.

De même que *pouvoir*, *ministre*, *sujet*, comprennent absolument tous les hommes, ainsi *cause*, *moyen*, *effet*, comprennent absolument tous les êtres, depuis Dieu lui-même jusqu'au vermisseau.

S'il n'y avoit dans l'univers ni *cause*, ni *moyen*,

ni *effet*, ces idées ne se trouveroient dans aucun esprit, et les termes qui les expriment ne se trouveroient dans aucune langue.

Ces trois expressions sont universellement entendues, puisqu'elles entrent de mille manières dans le langage usuel, et par conséquent les idées qu'elles expriment sont universellement comprises, quoiqu'elles le soient plus ou moins complétement par les différents esprits.

Je crois qu'il est impossible de remonter plus haut, et qu'au delà il n'y a plus que la région sans bornes des subtilités et des illusions.

Nous avons dit que *pouvoir, ministre, sujet*, correspondoient un à un avec une parfaite analogie à *cause, moyen, effet*. Effectivement, qui dit *cause* (intelligente) dit pouvoir de faire ; qui dit *pouvoir*, dit cause de ce qui est, puisque la volonté, principe d'action, est une qualité inhérente à la cause (intelligente) comme au pouvoir, et que l'un et l'autre agissent avec volonté pour produire un *effet*.

Moyen et *ministre* ne se correspondent pas avec moins d'exactitude, puisqu'on peut dire indifféremment : « la *cause* ou le *pouvoir* agit par le *moyen* ou le « *ministère* de ses agens, » et que le *moyen* est interposé entre la *cause* et l'*effet,* comme le *ministre* entre le pouvoir et le sujet. Quand on dit, il n'y a pas d'*effet* sans *cause,* on pourroit ajouter qu'il n'y a pas de cause et d'*effet* sans *moyen,* ni de pouvoir sans ministres.

Enfin *effet* et *sujet* sont aussi deux idées semblables, ou plutôt sont une seule et même idée, puisque l'une et l'autre désignent l'être sans volonté et sans action propre, sujet à la volonté d'un autre, objet de son action, et qui ne fait que recevoir ce qui lui est transmis. Or, dans ce sens, la production de l'homme dans la famille, la conservation de la famille dans l'État, sont des effets dont la cause est dans le pouvoir domestique ou public.

Le système universel des êtres exprimé par *cause, moyen, effet,* se retrouve donc, dans le système particulier de la famille, sous les noms de père, mère, enfans ; et dans le système plus général de la société civile ou publique, sous le nom de *roi,* de *noblesse,* de *peuple,* ou, sous tous autres noms, et dans le système de la société religieuse, comme nous le verrons tout à l'heure, sous les noms de *Dieu,* de *prêtres,* de *fidèles, etc.* Il se retrouve ce système universel jusque dans l'homme lui-même, *intelligence servie* par les *organes,* dont l'intelligence est *pouvoir* et *cause* de ses actions libres, dont les organes sont les *moyens* et comme les *ministres,* et dont tous les êtres subordonnés qui servent à ses besoins, produits de son travail et de son industrie, sont les *sujets* ou les *effets.*

Ainsi, l'homme est constitué comme la famille, la famille comme l'État, l'État comme la religion; l'homme, la famille, l'État, la religion, comme l'univers; et, si je voulois parler à l'imagination, je me représenterois des cercles concentriques qui, commençant par l'homme, et finissant par l'univers, s'embrassent mutuellement, et sont tous embrassés par le grand cercle sur lequel seroit écrit *cause, moyen, effet.* C'est sans doute par un sentiment confus de cette vérité, que les anciens philosophes appeloient l'homme un monde en abrégé, un petit monde.

C'est cette harmonie qui constitue l'ordre, « l'ordre, « la loi inviolable des esprits, » a dit Mallebranche, et comme le sceau que le régulateur et conservateur de tout ordre, ordre lui-même essentiel, a imprimé à ses ouvrages.

Nous n'avons considéré la *cause*, le *moyen* et l'*effet*, que dans leur généralité la plus absolue, et nous n'avons rien dit des *causes secondes,* qui ne sont que des moyens que l'on considère comme *causes,* lorsquelles agissent par des *moyens subordonnés.* Ainsi le soleil, qui n'est qu'un *effet* dans l'univers, est encore le premier *moyen* de la fécondité de la terre, puisqu'il donne à tous les êtres la chaleur et la vie ; et il peut être considéré comme *cause* lui-même, si l'on se le représente comme produisant la lumière et élevant les vapeurs et les exhalaisons, qui retombent en pluie et portent partout la fertilité.

Ainsi, le même homme qui est *sujet* dans la société, y peut être *ministre*, s'il remplit des fonctions politiques, et il est *pouvoir* dans sa famille ; et les rois eux-mêmes *sujets*, comme les autres hommes de la Divinité, ne sont, comme chefs de la société, que les premiers *ministres* du pouvoir divin pour faire le bien, *minister Dei in bonum,* dit l'apôtre : et ils sont, comme rois, *pouvoir* dans la société civile, et comme hommes, *pouvoir* dans leurs familles.

Ainsi, tout ce qu'il y a de plus général au monde et dans nos idées, est soumis à une combinaison ternaire, trois cathégories d'êtres dans l'univers, *cause, moyen, effet;* trois personnes dans la société, *pouvoir, ministre, sujet;* trois temps dans la durée, *passé, présent, futur ;* trois dimensions dans l'espace, *longueur, largeur, profondeur, etc.* Cette vérité n'a pas été ignorée des philosophes de l'antiquité, dont le plus célèbre, Platon, parle du nombre trois, comme d'un nombre mystérieux, et qui renferme de grandes vérités.

FIN DES APPENDICES.

TABLE DES CHAPITRES

DES CONSIDÉRATIONS SUR LA FRANCE

                                                                                       Pages.

Avis de l'Éditeur sur cette nouvelle édition. 5

Lettre 9

Chap. Iᵉʳ. — Des Révolutions 13

— II. — Conjectures sur les voies de la Providence dans la révolution française. 22

— III. — De la destruction violente de l'espèce humaine 47

— IV. — La République française peut-elle durer? . 63

— V. — De la Révolution française considérée dans son caractère antireligieux. — Digression sur le Christianisme. 81

Chap. VI. — De l'influence divine dans les constitutions politiques. 96

— VII. — Signes de nullité dans le gouvernement français 112

— VIII. — De l'ancienne constitution française. — Digression sur le roi et sur sa déclaration aux Français, du mois de juillet 1795. . 123

— IX. — Comment se fera la contre-révolution, si elle arrive. 153

— X. — Des prétendus dangers d'une contre-révolution. 163

§ I. Considérations générales. 163
§ II. Des biens nationaux. 184
§ III. Des vengeances. 187

— XI. — Fragment d'une histoire de la révolution anglaise, par David Hume. 210

Post-scriptum 241

APPENDICES.

Appendice I. — Extraits de divers écrits du comte J. de Maistre, sur la France (1804-1820). 247

Appendice II. — Quelques idées de Donoso Cortès sur le Parlementarisme. 295

		Pages.
APPENDICE III.	— Burke. — Réflexions sur la révolution française.	315
APPENDICE IV.	— Lettres de lord Denbigh, pair d'Angleterre, et de lord Montagu, membre de la Chambre des Communes, à M. Le Play, sur la situation de la France en 1871.	319
—	Lettre de M. H.-A. Munro Butler Johnstone à M. F. Le Play. Extrait du programme de l'Union sociale. .	326
APPENDICE V.	— Extrait du principe constitutif de la société, par le vicomte de Bonald.	357